索引（CSSCI）来源集刊

语言学研究

Linguistic Research

第三十三辑

■北京大学外国语学院外国语言学及应用语言学研究所 编

中国教育出版传媒集团
高等教育出版社·北京

图书在版编目（ＣＩＰ）数据

语言学研究．第三十三辑 ／ 北京大学外国语学院外
国语言学及应用语言学研究所编．－－ 北京：高等教育出
版社，2023.9

ISBN 978-7-04-061239-4

Ⅰ．①语… Ⅱ．①北… Ⅲ．①语言学－文集 Ⅳ.
①H0-53

中国国家版本馆CIP数据核字(2023)第175947号

策划编辑	秦彬彬	责任编辑	秦彬彬	封面设计	张 志	版式设计 孙 伟
责任绘图	邓 超	责任校对	常少华	责任印制	田 甜	

出版发行	高等教育出版社	网　　址	http://www.hep.edu.cn	
社　　址	北京市西城区德外大街4号		http://www.hep.com.cn	
邮政编码	100120	网上订购	http://www.hepmall.com.cn	
印　　刷	涿州市京南印刷厂		http://www.hepmall.com	
开　　本	787mm×1092mm 1/16		http://www.hepmall.cn	
印　　张	14.25			
字　　数	319千字	版　　次	2023 年 9 月第 1 版	
购书热线	010-58581118	印　　次	2023 年 9 月第 1 次印刷	
咨询电话	400-810-0598	定　　价	42.00元	

本书如有缺页、倒页、脱页等质量问题，请到所购图书销售部门联系调换
版权所有　侵权必究
物 料 号　61239-00

目　　录

语言学沙龙

Contents

Book Reviews

Linguistic Circle

"评价与互动研究" 专栏

"评价与互动研究"专栏主持人语

中国社会科学院语言研究所　方　梅*

评价（assessment）是交际中重要的互动行为。"那些通过特定词汇性评价项表达正向或负向赋值的话语"（Thompson et al.，2015：139）是观察评价行为的重要渠道。

互动语言学研究一方面吸收了会话分析学派对于自然发生的口语对话材料的观察和描写，另一方面更加重视互动行为、话语及多模态表现、语言学范畴三者之间的联系。与基于句子的语法分析不同，对评价的产出与理解的观察不局限于句子语法所提供的编码信息，这为经典的语言学研究注入了全新的视野。

评价往往不是由单一语句完成的。具有性质意义的词汇是评价信号（如图1中音节延长的good），不具备性质形容词但是传递了言者的正向或负向赋值的话语，同样可被看作评价行为（如下图中的I love it）。

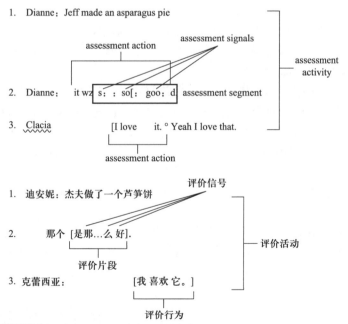

图1　评价序列（Goodwin C. & Goodwin M. H.，1992；Couper-Kuhlen & Selting，2018：284）

---

*　作者简介：方梅，中国社会科学院语言研究所研究员、博士生导师。研究方向：现代汉语语法、话语功能语法、互动语言学。Email: fangmei@cass.org.cn。通信地址：100732 北京市东城区建国门内大街5号。

由于观察视野不再局限于单一语句而是对话的互动过程，评价的产出方式、对评价的回应以及不同表达形式的评价功能，就成为研究的重要问题。首次评价（first assessment）、二次评价（second assessment）、拓展讲述的评价（extended-telling assessment）以及结束序列的评价（sequence-closing assessment）等，在特定语言中的表现形式以及相关的多模态手段是评价研究中的重要话题。从互动的视角观察评价行为，研究者发现语言形式在评价序列中的解读可能受到其序列位置的影响。比如，"[评价] + [附加问句]"在发起位置上是认识降级的手段，而在回应位置上则是升级的手段——将首次评价的发出者置于回应的位置（Raymond & Heritage，2006：685）：

	评价发起位置	评价回应位置
无标记 降级的	陈述形式（declarative） 传信语（evidential） [评价] + [附加问句]	陈述形式 /
升级的	否定疑问句（negative interrogative）	[确认（confirmation）]+[赞同语]（They are, yes） [Oh]+[评价] [评价]+[附加问句] 否定疑问句

这些观察表明，相同的编码形式在不同的序列位置上会产生不同强度的解读。也就是说，它具有位置敏感的（positional-sensitive）特点。而这种观察是仅仅局限于句子的语法分析所难以企及的。

语言学研究要描写和解释"形式–意义–功能"三者的联系。互动语言学观察"形式"，视野不局限于单个语句，而是会话序列；表达资源不是单一的，而是多模态的。对"意义"的描写和解释，不仅要说明表达形式的直接解读，更为重要的是寻求解读的条件，说明在该语境中做出这个解读的话语条件是什么。对"功能"的描写和解释，不仅要看该表达形式的语言学范畴特征所提供的信息，还要说明在这一语境下言者使用这一表现形式的互动意图，并且根据对话中话轮顺次推进的过程及其表现形式去论证它。

本专栏的四篇文章，有基于互动语言学理论对汉语的个案研究，有对互动语言学评价研究的总览，也有对其他亚洲语言的评价介绍，相信这样一组专文可以为读者提供一个多视角的研究图景。

❏ Couper-Kuhlen, E. & Selting, M. 2018. *Interactional Linguistics: An Introduction to Language in Social Interaction*. Cambridge/New York: Cambridge University Press.

❏ Goodwin, C. & Goodwin, M. H. 1992. Assessments and the construction of context. In C. Goodwin & A. Duranti (eds.), *Rethinking Context: Language as an Interactive Phenomenon*. Cambridge: Cambridge University Press. 147-189.

❏ Raymond, G. & Heritage, J. 2006. The epistemics of social relationships: Owning grandchildren. *Language in Society* 35: 677-705.

❏ Thompson, S. A., Fox, B. A. & Couper-Kuhlen, E. 2015. *Grammar in Everyday Talk*. Cambridge: Cambridge University Press.

（责任编辑：高彦梅）

互动语言学视角的评价回应研究

[提　要]　评价的编码手段与评价行为的序列组织及其交际原则之间的关系是互动语
言学视角下评价研究的核心问题之一；其中评价的回应（本文简称评价回
应）尤其受关注。本文对评价回应的研究现状进行了总结，梳理了与回应
形式相关的序列组织特征（偏好组织）和相关交际因素（认识权威、主动
性及相关的序列管理、立场一致性等），并结合汉语评价序列中的语言事
实，对这一领域未来的研究方向做出展望，提倡在语言内部及跨语言层面
开展更为广泛的对比，从而在语法与互动行为的相互塑造中进一步揭示语
法"应互动而生"的本质。

[关键词]　评价回应；偏好组织；认识权威；主动性；语法应互动而生

❶ 评价的回应：互动视角与理论目标

作为会话分析（conversation analysis）和互动语言学（interactional linguistics）
的重要研究课题，评价（assessment）一直以来受到国内外相关领域学者的广泛关
注。与会话分析侧重评价行为所体现的互动组织和社会秩序的社会学取向不同，互
动语言学注重对评价中的语言结构及其使用的分析。其中的一个核心问题就是评价
表达的语言编码手段（包括不同的构成要素/资源及其组合运用）与评价行为的序列
组织及相关交际原则之间的关系。

与之前语言学者长期关注独白或对话中的发起（initiation）形式（参看
Thompson et al., 2015）不同，互动语言学者提倡同样关注各类行为的回应形式
（response），包括评价的回应。采用这种研究取向的原因在于，回应更能反映会话的
序列组织对语言形式的塑造——特定的发起行为触发特定的回应，从而体现语言结
构和意义解读的位置敏感性（positional sensitivity，Schegloff，1996）。

---

*　作者简介：方迪，中国社会科学院语言研究所副研究员。研究方向：现代汉语句法语义、互动语言
学。Email: fangdi@cass.org.cn。通信地址：100732 北京市东城区建国门内大街5号。
本文得到国家社科基金青年项目"互动语言学视角下的汉语应答语研究"（17CYY034）的资助。感谢
方梅教授提出的建议。

需要指出的是，"评价的回应"本身不一定是评价。[1] 在例 [1] 的话轮 B 中，a）至 f）理论上都可以看作评价话轮 A 的回应，其中，a）b）c）h）本身不是评价。

[1]　A：这件衣服好漂亮啊。
　　　B：a) 嗯。/ 哇!　　　　　　e) 简直美翻了!
　　　　 b) 是啊 / 对啊。　　　　 f) 反正挺不错。
　　　　 c) 确实。　　　　　　　 g) 这衣服是挺好看的。
　　　　 d) 挺漂亮。　　　　　　 h) 这都是纯手工的。

互动语言学者关心的问题是，这些不同形式的回应受到哪些互动交际因素的驱动和制约？体现着交际者怎样的意图？这些因素和 / 或意图又如何塑造回应形式？显然，要回答这些问题，仅仅基于 A 与 B 两个话轮的词汇、句法结构、语义等内部因素进行分析是远远不够的；必须将回应形式置于更加广阔的对话语境和互动框架内，结合其在会话序列[2] 中的位置、交际动态展开的过程及其涉及的原则综合考察。

本文试图梳理目前国内外关于评价的回应（responses to assessment）[3] 的相关研究。总体上看，对于评价的回应研究包含两个层次。一是对基本事实的描写，即针对不同序列环境中的评价，真实对话中都是采取哪些形式进行回应的？这些回应的形式特征（design feature）反映出会话结构和序列组织怎样的特点？二是对回应形式动因的解释，即不同类型的回应形式受到哪些交互因素的驱动？这主要是通过分析互动展开过程中双方（或多方）的交互协商，特别是其中的偶发因素（contingency）做出的。学者们希望借此揭示语言结构与社会互动的互育关系（Selting & Couper-Kuhlen，2001）——评价的回应形式及其意义解读受到交际互动因素的塑造，本身也塑造着评价行为的发展轨迹。当然，在具体讨论中，描写和解释常常是交织的；某一层面上的解释往往可以看作更高一个层面上的描写。下文将基于评价回应的重要研究，梳理该领域的发展脉络和认识演进，并展望未来的研究方向。

❷ 评价回应与偏好组织

同其他交际行为一样，评价是在序列中组织起来的（sequentially-organized），评价的发起和回应体现了序列组织的结构特点。Pomerantz（1984）指出，会话中的评

---

[1] 同样，"回应性评价"（responsive assessment）也不一定是"评价的回应"，还可能是对告知、讲述等行为的回应。这里所说的"评价"对应于"评价片段"（Goodwin & Goodwin，1987，另见方迪，2020），对它的定义遵从 Thompson 等（2015：139）："那些通过特定词汇性评价项表达正向或负向赋值的话语"。

[2] 序列是由前后话轮交替相连构成的，最基本的序列是相邻话对（adjacency pair），如"提问—回答"，其中前一话轮称为前件（first pair part），后一话轮称为后件（second pair part）（参见 Schegloff，1996）。

[3] 考虑到行文方便，后文一般用"评价回应"代指对评价话轮的回应。

价主要出现在三个主要场合：一是双方共同参与的活动中；二是说话人报道的他所参与的活动；三是在首次评价（first assessment）之后的话轮。其中第三种情况下的评价就是回应性的———一方发起的首次评价引出另一方的二次评价（second assessment），体现交际者之间的一致或不一致，这是具有系统性的。此外，交际者也可以表达对之前评价的赞同或不赞同。

从交际参与者来说，选择了某种形式进行回应，就意味着排除了其他与之并列的候选项（alternatives），这一选择过程受到多重因素的制约。Pomerantz（1978，1984）探讨了二次评价、对恭维的回应以及（一般）评价的赞同和不赞同。Pomerantz（1978）指出，对于恭维的回应面临一个矛盾，即受话人需要赞同对方的评价来表达态度亲近（affiliation），但又要避免自我夸赞。解决这一矛盾的手段包括称赞降级（praise downgrade）、指称的变换（referential shift）以及回赞（returns）等。例[2a][2b][2c]就分别对应上述三类策略（节选自 Pomerantz，1978：95，104，105）。这些策略的选择与交际者所处的恭维/称赞的具体场景有关，不同策略的组合存在偏好（preferential）或次级（secondary）的区别。

[2] a. ↑ C : W'l my God it sounds marvelous[s Don,
　　 ↓ D :　　　　　　　　　　　[Yeah <u>it is, it's a- it's a good deal.</u>
　　　　 C : 我的天啊唐，这听起来太了不起了，
　　　　 D : 是啊，<u>这，这是–这是挺划算的</u>。①

　　 b. → B : **You're very** *intell'gentperson* by the way. You're bout the most intell'gent 'n- thet I've talked to and I've talked to *many* over here.
　　　　 A : Well,
　　　　 B : - Thet seem to *know* uh, y'know, a little-, its nice to hear somebody ehhh hehh y'know hehh-
　　 ←A : Well <u>it</u>'s important stuff you gotta really do your own research...

　　　　 B : 顺便说一句你非常聪明。我在这儿跟很多人交谈过，你大概是我交谈对象中最聪明的一位了。
　　　　 A : 好吧，
　　　　 B : 这似乎知道，呃，你知道，一些–真的很棒能听到某人呃，你知道呃–
　　　　 A : 好吧，<u>能真正从事自己的研究，这是很重要的……</u>

---

① 由于汉语与外语对话在语序、习惯表达等方面存在差异，本文对援引外文对话的翻译，除必要的目标行之外，仅呈现基本含义，并不严格遵循原例展现交叠、截断等产出细节。外文原例中的"，."等并不是书面的标点符号，而是显示语句末尾语调的转写符号。"，"表示延续语调，"."表示终结语调。对于转写符号的使用，我们遵从所引文献的呈现方式。为保持一致，汉语翻译中的转写符号仅做全角/半角转换，原例中无转写符号的，翻译文本中也不加符号。下同。

c.　　C：Ya' sound (justiz) real nice.
　　　　D：Yeah <u>you soun' real good too.</u>

　　　　C：你（真是）非常善良。
　　　　D：嗯，<u>你也真的很好。</u>

　　之后Pomerantz（1984）关于评价赞同与不赞同的研究则进一步将回应的语言特征与序列的偏好（preference）组织结合起来。她揭示出会话事件中交际双方词汇、话语设计、行为或序列等方面的选择和交替是不均等的，而在不均等行为进程中实施的选择反映了一种模式化的排序，某些选择是偏好的（preferred）。一般情况下，当说话人做出一个评价并邀请受话人进行回应时，赞同是偏好的形式，受话人设计话轮要最大限度地出现明言的赞同（stated agreement）；而表达不赞同时则要最小限度地出现明言的不赞同（stated disagreement）。这种偏好在语言形式上的证据包括：1）赞同成分一般独立构成整个话轮，而不赞同成分一般只是前言成分（preface）；2）赞同一般直接地、无延时地做出，而不赞同经常在话轮间或话轮之中带有延时，采用各种方式进行弱化以及非直接化；3）一般情况下，赞同或不赞同的缺失，比如出现长停顿（gap）、请求澄清等，都会被解读为未明言或尚未明言的不赞同。然而，当评价是针对说话人自身的负面评价，即属于自贬行为（self-deprecation）时，上述模式就会发生倒转：不赞同的回应是受到偏好的，予以最大化；而赞同则是非偏好回应，被最小化。这一点与语用学中的礼貌原则（Leech，1983）一致。该原则中的赞誉准则（approbation maxim）和一致准则（agreement maxim）指出，要尽量少贬低他人，多赞誉他人；减少双方的分歧，增加双方的一致。

　　偏好组织的讨论启示我们，评价回应的形式特征与互动交际中的序列组织方式密切相关，交际者观照评价行为中特定的偏好，选择相应策略编码回应话轮。当然，偏好组织从某种程度上说仍只是对会话序列组织方式的一种描述，它所塑造的回应策略只是宏观上影响回应形式的总体格局，至于回应中具体的语言手段，其背后还有更为具体的交际因素驱动。

❸ 评价序列中的认识权威、主动性及其影响

3.1　认识权威与评价调节

　　评价的前提是交谈主体对被评价事物有相关知识（Pomerantz，1984）。在对评价进行回应时，交际者同时隐晦地表达了自己在认识上的定位，即认识立场（epistemic stance）。也就是说，交际者在评价的同时做出关于相关知识的断言，并就此做出协调（竞争或抵抗，参看Hayano，2013）。做出评价的主体关注双方谁具有认识的途

径，谁具有优先的认识，以及谁有责任表达认识等①，对这些因素的关注极大地影响了评价序列中的形式选择。

从认识角度对评价回应进行研究的学者包括Heritage（2002）、Heritage和Geoffery（2005）、Raymond和Heritage（2006）等。他们富有洞见地揭示出认识宣称（epistemic claim）在不同序列位置上的不对称性——由于序列中发起话轮（前件）对回应话轮（后件）的制约作用，先进行评价的一方就具有了认识上的优先性（primacy），回应评价的一方则处于从属地位。交际者可能默认接受这种认识上的不对称，也可以采用特定语言手段来调整这种不对称。Heritage（2002）着眼于被评价对象处于过去的经历和事件中（而不是在当前交谈现场）的例子，指出带有前言成分Oh的二次评价并不只是作为对之前首次评价的赞同，而是显示出这个评价是自己独立形成并产出的。比如在例[3]中，Jon表示她和Lyn看过某部电影，而Eve则表示自己没有看过，而是听Rae向她讲述。虽然Eve先做出了评价（第5行、第7行），但在第8行和第9行中，Jon和Lyn都采用了Oh作为前言的评价形式表示赞同，其目的在于取消由序列上的先后顺序所带来的认识宣称的差异，从而保持认识的独立性。同时，交际者区分认识的获取途径，亲眼所见比道听途说具有更高程度的认识权威（epistemic authority）。

[3]　1 Jon: We saw Midnight Cowboy yesterday -or [suh- Friday.
　　　2 Eve:　　　　　　　　　　　　　　　　[Oh?
　　　3 Lyn: Didju s- you saw that, [it's really good.
　　　4 Eve:　　　　　　　　　　[No I haven't seen it
　　　5 Rae[sed it'n'she said she f- depressed her
　　　6 ( ):　　[( )
　　　7 Eve: ter[ribly
　　　8 Jon:　　[**Oh** it's [terribly depressing.
　　　9 Lyn:　　　　　　[**Oh** it's depressing.

（引自Heritage，2002）

　　　1 Jon：我们昨天，还是周六–周五看了电影《午夜牛仔》。
　　　2 Eve：哦？
　　　3 Lyn：你k–你看那个了吗，[真是不错。
　　　4 Eve：　　　　　　　　[没，我还没看
　　　5　蕾[看了，她说她觉–电影让她沮丧
　　　6 ( )：[( )
　　　7 Eve：得很

---

① 这里提到的三个方面，就代表了认识状态所体现的知识的三个维度：认识权限（epistemic access），认识优先性（epistemic primacy），认识责任（epistemic responsibility）（参看Stivers et al.，2011）。

8 Jon：**Oh** 是 [特别让人沮丧。

9 Lyn： [**Oh** 是很让人沮丧。

Heritage 和 Geoffery（2005）进一步注意到首次评价和二次评价之间具有句法平行性。针对评价先后顺序所形成的第二说话人在认识上的从属地位，交际参与者可以采用不同的语言形式对评价中的认识进行升级（upgrade）或降级（downgrade）。上例展现的 Oh 作为回应的前言成分，就是二次评价升级的一种方式。还可以采用变换语序以延迟肯定 / 否定小品词（如：They are, yes. 对比：Yes, they are.）、附加疑问句（tag question）以及否定疑问句等对二次评价进行升级。此外，首次评价者可以采用附加疑问句、传信表达形式等对首次评价进行降级。这样，交际双方在表达一致性评价的同时，构建起自身认识立场的独立性（Raymond & Heritage，2006），见表1（引自 Raymond & Heritage，2006：685）：

表1 评价序列中降级与升级的手段

	评价发起位置	评价回应位置
无标记	陈述形式（declarative）	陈述形式
降级的	传信语（evidentials） [评价] + [附加问句]	/
升级的	否定疑问句（negative interrogative）	[确认（confirmation）]+[赞同语]（They are, yes） [Oh]+[评价] [评价]+[附加问句] 否定疑问句

可以看到，语言形式在评价序列中的解读可能受到其序列位置的影响。"[评价] + [附加问句]" 在发起位置上是认识降级的手段，在回应位置上则是升级的手段——将首次评价的发出者置于回应的位置上，从而抵消了序列位置带来的认识从属性（epistemic subordination，Heritage & Raymond，2005），这体现了位置敏感的（positional-sensitive）特点。与此相对，否定疑问句的功能不受序列位置的影响，无论在发起位置还是回应位置，它都对当前评价的认识立场进行升级。

在其他语言中，对评价的认识调节可以通过小品词（particle）来实现。比如，日语中话轮末尾的语气词 yo 表明更高的认识权限，即比受话人更了解相关对象，是一种认识升级的手段；语气词 ne 则表明说话人与受话人具有共享的认识权限（参看Hayano，2013）。这两个语气词的选用就可以反映出交际者就认识的协商——当首次评价中采用 ne，表明双方共享相关认识时，受话人可以在二次评价中采用 yo 来表明自身的认识优先性，如例[4]所示（Hayano，2013：71）。

[4]　7　Taro: =.hh yappa　sugo:- ii　machi da　tte　itte　　ta　　**ne**,
　　　　　　　expectedly ver- good town　CP　QT　saying PST
　　　　=.hh (as one would expect,) (s/he) was saying that (it) was a ver- good town-**ne**.

8 Hiro: su[ngoi] ii   desu **yo**.=

very good   CP FP

(It's) very good **yo**.=

（7 Taro：（正如预料的那样），他/她连声说（那）是个非–好的小镇**ne**。

8 Hiro：（那）是非常好**yo**。

此外，为了在赞同性二次评价中表明自身认识优先的认识权威，其他语言所采用的手段还包括：加勒比英语中的"if +评价重复"（将之前的首次评价视作一个问题），芬兰语中的"显性人称主语+首次评价的动词复现"，老挝语中的叙事性完整体小品词le`ql，等等（参看Couper-Kuhlen & Selting，2018：Online Chapter C）。

总之，"认识"已经被广泛证明是交际者参与评价行为时所密切关注的因素，出于对认识独立性和认识权威进行强化或弱化的目的，交际者可以采用一系列语言手段进行认识立场的升级或降级，从而影响评价回应的形式。不过，从语言学角度说，表1所列出的形式手段并未涵盖全部的对立可能类型。另外，在有些情况下，认识状态与认识权威并不能完全解释评价回应与相应的评价发起之间形式上的对应或不对应关系（参看Thompson et al.，2015）。

3.2　主动性与回应形式的长短对立

Thompson 等（2015）考察了两种序列环境——二次评价及扩展性讲述（extended telling）中的回应性评价（responsive assessment）。其中扩展性讲述中所回应的并非评价，因此只有二次评价属于本文讨论的"评价回应"范畴——对评价的回应，自身也是评价。她们发现，二次评价采用的形式包括四种：

[5]　　a. 词汇/词组型（lexical/phrasal），如：*kinda*（有点）；

　　　　b. 最小小句型（minimal clausal），如：*it is*（它是）；

　　　　c. 扩展小句型（extended clausal），如：*it is cool*（它是很酷）；

　　　　d. 层级性小句型（graded clausal），如：*oh it's gorgeous*（哦美翻了）。

她们注意到，二次评价的形式与主动性（agency）①相关。主动性是指说话人对于他们交际行为所具有的控制及责任（commitment）的类型及程度（Enfield，2011）。主动性关涉以下问题：交际参与者对自身交际行为具有什么类型的控制和责任？在多大程度上对他们的交际行为有所控制，负有责任？

主动性在序列中同样呈现出不对称性。在评价行为中，做出首次评价被理解为声称自己知道，那么他们有义务进行断言，受话人则没有这样的义务；而默认的解读是二次评价人被告知评价物的某些特征或情况。两次评价在话轮设计上是不对称的，而在功能上又寻求对称——确保对方的认同。与认识优先性一样，主动性的不

---

① 乐耀（2019）将agency这一术语翻译为"施力性"。

对称也是序列所赋予的——在发起位置时，说话人说出话语是因为自己想说某个事情了，而在第二位置时可能仅仅是赞同对方刚才所说的，从而丧失掉言语事件领域内的感知主动性。

Thompson等（2015）指出，词语/词组型二次评价是一种弱赞同。不同的小句形式回应体现交际者主体性上的差异。最小小句是一种"寄生"（parasite）形式，其解读依赖于首次评价，展现低主动性。虽然这种形式是对首次评价的赞同，但是一般会延迟产出，并且出现在有问题的环境下——评价的发出者认为受话人似乎应当采用一个更完整的形式进行回应。扩展小句显示了高主动性，重复使用了首次评价的成分，表达更强的赞同，一般不延迟并且不出现在有问题的环境下。而层级性小句展现最高的主体性，重新创设评价，从而将评价转变为呈现独立的、可能优先的认识权威。她们用图1表示三种小句形式在主体性上的差别，其中箭头的方向代表二次评价（即回应）相对于首次评价在主动性上的升级或降级。

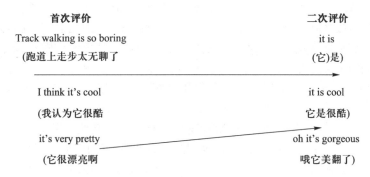

图1　三种小句型评价回应的主体性（转引自Thompson et al.，2015: 190）

这一研究的重要意义在于，不同于以往语法研究主要从句法结构类型的角度展开分析的做法，它揭示了回应形式上"整"与"零"的对立，即长形式与短形式在互动交际中体现的系统性差异。这一思路与话语功能语法学家一直以来的观察导向一脉相承。Heine（2011）就讨论了作为发起行为的一系列由长到短的形式：

[6]　a. Would you like some coffee?　　（请问你想来点咖啡吗？）
　　b. You like some coffee?　　　　　（你来点咖啡吗？）
　　c. Like some coffee?　　　　　　　（来点咖啡吗？）
　　d. Some coffee?　　　　　　　　　（一点咖啡？）
　　e. Coffee?　　　　　　　　　　　　（咖啡？）

（引自Heine，2011：56）

Heine通过对BNC语料库的考察指出，例[5]各句应当看作彼此不同而又相互关联的构式（construction），它们在实际话语中具有各自独特的句法、语义和语用特征。

也就是说，简短的形式不应仅仅视为长形式的省略（ellipse），它们有着独立的话语–语用动因，并且"很多情况下我们默认的省略形式和完整形式之间的关系其实应该颠倒过来——所谓省略的话语才是基本的，而假定中更加完整的形式则具有特殊的语用功能"（Hopper，2011：36）。从这个意义上说，传统的"省略观"有必要重新加以审视（参看Thompson et al.，2015）；某些成分的"缺省"可能恰恰体现了某种习语性（formulaicity）倾向（参看Tao，2020）。对于回应来说，由于受到发起行为及其形式的制约，部分复说（resaying）而造成的"短形式"往往是更为常见的、无标记的；更加完整的形式则具有额外的解读。

认识权威与主动性本身有较强的对应关系，一般来说更高的认识权威就意味着参与者具有更大的主动性。然而主动性所关联的因素更加广泛。从主动性角度入手，可以更深刻地揭示不同语法范畴在行为构建中的作用（参看Raymond et al.，2021）。[①]

3.3 主动性与序列发展、立场一致性

不同评价回应形式在主动性上的差异，可能使其引向不同的互动模式（pattern），从而影响当前和之后的行为轨迹，以及交互主观性（intersubjectivity）的协调。也就是说，评价回应的主动性对后续序列的发展具有影响，特定回应格式体现着交际者对评价序列的关注和管理。

Auer和Lindström（2021）对比了德语和瑞典语中由观点类动词（opinion verb）构成的二次评价格式，包括完整形式和减缩小句形式（见表2）。其中减缩形式一般引向序列终结，而完整格式之后则有围绕该话题进行的进一步交谈。作者指出，通过采用减缩的格式，二次评价者显示更低的主动性以及较低的相对于首次评价的立场一致性；而完整格式则展现高主动性。换言之，在评价相邻对的主动性更加对称的情况下，可能出现序列扩展。除主动性以外，序列的发展还与二次评价所体现的一致性高低有关：即使是高主动性的完整形式，当它属于降级性评价，展现低一致性时，也引向序列终结；只有作为展现高度一致性的升级性评价时，它才引向序列的扩展。

表2　德语、瑞典语中两类二次评价形式的主动性与一致性及序列发展的对应

二次评价形式		主动性	立场一致性	后续序列
减缩形式	德语 *(ja) ich auch* 瑞典语 (ja) *jag med/ocksa* "(yes) I think so too"（我也这么认为）	低	较低	终结
完整形式	德语 *ich finde das (auch)* + [评价项] 瑞典语 (ja) *jag tycker (ocksa) (att) det e* + [评价项] "I find that also EVAL-T"（我也觉得……）	高	【降级性】较低	终结
			【升级性】高	扩展

---

① Raymond等（2021）指出，英语对话中回指性的完整名词短语（full NP）可以显示说话人对当前行为的高主动性，增强其认识立场和道义立场的表达。不过，这项研究考察的完整名词短语既包括回应位置的，也包括发起位置的；主要涉及确认/否认（confirmation/disconfirmation）、话题或序列发起（topic-/sequence-initiation）以及提问等行为，没有涉及评价。本文不展开讨论。

　　除了评价项有无造成的"完整－减缩"对立之外，被评价物的隐现所造成的对立也受到关注。方迪（2021）从赵元任先生（Chao，1968）提出的"整句""零句"的思想出发，考察了汉语对话中主谓齐全的"整句型"评价与更为简短的"零句型"评价，发现评价形式中主语的是否具有行为组织的意义。在回应位置上，带有主语的整句型评价体现对引发行为设定的话题或行为规程（agenda）的抵抗，并显示出说话人的认识权威性和主动性。比如，在下面的例子中，L的二次评价将话题规程从之前讲述的事件转换到事件主人公，体现出对序列进程更强的控制（第5行）；而不带有主语的零句评价回应则是更为普遍的回应形式，表现为对规程的遵从，如例[7]第4行。

[7]　1 L：结果后来休学又怎么着，调调调，
　　　2　　家里又跟就是弄弄，
　　　3　　然后就上咱们学校经管了。
　　　4 R：哇，<u>真好</u>！【零句型评价】
　　　5 L：可是，我觉得<u>她那人特失败</u>，【整句性评价】
　　　6　　你就学这个的……

（引自方迪，2021：86）

　　一方面，这种回应中"完整－减缩"的对立与上述基于印欧语的研究发现具有相似性。另一方面，汉语中的"零句为本"还揭示出汉语语法异于印欧语的特点——可以去掉主语只留谓词，也可以去掉谓词只留主语（这就是说，汉语互动交际的单位并不依赖于以谓词为中心的小句，参看完权，2018）。独立的名词短语也可以用作评价（而非指称），具有独立的互动交际价值。最近，方迪（待刊）讨论了名词短语用于评价的情况，指出名词短语型评价都用于回应位置，作为二次评价；从行为序列角度看，名词短语型评价主要用于附和他人，提供自我理解，展现一致性立场，并不凸显认识权威和高主动性。

　　总之，交际行为中的主体性关联到行为序列组织的其他方面，而评价回应的不同形式，则体现了对这些因素的适应（adaptation）。其中，不同程度的减缩形式与完整形式的对立是特别值得关注的。纵观这些研究，似乎可以得出一条回应语言形式与互动交际之间的象似性规律：形式上更长、更完整，对当前交际任务和序列组织的影响就会更大，主动性就更高。简言之，形式越长越"主动"。

3.4　小结

　　从以上两节可以看出，鉴于会话分析的方法论取向，早期对回应话轮的描述是在话语产出和语用－行为层面上进行的（第2节）。而随着语言学者加入相关课题的讨论，以及认识权威、主动性及其相关因素的揭示，对于评价回应形式的区分也逐

步细化,更多地关注内部语言结构特征①。表3对不同阶段涉及的评价回应特征做出了归纳。(尽管表格将不同的因素分条目列出,但正如前文所说,它们本身之间也是具有密切关联的。)

表3 互动交际因素所关联的语言特征

互动交际因素	回应的形式及其特征	意义特征
偏好组织	是否自成话轮(即单用)	评价解读强度(升级/降级)
认识权威	句首小品词 附加问句 | 否定反问句 不同成分的次序	
主动性 → 立场一致性 → 序列管理	完整小句(评价谓词 + 相关论元)	评价解读强度(升级/降级)

	减缩形式
	·词组/词语(sort of)
	·减缩小句
	  寄生形式(it is)
	  名词短语	

❹ 更广泛的对立:语言内部与跨语言对比

现在回到(1B)的各类形式,再次将它们列出并与表3比照可以发现,目前主要讨论的评价形式(用方框圈出)仍不是全部。在早期描述的基础上,国际互动语言学者所讨论并试图解释的,主要是自身也是评价的评价回应,即二次评价,其对应形式一般为不同语义关系下的完整小句或减缩小句(例[8d]至例[8g])。而对其他类别的评价回应形式(例[8a][8b][8c][8h])开展的研究还较少见②。

[8]　评价回应的类型
　　　a. 嗯。/哇!【叹词型】
　　　b. 是啊/对啊。【赞同语(agreement token)】
　　　c. 确实(欸)。【副词独用型】

> d. 挺漂亮。【减缩小句】　　　　　e. 简直美翻了!【减缩小句,升级】
> f. 反正挺不错。【减缩小句,降级】　g. 这衣服是挺好看的。【完整小句】

　　　h.(这)都是纯手工的。【无关小句型–完整/减缩】

---

① 需要指出的是,后期对评价回应格式的描述,实际上也一直掺杂了语用–行为维度的描述。比如下面表格中"不同成分的次序",其中的成分仍然冠以语用标签,如:确认+赞同语(见3.1节)。

② Thompson等(2015)认为,像aw和wow这类叹词,尽管自身表达情感立场,但它们作为回应,显示受话人将之前的评价视为告知。而本文认为,如果从评价的不同层次(参看方迪,2020)来看,它们仍是对评价的回应(自身也可归入广义的评价),何况在汉语中,叹词型回应更多时候只是表达对评价的赞同/不赞同。

事实上，（例[8a][8b][8c]）所代表的回应类型在语法和互动层面都有重要意义，已经受到学者们的关注。仅就汉语来说，相关研究涉及叹词（如张瑞祥，2023）、副词（如方梅，2022）以及其他结构式（如同语式评价，乐耀，2016；话语构式，方迪，2019）等。对于这些语言形式而言，回应位置是塑造它们意义/功能浮现乃至习语化的重要条件。不少形式孤立地看，其构成成分并不具有评价意义，如独用副词（8c）、回声问句、引述结构，乃至无关小句（8h）等，但在回应中浮现出评价的意义解读（方梅，2021，2022），并且这种评价意义可能进一步发生规约化（conventionalization，参看方梅，2017）。

但是，目前对上述各类语言形式的讨论，有不少并不是专门针对回应的；而即使是针对某类回应形式的研究，也尚未根据这些回应形式所处的行为序列做出进一步区分。当然，从研究的自身逻辑来说，从某类语言形式出发，或是将回应整体作为话语条件，是起步阶段获得面貌总览和描写基础的必然。而着眼于回应"基于特定序列的"（sequential-specific）特点，统合评价序列中各类评价回应，将叹词、副词等其他类型的评价回应与之前研究较多的小句型评价回应进行进一步的比较，具有重要意义，也无疑是今后研究的方向。

在这方面，鲜丽霞（2018）已经进行了初步探索。她将评价回应[①]的形式归纳为形容词谓语小句、肯定/否定标记词和无评价词小句三类，探讨它们构建话轮的模式，并从立场一致性强弱的角度对不同评价回应的功能做出了层次区分。在此基础上，她还在区分评价主体（自我或他人）和评价正负倾向[②]的基础上，归纳了评价回应中的倾向性规律。当然，由于开展时间较早，前文论及的很多关键概念和解释维度，在这项研究中尽管有暗合之处，却并未充分运用；而这也恰恰为今后汉语评价回应形式的全面深度对比留下了空间。

除了典型的发起–回应之外，评价序列中的另一种普遍现象——合作共建（co-construction，Lerner，1991）也值得关注。从评价行为的角度看，尽管很多情况下受话人只是通过产出评价项来实现（单个）评价的共同完成（co-completion），但语言形式与交际行为并不总是一致、对应的。Fang（2021）考察合作性评价（collaborative assessment）时就指出，在不同的序列环境中，参与句法上评价（片段）共建的受话人相对于说话人的认识权威与主动性也有所不同，从中反映出不同的交际意图。从语言形式上看，合作共建的评价片段，有可能构成两个独立的行为。Li（2019，2021）就曾讨论过句法不完整话轮（syntactically incomplete turn，SIT）构成的评价，指出综合多种模态线索，这些句法不完整的形式在互动行为层面均被视为完结，也就有可能引发受话人的回应。在这种情况下，语言形式上貌似"共建"的成分，实

---

① 这项研究被冠以"第二评价"的主题，但它实际讨论的类型超出了目前文献中所通行的二次评价的范畴，涉及其他形式类别以及相关产出特征（如延迟、笑声等）。

② 这也恰是区分一般评价与恭维（compliment）和自贬（self-deprecation）的两个维度（参看Couper-Kuhlen & Selting，2018）。

际上更偏向于一种延伸式的回应①。当然，相比于之前所述的类型，这类"共建"式回应无疑属于评价回应家族中的边缘成员。

作为一种特定的行为序列，评价回应形式的跨语言研究也具有重要意义。比如前面提到的完整小句与仅有谓词的减缩小句的对立，就与世界语言中"主语是否悬空"这一参项相关；而被评价物与评价项之间的次序则涉及特定语言的句法格局，与"核心居首/居末"这一参项相关。这些对立特征的跨语言考察，可以作为透视语法塑造评价互动方式的窗口——体现普遍互动需求之下，不同语言语法所制约和塑造的交际策略。

Luke 和 Tanaka（2016）从与英语、日语对比的视角考察了粤方言对话中表赞同的二次评价的构建。粤方言一方面像英语一样采用 SVO 常规语序；另一方面又像日语一样具有句末小品词，并且不像英语那样强制论元出现，主宾语可以隐形（unexpressed）。他们具体分析了"谓词居首"（predicate-initial）和"谓词独用"（predicate-only）两种格式，发现粤语中的赞同形式与日语非常相似。谓词独用的方式显示二次评价与首次评价的指称对象一致，粤方言的语法允许主语悬空，而谓词前置增强了立场一致（affiliation）的程度。谓词居首的格式则是源于信息或互动方面的动因，导致指称对象被明示出来，而同时"谓词–谓词后增额"的词序也为表达赞同提供了优先的便利，在时间上延迟了后续行为的实施。两种格式的谓词均位于话轮之首，都确保了（一致的）评价核心的尽早确认，从而传递了强烈赞同。

另外，不同语言特定的编码方式也对评价回应的意义解读产生影响。对于汉语来说，如例[8]所示，回应可以包含语气词，体现对评价立场的调节（Wu，2004），自身甚至可以体现为元语层面的评价（Yu & Wu，2021）。这类微妙的区分，在英语等无语气词的语言中可能由其他语言形式（如句首小品词）传递，或者不存在范畴化的编码手段。

总之，当研究不再局限于二次评价，将视野扩大到评价序列之下，评价引发的各类回应时，所揭示的将是更广层面的对立。这种对立既有语言内部的，也有跨语言的。语法寓于互动之中，既是位置敏感的（positionally sensitive），也是序列特定的（sequential specific），这种着眼于评价序列，对回应形式的更广泛对比，具有广阔的研究前景。

❺ 结语

本文从互动语言学对回应形式的研究视角和理论目标入手，对目前学界对于评价回应的研究成果进行了总结梳理，并立足汉语语言事实，对这一领域未来的研究

---

① 方梅（2012）讨论连词居于相邻对后一话轮之首，使相邻对构成复句关系的现象。她的举例（A：今天风很大。B：可是不怎么冷。）就属于这里所说的"延伸式"回应。从句法上看，后件依附于前件，作为一种延伸（extension）共同构建了完整的复句；而从行为角度看，B 产出的话轮无疑也构建了一种回应。关于"共建"现象中共同完成与延伸的辨析阐释，参看 Luke（2021）。

方向做出了展望。正如开篇所说，对于评价回应的研究围绕"描写–解释"的维度螺旋上升，其核心目标就在于结合行为的动态交互过程，挖掘各类回应形式背后的互动交际动因，从而揭示特定序列以及位置敏感性对于语言形式意义的塑造。这一理念，实际上是贯穿于各类行为的回应研究中的。如果说之前研究基于特定场景、形式类别，或是特定互动交际因素，是粗线条的勾勒以及局部的描画，那么下一步工作就是要站在更广阔的维度上，努力展现评价序列中回应的总体系统性图景，并由此通过语言结构与互动行为的相互塑造，进一步揭示"语法应互动而生"（grammar-for-interaction）的本质。

❏ Auer, P. & Lindström, J. 2021. On agency and affiliation in second assessments: German and Swedish opinion verbs in talk-in-interaction. In J. Lindström, R. Laury, A. Peräkylä & M.L. Sorjonen (eds.), *Intersubjectivity in Action.* Amsterdam: John Benjamins. 81-107.

❏ Chao, Y. R.（赵元任）1968. *A Grammar of Spoken Chinese*. Berkeley & Los Angeles: University of California Press.

❏ Couper-Kuhlen, E. & Selting, M. 2018. *Interactional Linguistics: An Introduction to Language in Social Interaction*. Cambridge/New York: Cambridge University Press.

❏ Enfield, N. J. 2011. Sources of asymmetry in human interaction: Enchrony, status, knowledge, and agency. In T. Stivers, L. Mondada & J. Steensig (eds.), *The Morality of Knowledge in Conversation.* Cambridge: Cambridge University Press. 285-312.

❏ Fang, D.（方迪）. 2021. Collaborative assessments in Mandarin conversation: Syntax, prosody, and embodied action. In K. K. Luke & M. Fang（方梅）(eds.), *The Joint Production of Conversational Turns,* Special issue of *Chinese Language and Discourse* 12 (1): 52-83.

❏ Goodwin, C. & Goodwin, M. H. 1987. Concurrent operations on talk: Notes on the interactive organization of assessments. *IPRA Papers in Pragmatics* 1 (1): 1-54.

❏ Goodwin, C. & Goodwin, M. H. 1992. Assessments and the construction of context. In C. Goodwin & A. Duranti (eds.), *Rethinking Context: Language as an Interactive Phenomenon.* Cambridge, UK: Cambridge University Press. 147-189.

❏ Hayano, K. 2013. *Territories of knowledge in Japanese conversation*. PhD Dissertation. Radboud University, Nijmegen.

❏ Heritage, J. 2002. Oh-prefaced responses to assessments: A method of modifying agreement/disagreement. In C. E. Ford, B. Fox & S. A. Thompson (eds.), *The*

Language of Turn and Sequence. New York: Oxford University Press. 196-224.

❏ Heritage, J. & Geoffery, R.. 2005. The terms of agreement: Indexing epistemic authority and subordination in talk-in-interaction. *Social Psychology Quarterly* 68 (1): 15-38.

❏ Heine, L. 2011. Non-coordination-based ellipsis from a construction grammar perspective: The case of the *coffee* construction. *Cognitive Linguistics* 22 (1): 55-80.

❏ Hopper, P. J. 2011. Emergent grammar and temporality in interactional linguistics. In P. Auer & S. Pfänder (eds.), *Constructions: Emerging and Emergent.* Berlin: Walter de Gruyter. 22-44.

❏ Leech, G. N. 1983. *Principles of Pragmatics*. London: Longman.

❏ Lerner, G. H. 1991. On the syntax of sentences-in-progress. Language in Society 20(3): 441-458.

❏ Li, X.（李晓婷）. 2019. Embodied completion of assessment in Mandarin conversation. Paper presented at the sixteenth International Pragmatics Conference, Hongkong, China.

❏ Li, X.（李晓婷）. 2021. Multimodal practices for negative assessments as delicate matters: Incomplete syntax, facial expressions, and head movements. *Open Linguistics* 7: 549-568.

❏ Luke, Kang Kwong. 2021. Parties and voices: On the joint construction of conversational turns. In K. K. Luke & M. Fang（方梅）(eds.), *The Joint Production of Conversational Turns,* Special issue of *Chinese Language and Discourse* 12(1): 6-34.

❏ Luke, K. & Tanaka, H. 2016. Constructing agreements with assessments in Cantonese conversation: From a comparative perspective. *Journal of Pragmatics* 100: 25-39.

❏ Pomerantz, A. M. 1978. Compliment responses: Notes of the co-operation of multiple constraints. In J. Schenkein (ed.), *Studies in the Organization of Conversational Interaction*. New York: Academic Press. 79-112.

❏ Pomerantz, A. M. 1984. Agreeing and disagreeing with assessment: Some features of preferred/dispreferred turn shapes. In J. M. Atkinson & J. Heritage (eds.), *Structure of Social Action: Studies in Conversation Analysis.* Cambridge: Cambridge University Press. 57-101.

❏ Raymond, C., Clift, R. & Heritage, J. 2021. Reference without anaphora: On agency through grammar. *Linguistics* 59 (3): 715-755.

❏ Raymond, G. & Heritage, J. 2006. The epistemics of social relations: Owning grandchildren. *Language in Society* 35 (5): 677-705.

❏ Schegloff, E. A. 1996. Turn organization: One intersection of grammar and interaction. In E. Ochs, E. A. Schegloff & S. A. Thompson (eds.), *Interaction and Grammar.* Cambridge: Cambridge University Press. 52-133.

❏ Selting, M. & Couper-Kuhlen, E. 2001. *Studies in Interactional Linguistics*. Amsterdam:

John Benjamins.

❑ Stivers, T., Mondada, L. & Steensig, J. 2011. Knowledge, morality and affiliation in social interaction. In T. Stivers, L. Mondada & J. Steensig (eds.), *The Morality of Knowledge in Conversation.* Cambridge: Cambridge University Press. 3-26.

❑ Tao, H.（陶红印）. 2020. Formulaicity without expressed multiword units. In R. Laury & T. Ono, (eds.), *Fixed Expressions: Building language structure and social action.* Amsterdam: John Benjamins. 71-98.

❑ Thompson, S. A., Fox, B. A. & Couper-Kuhlen, E. 2015. *Grammar in Everyday Talk.* London: Cambridge University Press.

❑ Wu, R. R. 2004. *Stance in Talk: A Conversation Analysis of Mandarin Final Particles.* Amsterdam/Philadelphia: John Benjamins.

❑ Yu, G.（于国栋）& Wu, Y.（吴亚欣）. 2021. Action ascription and action assessment: Ya-suffixed answers to questions in Mandarin. In A. Depperman & M. Haugh (eds.), *Action Ascription in Interaction.* Amsterdam: John Benjamins. 234-255.

❑ 方迪，2019,"这话说的"的负面评价立场表达功能及其形成动因。《语言教学与研究》（6）：78–87。

❑ 方迪，2020，互动语言学视角的评价研究。载方梅、李先银主编《互动语言学与汉语研究（第三辑）》。北京：北京语言大学出版社。366-392。

❑ 方迪，2021，《汉语口语评价表达研究》。北京：社会科学文献出版社。

❑ 方迪，待刊，汉语自然对话中的名词短语评价。

❑ 方梅，2012，会话结构与连词的浮现义。《中国语文》（6）：500-508，575。

❑ 方梅，2017，负面评价表达的规约化。《中国语文》（2）：131-147，254。

❑ 方梅，2021，从引述到负面立场表达。《当代修辞学》（5）：1-12。

❑ 方梅，2022，从副词独用现象看位置敏感与意义浮现。《中国语文》（1）：3-15，126。

❑ 完权，2018，零句是汉语中语法与社会互动的根本所在。载方梅、曹秀玲主编《互动语言学与汉语研究（第二辑）》。北京：社科文献出版社。16–32。

❑ 鲜丽霞，2018，《汉语自然会话第二评价研究》。成都：四川大学出版社。

❑ 乐耀，2016，从互动交际的视角看让步类同语式评价立场的表达。《中国语文》（1）：58-69+127。

❑ 乐耀，2019，交际互动、社会行为和对会话序列位置敏感的语法——《日常言谈中的语法：如何构建回应行为》述评。《语言学论丛》（60）：336-362。

❑ 张瑞祥，2023，互动视角的叹词研究。《当代语言学》（2）：223-238。

An Overview of Studies on Responses to Assessment from an Interactional Linguistic Perspective

Abstract:　One of the core issues of assessment studies from the interactional linguistic perspective is the relations between the coding of assessment expressions and sequential organization of assessment action as well as other interactional principles involved. Among such concerns, it is the responses to assessment (thereafter RA) that receives particular attention. This paper recapitulates the current situation of studies on RA, summarizes discussion about preference organization and such interactional principles as epistemic authority, agency and the pertinent sequential management, affiliation. Then it makes prospects for research potentials and tendencies in this area, advocating a broader comparison both within a certain language and on cross-linguistic level, so that the nature of a grammar "for interaction" can be further revealed.

Key words:　responses to assessment (RA); preference organization; epistemic authority; agency; grammar for interaction

（责任编辑：高彦梅）

自然口语对话中的降级评价
——以"还好"为例

北京大学　张文贤*

[提　要]　本文以"还好"为例分析了汉语表达降级评价的方式。"还好"经常用于回应话轮，具体来说，有回应首次评价以及回应问候、询问。"还好"的浮现功能为不让对方担心、表示弱反对或劝慰。起始话轮中的"还好"常和"吧"连用，发话人用来问候受话人或者询问自己关心、担心的情况。用在话轮中的"还好"表示反向总结。说话人使用"还好"进行回应时，并不是积极推进话题的进行，而是不愿提供更多细节，有终结当前话题的功能。与"还好"意义相近的"还不错"常用来推荐、表达满意、回应夸赞，比"还好"正面评价的程度要高。"还不错"说明情况很好，而"还好"说明情况没有那么好或者不那么糟糕，这与其组合成分本来的意义有关。降级评价的解读受到序列位置以及互动行为类型的制约。本研究表明，互动语言学的分析方法能够更深入地发掘语言形式的表达功能。

[关键词]　还好；还不错；副词；降级评价；互动语言学

❶ 引言

1.1　降级评价的概念

评价是自然口语对话中的常见行为，指的是"通过使用具体的词汇评价项来正面或者负面赋值的话语"（Thompson et al.，2015：139）。典型的评价如例[1][1]的第2行，说话人描述了自己的体验，这是评价的无标记用法。

[1]　[VIYMC 1:4]

---

*　作者简介：张文贤，北京大学对外汉语教育学院长聘副教授、研究员。研究方向：互动语言学、国际中文教育。Email：zhwenxian@pku.edu.cn。通信地址：100871北京市海淀区颐和园路5号北京大学对外汉语教育学院。
本文受国家社会科学基金一般项目"互动语言学视角下负面情理立场表达研究"（21BYY158）的资助。感谢关越、张耘鸣提供部分语料，感谢方梅老师、方迪老师提出修改建议。
①　例[1]和例[2]均引自Heritage和Raymond（2005）。

01　J:　　Let's feel the water. Oh, it...

　　　　　（我们感受一下这儿的水。哦，水……）

02　R: -> It's wonderful. It's just right. It's like bathtub water.

　　　　　（非常棒。非常好。就像浴缸里的水一样。）

但在实际的言谈交际中，评价序列会涉及谁的观点更权威、更重要的问题。第二个说话人可以具有认识独立性，二次评价（second assessments）可以减少对首次评价（first assessments）的依附性，反抗认识权威（epistemic authority）。根据Heritage和Raymond（2005）的界定，首次评价与二次评价是根据序列位置进行区分的，首次评价在第一位置发起评价序列，二次评价在第二位置对首次评价做出回应。二次评价可以同意、不同意或者调整首次评价（参看Heritage，2002）。说话人可以对首次评价进行升级（upgrade）或者降级（downgrade）。否定疑问句是实现首次评价升级的手段。首次评价的降级评价可以使用两种语言资源：一是传信语（evidentials），二是附加疑问句（Heritage & Raymond，2005），如例[2]使用了"aren't they"：

[2]　　[Rah 14:2]

01 Jen:　　Mm [I: bet they proud o:f the fam'ly.=

02 Ver:　　　　[Ye:s.

03 Jen: →　=They're [a luvly family now ar'n't [they.

04　　　　　er:　　[。Mm:。.　　　　　　　[They are: ye[s.

05 Jen:　　　　　　　　　　　　　　　　　　　　　　　　[eeYe[s::,

06 Ver:　　　　　　　　　　　　　　　　　　　　　　　　　　[Yes,

01 Jen:　　嗯，我敢说他们一定为家庭感到自豪。

02 Ver:　　对。

03 Jen:　　他们现在家庭美满，是吧？

04　　　　　呃，嗯，他们是这样。

05 Jen:　　呃对，

06 Ver:　　对，

Heritage 和 Raymond（2005）所说的评价的升级或降级与认识权威相关，是认识立场的体现，表示自己更确定或者更不确定。首次评价位置经常发生降级而不是升级，二次评价位置经常发生升级而不是降级，这是对K+（更多知识）和K-（更少知识）做出的社会性补偿措施。降级的首次评价位置的说话人往往信息地位不高，升级的二次评价位置的听话人往往信息地位较高。首次评价位置的说话人降级自己评价的权利，二次评价位置的受话人升级自己评价的权利，从而达成一致。

除了认识上的升级和降级以外，还有程度上的升级与降级。根据Thompson 等

（2015：187），词汇上的降级是二次评价表达不同意或者立场不一致时使用频率最高的手段。如例[3]^①第5行Bee发出的二次评价中all right（好的）就是降级评价词语（downgraded assessing term）。

[3]　"Books" (TG)
```
01 BEE ：   it was, (0.2) y'know (fun) .=but i , i paid it the guy at the
02          counter, (0.4) sort of gave me a discount on it anyway even
03          though i didn' t go there.
04 AVA: 1→ that' s good.
05 BEE: 2→ well， (0.7) it was [all right,
06 AVA:                      [.hhh
07 BEE:    .hhh
```

```
01 BEE ：   它是，你知道非常有趣，但是我，我把钱给了柜台，
02          他们还是给了我折扣，
03          尽管我没去那儿。
04 AVA:    那太好了。
05 BEE:    是，挺好的。
06 AVA:    嗯。
07 BEE:    嗯。
```

负面评价也有类似的情况，如例[4]awful（糟糕）是非常强烈的负面评价词语，而not good（不好）不如awful（糟糕）强烈，是降级评价：

[4]　"Postal Service" (CallFriend)
[talking about postal service and not receiving a package]
（谈论邮政服务，因未收到包裹）

```
01 BRI: Angie sent something and I s: till haven' t gotten it.=
02 MAR: =oh go:dh[h
03 BRI:          [second week of school,
04          (0.3)
05 BRI: or second day of school (°I sh [ould say°).
06 MAR: 1→                          [that' s awful.
07          (0.2)
```

---

① 例[3]与例[4]均引自Thompson等（2015：188）。

08 BRI: 2→。 well it's not goo:d,

09　　　　　(0.3)

10 MAR: no:: , not at all ,

01 BRI: 安吉给我寄来了一些东西，但是我还没收到。

02 MAR: 哦，天啊

03 BRI: 上学第二周，

04　　　(0.3)

05 BRI: 应该是上学第二天（我应该说）。

06 MAR: 太糟糕了。

07　　　(0.2)

08 BRI: 真是，太不好了，

09　　　(0.3)

10 MAR: 不，没什么，

1.2　问题的提出

从上一节的相关研究中可以看出，升级或者降级涉及词汇、语法以及语用等多个层面①，目前还未见到关于汉语降级评价表达的专门研究，对于汉语自然口语对话中哪些语言形式可以实施降级评价尚有待探索。本文拟从"还好"这一具体的语言手段入手，探讨汉语中降级评价如何表达。

在自然口语对话中，"还好"作为一个整体表达降级评价。例[5]来自网络视频，记者暗访炸鸡店厨师，从视频里可以看到锅里的油已经非常黑了，但第7行厨师的回答是"还好"，记者回应的是冷笑（第8行）。显然，这里的"还好"并不"好"，是相对于用了七天以后的油而言"好"。

[5]　　[暗访]

01　　A：这油是多久换一箱？

02　　B：嗯:，单子多的话:四天，单子少的话五天多六天。

03　　A：哦:，（摄像头对准锅里的黑色的油）那到了五六天呢，

04　　　　它不会变得很黑吗？

05　　B：嗯:，这个油已经四天了。

06　　A：哦:，像这就有点儿黑了吧?

07→ B：还好。

08　　A：@

09　　B：你像用到七天以后，屋子里全是烟。

① Thompson 等（2015）指出，韵律也可以用来升级或者降级，本文暂不考虑韵律因素。

在美国语料共建会（Linguistic Data Consortium，简称LDC）的汉语电话谈话语料库（CallFriend）中，"还好"总计出现97例，其中87例"还好"为独立的话轮构建单位（Turn Constructional Unit，简称TCU），表达降级评价，有6例用于比较句（比较项明确出现），有4例是"还好说"这种"还+好+动词"的用法（不是本文的研究对象），可见"还好"的降级评价用法是口语中的主要用法。但是前人多关注"还好"具有侥幸义或者幸亏义的用法，如"还好"自清代始就已成为一个具有"庆幸"义的语气副词（胡丽珍、雷冬平，2015）；"还好"是语篇关联语，表示庆幸（李宗江、王慧兰，2011）；"还好"属于"好"类、"幸亏"类副词（邵敬敏、王宜广，2011）；"还好"是侥幸类评注性副词，在句中的基本功能是充当高层谓语进行主观评注（罗艳琴，2016a）。

虽然也有研究注意到"还好"可以用来应答，但均缺乏论证。马兴茹（2015）发现"还好"在现代汉语口语应答语中也被广泛使用，副词用法常表示"低位评价语"，但没有具体论证。罗艳琴（2016b）认为，"还好"成为话语标记时保留着"降格的优势评价"和"侥幸"义，把它归入"评价标记"，但没有结合口语语料对"还好"的用法进行分析。从"还好"的构成成分来看，"还"可以表达"抑"的语气，把事情往小里、低里、轻里说（吕叔湘，1999）；表示"勉强"的意思（刘月华等，2001）；"好"是形容词，是典型的评价话语的句法形式。那么，在自然口语对话中，"还好"是怎么表达降级评价的？

此外，"好"与"不错"是近义词，但在前面加上"还"之后，在某些语境下二者不能互换。如例[6]A的"还好"不能用"还不错"替换。例[7]B主动发起评价行为，"还不错"用来称赞他人的工作，此时不用"还好"。"还好"与"还不错"在使用上有什么差异？这些都是值得探讨的问题。

[6] [食堂吃饭]
    01 A：现在吃太多了。
    02→B：还好啦：
    03 A：还好？
[7] [CF]
    01 A：那个何迪在吗？
    02 B：何迪在。
    03 A：哦。
    04→B：何迪干得还不错。
    05 A：这个不干，干挺火嘛？ @
    06 B：嗯，没错。

近年来，随着互动语言学的兴起，汉语研究进入了新局面，从行为角度研究汉语更好地描写了一些语言现象。鲜丽霞（2018）对二次评价的发出、句法构成、同意或者不同意的程度差异、倾向性进行了探讨。从总体上看，对评价行为的研究涉及"话轮设计与序列组织""互动语境与评价识解""韵律及多模态研究"三个方面（方迪，2020）。方迪（2021）的专著基于互动语言学的理念和方法，按照规约化的主线，对汉语口语中用于评价的语言表达进行了整体以及个案研究，从规约化的角度构建了汉语口语中评价表达的体系。

基于前人的研究，本文拟运用互动语言学的研究方法，使用自然口语对话作为语料，依据"位置敏感语法"的理念（Schegloff，1996），采用语境敏感、在线分析、实证的视角（参看Couper-Kuhlen & Selting，2018；方梅等，2018），分析"还好"[1]在自然口语中的降级评价功能，然后将"还好"与"还不错"进行对比，说明降级评价行为的等级差异，试图揭示语言、行为与互动的关系。本文的语料源于笔者自行录制的40小时的自然口语对话以及LDC的汉语电话谈话语料库[2]。

❷ "还好"的序列位置与功能浮现

从序列位置上看，"还好"较多用于回应，也可以用于起始话轮。"还好"的核心功能是用于降级评价，表示没有那么好或者没有那么糟糕。根据序列位置以及所执行具体行为的不同，"还好"浮现出不同的功能。

2.1 回应话轮位置

2.1.1 回应首次评价

当首次评价是对受话人及其相关的人或事物的正面评价，类似于恭维时，处于回应位置上的"还好"用于降级，意思是"没有那么好"；而当首次评价是涉及说话人自身的负面评价，类似于自贬时，"还好"的浮现功能是弱反对或者劝慰，意思是"不那么糟糕"。其升降级符合Pomerantz（1978，1984）所揭示的偏好原则。李先银、张文贤（2022）也指出，对利己行为表示礼貌的降级，是维护社会关系的结果。对正面评价进行降级的例子如例[8][9]，"还好"分别对"真不错""好极了"进行降级。

> [8]　[CF]
> 01　　A：我就跟我爸一块儿去么，反正那几天也没做饭，
> 02　　　　然后就就就跟他一块就吃了，就完了，@呃，
> 03　　B：呃，嗯，真不错呃@
> 04→　A：还好，
> 05　　B：他也高他也挺高兴的呃呵。
> 06　　A：呃，对，他是蛮心情很好我觉得。

---

① "还好"后面还会出现"啊""哈""啦""吧"等语气词，本文对"还好+语气词"之间的差异暂不进行具体分析。
② 来自该语料库的例句标记为[CF]。

[9] [CF]

    01   B：多少日子啦？

    02   A：呃，大概有六周吧，大概有六周吧。

    03   B：哦，挺好。

    04   A：嗯，对，所以–

    05   B：确定吗？

    06   A：呃，应该是确定了。

    07   B：嗯。

    08   A：应该是确定了。

    09   B：哦，那好极了，好。

10→ A：嗯，还好，她没有什么，没有什么妊娠反应，呃。

    11   B：诶。

    12   A：没，没有什么妊娠反应。都挺好，呃，那个–

    13   B：好，好极了，诶，好。

当首次评价是负面评价时，"还好"作为二次评价发出，不完全赞同首次评价，但这种反对并不强烈，是较弱的反对。在例[10]中，"还好"出现了两次，第2行与第6行的弱反对都没有成功，R才在第8行将弱反对升级为直接明示的强反对。

[10] [假期安排]

    01   R：(2s)萍萍，@我真的热@

02→ L：还好，坐会儿就好了。

    03   哎一说泳衣，我之前本来打算去你们那边儿，古北水镇去玩儿呢。

    04   R：嗯。

    05   L：但是我觉得，说听说那边儿人特别多特别多特别[多，

06 →R：   [还好吧。

    07   L：挤也挤不进去[说是。

    08   R：   [不会不会不会。

    09   L：门票:

    10   R：周末不会。

当首次评价是发话人对自己的负面评价时，"还好"作为二次评价是在劝慰发话人。在例[11]第3行中，R在"还好"降级之后继续举出一些事实，达到劝慰的目的，在第6行中，"对"的叠连表达强化了说话人反应的语义强度和情感强度（参见李先银，2016），交际双方达成一致。

[11] [瓶颈期]

01　L：好像到了一个瓶颈期，无论就是什么关系，我觉得我现在都是一个，
02　　　瓶颈期的状态。
03→R：我感觉你还好，起码你还和–比较h–关系好的朋友，
04　　　能随时：就想约就能约出去。毕竟你不住一起啊，你看我这跟-啧，
05　　　想约都有时候约不出去，尤其是都有男朋友了之后。
06　L：对对对。

2.1.2　回应问候与询问
"还好"可用来回应对方的问候与询问，以免发话人担心。

[12] [CF]
01　B：你还还是那么忙啊？
02→A：还好啊，这还好，对，暑假里还好。
03　B：还好啊？还学得学几年哪？

在例[12]中，从第1行的"还是"可知，A很忙是共识（common ground）。B的询问表达了关心，A虽然回答"还好啊"，但后续TCU表明现在"还好"只是相对于平时而言不那么忙。第3行使用回声话语表达认同（参看朱军，2020；张文贤、李先银，2023）之后，继续发问表达关心。

[13] [CF]
01　A：我前两天，呃，昨天给小宋打了个很长的电话，
02　B：哦哦。
03　A：大概有五十分钟，
04　B：怎么样？他说什么吗？
05→A：还好，他劝我移民加拿大。
06　B：@移民加拿大。
07　A：不是，就办绿卡，只是办绿卡，只是–

例[13]同样如此。如果打电话时间很长可能会有什么事，所以B询问具体情况（第4行），A的"还好"表明没有什么不好的事情（第5行），"就""只"等范围副词表明没什么大事，B不用担心（第7行）。

[14] [CF]
01　A：哦，我姥爷咋啦？
02　B：<X>
03　A：我不知道。

04　B：他死了。

05　A：什么？

06　B：你娘也回来。

07　A：真的啊？我姥姥呢？

08→B：你姥姥，还，还好。

09　A：我妈不知道了吧？

　　例[14]是一个极端情况。B带有迟疑的回应"还好"是为了不让A担心，"还好"只能说明姥姥目前没什么大事儿，并不能说明姥姥的状况很好。

　　当发话人询问的不是受话人本人而是其他人的情况时，受话人即使不太了解情况，也可以用"还好"来回应。因为在例[15]第4行中，A回应的是"还好"，B识解为他们能经常见面，但从第6行可以得知，他们并不是经常见面。从这个例子可以看出，"还好"已经规约化①为回应问候的应答语。

[15]　[CF]

01　B：对，就是说，没说什么两句话，就走了。

02　A：对，她现在也挺忙的。就是说现在–

03　B：她好吗？

04→A：还好啊，还好。不就是–

05　B：你们经常能见面是吗？

06　A：其实没有啊，我们很–见面很少，很少。

2.2　起始话轮位置

　　"还好"也用于会话序列的起始话轮，常常和"吧"连用，表示发话人问候受话人或者向受话人询问自己关心或者有些担心的情况。如例[16]与例[17]。

[16]　[CF]

01→A：对啊，那个光明他们怎么样？还好吧？

02　B：光明最近大概在抓紧谈恋爱吧。

03→A：是哇？　@嘿你诶，你你那个那你现在怎么样？在公司工作表现还好吗？

04　B：啊？表现？　@

05　A：这个上下？呃，

06　B：经您经您提醒现在是啊，呃，多加修炼呐@

---

① 规约化的定义参见方梅、乐耀（2017：24）。

在不了解对方现状的情况下，说话人使用降级评价进行问候比较稳妥，"还好"表现了发话人的牵挂，发话人希望受话人一切如常，一直保持良好的状态。即使受话人有负面应答，这样的询问也不会很鲁莽。受话人在回应"还好"问句时常常将其识解为发话人为其担心。在例[16]中，第1行的"……怎么样？还好吧？"与第3行的"……怎么样？……还好吗？"用来询问近况。从B的应答中（第6行）可以得知，B将A的询问识解为A在担心他的处境。

[17] [师生闲聊]
01　　A：你们宿舍的都是什么专业啊？
02　　B：都是人文的，就我一个语科的@@，都是人文的，
03　　　　然后都是语言学专业的。
04→A：相处得还好吧？
05　　B：挺好的呀，还还挺好的，三年从来没吵过架嘛。

在例[17]第4行中，A询问B"相处得还好吧？"基于同一宿舍同学关系不好相处的共识，B回应"挺好的"，是"还好"的升级评价，B进一步说"三年没吵过架"也表明A的询问隐含着担心。

2.3　话轮中的"还好"

话轮中的"还好"也非常值得关注，这时的"还好"用在说话人的自我叙述中。在讲述时，说话人会先叙述不好的方面，然后用"还好"总结，转到较好的方面，但有时这种"好"不是真正的"好"。在例[18]中，A先介绍了自己与朋友相处时不太愉快的方面，但第5行的"反正还好"引出的结论却是较好的，之所以得出这样的结论是为了不让对方担心，第8行明示了这一点。

[18] [CF]
01　　A：就有时候挺，就是说挺猜不透的，就是说挺，
02　　　　好像就觉得有点冲突似的，
03　　　　可是，也不是啦，有时候回就觉得是，好像，
04　　　　就觉得是好像，这想太多了，
05→　　没有那么，没有没有那么回事吧@反正还好，
06　　　　昨天晚上我跟她在一起，很好挺好的。
07　　B：呃。
08　　A：你们你们不用担心，嗯。

❸　"还好"与当前话题的关系

在自然口语对话中，交际双方会在互动中完成话题的确立和转换。乐耀（2013）

指出会话话题是一个具有新闻价值的、可以在后续言谈中延续下去的指称成分。不论是话题的新闻价值，还是可延续性，都需要由交际双方协商合作去完成。发话人使用"还好"时，表示对当前话题不感兴趣，并不想提供更多的细节。如果"还好"后面没有后续语句，就会有种敷衍色彩，表示这个话题不想多说（罗艳琴，2016b）。

回应位置上的"还好"表示说话人欲终结当前话题，尽管对方可以继续就当前话题进行追问，如下面的例[19]。在该例中，说话人A为主要说话人，B支持A的主要讲述的地位，B在结构上与讲述一致（aligning），这意味着他支持讲述活动的结构的不对称性。对于A的讲述，B的回应分别是第2行的"嗯"，第4行的"还好"，第7行的"我知道"，第9行的"嗯"，这些都是最小回应。其中，"我知道"表达认同回应，表示前述信息在共同背景知识中，或者认同性地回应评价（张文贤、王成英，2020）。除了"我知道"外，"嗯"也表达接受。但是，这些最小回应虽然表示认同，却并没有进一步的阐述，这样当前话题就会尽快终结。

[19]　[CF]

01　　A：诶，经历不用的。就是因为主要是看那个推荐信那些，知道吗？

02　　B：嗯。

03　　A：诶，倒不-这个，这个，不–不–不着急。呃，还好吧？其他？

04→　B：还好，

05　　A：我跟你讲只要学学校批啊，你这个不需要经过上面批，诶。那个，

06　　　　那个送到上面去的，你知道吗？

07　　B：我知道。

08　　A：需要批到你可以就–就可以办了。

09　　B：嗯。

例[20]也可以从侧面证明"还好"意味着不愿继续详谈。第5行A转述的内容就是"她说还好，她也没有详细谈"。

[20]　[CF]

01　　B：嗯，好的，好的，嗯。妈身体还好吧？

02　　　　因为她上次来信讲，说胃子不太好的，催我们给她弄药了。

03　　A：呀。

04　　B：没有现在-有没有什么问题啊，她没有讲吧？

05→　A：呃我问她打电话，她说还好。她也没有她没有详细，

06　　　　因为她也不在我这边，所以我具体情况也不太清楚。

07　　B：好的好的，好。

08　　A：呀。在我这里时候，她也不太舒-有段时间不太舒服，所以她吃
　　　　那个药，

09　　　　吃得蛮多的，对。

10　B：哎，行行。

❹ "还好"与"还不错"的功能对比与评价等级

4.1 "还好"与"还不错"的功能对比

"还不错"与"还好"虽然都是降级评价，但所实施的行为不同，"还不错"常用来推荐、表达满意、回应夸赞。顾曰国（1992）指出，"贬己尊人"准则是最富有中国文化特色的礼貌现象，即指谓自己或与自己相关的事物时要"贬"，要"谦"。向别人推荐自己认为好的物品，表达对对方满意，回应别人对己方的夸赞，这些均与己相关，所以要降级评价。

例[21]至例[24]中的"还不错"都不能用"还好"替换。

[21]　[奶黄包]

01　小白：但是..你看啊..它它还有那个.呃:..奶黄包蟹黄奶黄包也不错。

02　小蓝：嗯。

03　小白：就是掰开之后是流心的。

04　小蓝：哇哦！

05→ 小白：就..还不错=

06　小蓝：=我在这还没吃过奶黄包呢我怎么觉着。

[22]　[CF]

01　A：那那哦，那我给我姐买一双鞋回去。

02　B：诶，买双给她买双鞋回来吧。

03　A：可以吧？

04　B：机场那个可能太贵了，不用买。

05　A：没有我-

06　B：我也等得比那-

07→ A：这这边不是那个鞋还还还不错嘛，穿起舒服的嚎？这鞋，

08　B：嗯，还没舍得穿呐。

09　A：嘿哟你就穿嘛，那个，

10　B：呃，这太热啦。

[23]　[CF]

01　B：家里挺好的，那个，这个，傅枢那个@高考@啊，

02　A：啊。

03　B：呃，考了六百零八分。

04　A：那，那是多少？　@

05→B：还不错啊。六百零八，是他今年总分儿-

06　A：总分是多少啊?

07　B：总分七百五。

08→A：哦，那挺不错的。

09　B：就是挺不错的呀。

[24]　[指导学生]

01　A：你这俩学生都很好啊。

02→B：还不错。

4.2　评价等级

"还不错"与"还好"结构一样，"不错"与"好"是同义词，但"还不错"与"还好"的评价等级不同①。"还不错"是真的"好"，而"还好"是不那么好或者伪装的"好"，"还不错"比"还好"正面评价的程度要高。当受话人听到"还不错"时，会将之理解为状态不错。在例[25]中，A用"还不错"总结自己的生活后，B的回应是"那我们就放心了"，可见"还不错"表达的"好"的程度较高。

[25]　[CF]

01　A：另外我下个学期，基本上也可能就是就是正式读书了。

02　B：诶，是的，那好。

03　A：呃。

04　B：那好，那好。

05→A：反正我们，都呃，还不错。

06　B：诶，是的，那好，那我们就放心了。

再来对比例[26]和例[27]。这两个例子的话题都和身体有关，其中的"还不错"与"还好"不能替换。

[26]　[CF]

01　B：哦，那个汪严怎么样? 身体怎么样? 汪严?

02→A：呃，汪严身体还不错。

03　B：诶，回来以后，回去以后，是不是好一些?

04　A：嗯，对。人家都说他精神焕发的。

例[26]第4行的"精神焕发"可以验证第2行的"还不错"一定是很好。

---

① "还不错"与"还好"的序列位置类似，所以本文只对比它们的核心意义。

[27] [CF]

01→B：嗯，好的，好的，嗯。妈身体还好吧？

02　　　　因为她上次来信讲，说胃子不太好的，催我们给她弄药了。

03　　A：呀。

在例[27]中，"妈身体还好吧？"的后续话语说明，之所以这么问是因为妈妈上次说过胃不太好。换句话说，如果发话人知道对方以前情况不太好的话只能用"还好"问候，"还好"表达关切。"还好"可以把"不太好"伪装成"好"，如例[14]，或者把"不好"降低为"不太糟糕"，如例[5]。如图1所示，如果画一条轴线（右侧表示"好"的程度高）来表示评价程度，那么"还好"在"还不错"的左侧。

（"好"的程度低）———————————————————→（"好"的程度高）

　　　　　　还好　　　还不错　　　不错　　　（真不错……）

图1　"还好"与"还不错"的评价程度

"还好""还不错"的意义均与其构成成分的意义有关，"还"的基本义是表延续（高增霞，2002），"还"的量级义是由其基本义"延续"在互动交际中用作回应语时浮现出来的（贾泽林，2021）。"还好""还不错"都隐含着比较对象，都可以激活评价等级，在"（A与B相比）还好/不错（一些）"中，比较项在语境中缺省，"还好""还不错"独立使用，但比较项在语境中会明示或者暗示出来。如例[5]是比较用过四天的油与用过七天的油，例[26][27]是比较现在的身体状况与以前的身体状况。但由于"好"是单音节，从句法上来说，它无法单独使用，语义上的磨损也比较严重。"不错"比"好"正面评价的程度高，所以二者用来说明的情况不同。"还好"用来说明情况不太糟糕或者没那么好，而"还不错"用来说明情况很好。

❺ 结语

本文从序列以及行为的角度对"还好"的降级评价用法进行了分析。研究发现，"还好"主要用来回应，根据不同的行为序列浮现出不同的功能。Thompson等（2015：2-3）描述了回应的特点，它承接始发话轮，"位置敏感"（positionally sensitive）、"序列特定"（sequence-specific）。从本文的分析中可以看出，回应的形式与所实施的行为均受起始话轮的制约。而从起始行为的视角看"还好"的用法，可以看出"还好"预示什么样的回应。

此外，本文还将"还好"与"还不错"的用法进行对比，发现表面上结构相同、意义相近的这两个短语在实际的语言运用中的互动功能以及评价等级均不同。与"还好"意义相近的还有"还行""还凑合""还可以"等，它们之间的功能差异以及评价程度等级还需要进一步考察。

附录：转写符号

[ ]	交叠	（ ）	括号内为转写者的说明
=	无延迟回应	@	笑声
..	短停顿，小于等于0.2秒	（2s）	2秒停顿
–	切断	<X>	听不清的部分
:	声音延长		

参考文献

❏ Couper-Kuhlen E. & Selting, M. 2018. *Interactional Linguistics: Studying Language in Social Interaction*. Cambridge: Cambridge University Press.

❏ Heritage, J. 2002. Oh-prefaced responses to assessments: A method of modifying agreement/disagreement. In C. Ford, B. Fox & S. Thompson (eds.), *The Language of Turn and Sequence*. Oxford, UK: Oxford University Press. 196-224.

❏ Heritage, J. & Raymond, G. 2005. The terms of agreement：Indexing epistemic authority and subordination in talk-in-interaction. *Social Psychology Quarterly* 68(1): 15-38.

❏ Pomerantz, A. M. 1978 Compliment responses: Notes of the co-operation of multiple constraints. In J. Schenkein (ed.), *Studies in the Organization of Conversational Interaction*. New York: Academic Press. 79-112.

❏ Pomerantz, A. M. 1984. Agreeing and disagreeing with assessment: Some features of preferred/dispreferred turn shapes. In J. M. Atkinson & J. Heritage (eds.), *Structure of Social Action: Studies in Conversation Analysis*. Cambridge: Cambridge University Press. 57-101.

❏ Schegloff, E. A.1996. Turn organization: One intersection of grammar and interaction. In E. Ochs, E. A. Schegloff & S. A. Thompson (eds.), *Interaction and Grammar*. Cambridge: Cambridge University Press. 52-133.

❏ Thompson, S. A., Fox, B. A. & Couper-Kuhlen, E. 2015. *Grammar in Everyday Talk: Building Responsive Actions*. Cambridge: Cambridge University Press.

❏ 方迪，2020，互动语言学视角的评价研究。载方梅、李先银主编《互动语言学与汉语研究（第三辑）》。北京：北京语言大学出版社。361-86。

❏ 方迪，2021，《汉语口语评价表达研究》。北京：社会科学文献出版社。

❏ 方梅、乐耀，2017，《规约化与立场表达》。北京：北京大学出版社。

❏ 方梅、李先银、谢心阳，2018，互动语言学与互动视角的汉语研究。《语言教学与研究》（3）：1-16。

❏ 高增霞，2002，副词"还"的基本义。《世界汉语教学》（2）：28-34。

❏ 顾曰国，1992，礼貌、语用与文化。《外语教学与研究》（4）：10-17+80。

❏ 贾泽林，2021，副词"还"量级义的浮现。《汉语学习》（2）：50-58。

❏ 胡丽珍、雷冬平，2015，语气副词"还好"的形成及其功能研究。《古汉语研究》（1）：12-19。

❏ 李先银，2016，自然口语中的话语叠连研究——基于互动交际的视角。《语言教学与研究》（4）：84-93。

❏ 李先银、张文贤，2022，汉语自然口语对话中的否定叠连。《中国语文》（3）：291-305。

❏ 李宗江、王慧兰，2011，《汉语新虚词》。上海：上海教育出版社。

❏ 刘月华、潘文娱、故韡，2001，《实用现代汉语语法（增订本）》。北京：商务印书馆。

❏ 罗艳琴，2016a，侥幸类评注性副词"还好"的功能、用法与成因。《海外华文教育》（6）：753-762。

❏ 罗艳琴，2016b，话语标记"还好1"和"还好2"的功能用法与联系。《贵州工程应用技术学院学报》（2）：8-15。

❏ 吕叔湘，1999，《现代汉语八百词（增订本）》。北京：商务印书馆。

❏ 马兴茹，2015，话语标记语"还好"的词汇化分析。《洛阳师范学院学报》（6）：104-108。

❏ 邵敬敏、王宜广，2011，"幸亏"类副词的句法语义、虚化轨迹及其历史层次。《语言教学与研究》（4）：56-64。

❏ 鲜丽霞，2018，《汉语自然会话第二评价研究》。成都：四川大学出版社。

❏ 乐耀，2013，传信范畴作为汉语会话话题生成的一种策略。《汉语学习》（6）：3-17。

❏ 张文贤、李先银，2023，回声话语：自然口语对话回应中的一种设计。《汉语学报》（1）：27-39。

❏ 张文贤、王成英，2020，汉语口语中"我知道"的回应功能。《海外华文教育》（2）：73-80。

❏ 朱军，2020，回声话语的认同功能——基于互动与立场表达的视角。《语言教学与研究》（4）：91-102。

Functions of Downgraded Assessment *háihǎo* in Mandarin Conversation

Abstract: This study examines the functions of downgraded assessment *háihǎo* in Mandarin conversation. *Háihǎo* often occurs in responsive turns, responding to first assessment and greeting. The emergent functions of *háihǎo* are comforting the recipient, weakening disagreement and soothing. *Háihǎo* in initiating turn usually co-occurs with *ba*, when the speaker greets the recipient or enquiring about what he or she cares or concerns. *Háihǎo* in the middle of the turn is used for reverse summary. When *háihǎo* is used for responding, it is not to actively promote the progress of the topic, and not to provide more details. It actually has the function of ending the current topic. *Háibúcuò* which is similar in meaning with *háihǎo* is used for recommendation, expressing satisfaction and responding to praise. *Háibúcuò* is on a higher level of positive assessments than *háihǎo*. *Háibúcuò* shows that the situation is very good, while *háihǎo* shows that the situation is neither so good nor so bad. Their differences are related to the original meanings of their components. The interpretation of downgraded assessments is restricted by position and action type. This study shows the analysis from the viewpoint of interactional linguistics can delve into the functions of language forms deeply.

Key words: *Hái hǎo*; *Hái búcuò*; adverb; downgraded assessment; interactional linguistics

（责任编辑：高彦梅）

回声评价的互动功能

北京大学　高彦梅
陕西科技大学　任小华*

[提　要]　在回应前面的评价时，回应者有时会复用前面评价者的部分内容来构建自
己的评价，这种含有第一评价成分的回应性评价通常被称为回声评价。本
文采用汉语自然会话语料，考察回声评价的类型与互动功能。语料分析表
明，汉语会话中的回声评价从类型上可以分为简单重复型、复合型、转换
型三个大类，这三类回声评价具有不同的互动功能。简单重复型回声评价
表达简单同意或强同意。复合型回声评价可以进一步分为三个小类：前面
带有应答标记的回声评价、后面带有确认标记的回声评价、同时带有回应
标记和确认标记的回声评价。其中，前面带有回应标记的回声评价承接话
轮并表示同意；后面带有确认标记的回声评价结束评价序列；同时带有回
应标记和确认标记的回声评价兼有两种功能，即承接话轮并准备结束评价
序列，不挑战前面说话人的认识权威。转换型回声评价可以进一步分为四
个小类：转换评价项、调整限定成分、在回声评价结构前添加"言说/认
证类"主句、延伸评价规程。转换评价项用以纠正或表达不同意。调整限
定成分或在回声评价结构前添加"言说/认证类"主句强化认识权威。延
伸评价规程则添加解释或完成评价规程。三个大类的回声评价体现了不同
的主动性、认识地位和抽象等级。其中，转换评价项体现的主动性、认识
地位和抽象等级最高。

[关键词]　回声评价；同意；确认；纠正；认识权威；非亲和性

---

* 　作者简介：高彦梅，北京大学外国语学院研究员、长聘副教授、博士生导师。研究方向：功能语言
学、评价与互动研究。Email：ymgao2013@126.com。通信地址：100871北京市海淀区颐和园路5号
北京大学外国语学院。任小华，陕西科技大学文理学院讲师、博士。研究方向：话语分析、应用语言
学、语料库翻译。Email：hsingren@126.com。通信地址：710021陕西省西安市未央区未央大学园区陕
西科技大学文理学院。
本研究为陕西科技大学博士科研基金启动项目"评价语料库的建设及应用"（0126/126022211）的阶
段性成果。感谢方梅老师对本文提出宝贵的修改建议。

❶ 引言：回声话语与回声评价

回声话语（echo utterances）又称"重放""重复"或"平行句式"（syntactic parallelism, Du Bois，2014），指前后话轮或话段内部的前后话语之间出现了可感知的重复成分（Quirk et al.，1985）。Rauniomaa（2008：56）认为，只要当前话语中的某些成分"被感知到曾在前面出现过"，就可以看作回声。构成回声的成分可以是语音、前后缀、词、短语、构式、小句、整句等语言形式，也可以是面部表情、体态等肢体动作（Barnickel et al.，2016；Shawn，2013）。

回声话语有多种形式和互动功能。英语中的回声话语包括重复词、短语、构式、小句等形式，其功能主要为提问或表达感叹（Quirk et al.，1985）。前者通常采用重组形式，即对前面的话语进行概括性重述或对其进行解释，后者通常采用重复句式的方式（Quirk et al.，1985）。汉语中的回声话语也有多种语言形式，包括语音、字、词、短语、构式、零句、整句等。汉语的回声话语也有多种功能，实施不同的言语行为，表达不同的态度立场，如承接话轮、纠正、强调、否定、同意、负面评价等（张艳红，2019；方梅，2021）。

回声话语的一个大类是回声评价。评价（assessment）是说话人对所谈及的人、物、事态的特性或特征进行评判的社会行为（Kendrick，2010）。回声评价（echo assessment，简称EA）通常出现在以下情形中：前面说话人S1的话语中包含透明性或隐含性评价成分（A1），而这一成分或结构中的部分或整体被听话人S2复用，我们称S2的复用性评价为回声评价，如例[1]所示。在本文的示例中，"PKUC_"指北京大学汉语口语语料库，数字表示所选部分代码，"003"为第三部分，"→"指所关注的评价结构。

[1]"襄阳"（PKUC_003）
1 　A：青壮年的时候一定不会在这边。
2 　B：对对。
3 　A：老了可以去养老。
4 　B：青壮年在那边干啥呀？
5→A：<u>**生活节奏**太慢</u>。①（第一评价A1）
6→B：<u>对，**太慢**了</u>。（回声评价EA）
7 　A：襄阳不至于吧？
8 　B：但是我妈就希望我回去，她就觉得我现在这边……熬啊，然后又不稳定啊。

在例[1]中，A和B二人在谈论B的家乡——襄阳。在此之前，他们谈到，B家乡的年轻人都到外地去闯荡，只有老年人留在那里。A在第5行启动了"生活节奏太

---

① 粗体和下画线均为笔者所加。粗体表示评价项，下画线表示包含评价项的句子结构。

慢"的评价，B在第6行回应道，"对，太慢了"。B的回应，通过同意标记"对"承接了前面A的评价，添加了体标记"了"，省略了前面的主语（评价对象），还重复了A的评价成分"太慢"。

近年来，回声话语引起了会话分析（如Tannen，2007）、行为研究（如Barnickel et al.，2016）、互动语言学（如方梅，2021）、系统功能语言学框架下的话语衔接和人际语法研究（如Cloran，2010）等领域的学者们的广泛关注。国内外有关回声话语和回声评价的研究主要集中在三个方面：（1）对英语中回声话语互动功能的考察。此类研究比较系统全面，如Pomerantz（1975，1984）发现，英语中重复评价项[①]时多表达同意；Tannen（1987，2007）对大量实例分析后发现，回声话语有占据话轮、表示自己在听、提供后台回应、为回答或说话做准备、表达认可、欣赏、支持某人的话、将没有听到前面话语的人拉入互动等功能。（2）对重述性和诠释性回声话语的研究。此类研究比较深入，如陈治安、文旭（2001）发现，英汉语中的回声可以表示对前面话语的质疑、感叹或不满；方梅（2021）发现，汉语回声话语中的他引常会引发负面立场解读，并且汉语中一些负面评价构式如"V什么V"（V为言说动词）、"A什么A"（A为评价形容词）、"好你个N"，以及"还N呢"（N为名词，如"好你个王老五""还厂长呢"）等具有引述性，体现不同程度的规约化。（3）对影响回声话语使用的互动因素的讨论。此类研究角度较多，相对分散，例如Enfield（2011）提出了多个影响互动的因素，包括主动性（agency）[②]、动时性（enchrony）[③]、认识地位（epistemic status）和立场（stance）。目前，国内外专注于回声评价的互动功能的研究比较罕见，本文旨在对汉语会话中回声评价的互动功能进行探索，聚焦以下三个问题：

（1）汉语会话中的回声评价有哪些类型？
（2）不同类型的回声评价有哪些互动功能？
（3）各种回声评价体现怎样的主动性和抽象等级？又体现什么样的立场取向？

❷ 回声评价的类型

本研究从多个语料库中抽取了67例回声评价。语料来源主要包括高彦梅主持建设的北京大学汉语口语语料库（简称PKUC）和语言资源联盟组织开发的电话语料库的普通话部分（CallFriend和CallHome），少量的中英越洋电话及以往相关研究中的语料。对部分结构如"我就说过"，本研究还结合了来自北京语言大学现代汉语语料库（简称BCC）的语料予以补充说明。对语料的分析发现，汉语会话中的回声评价

---

① 重复评价项只是Pomerantz（1975，1984）同级评价的一种。
② 据Enfield（2011），主动性指超越言语范围的更宽泛意义上的控制，即指一个人在设计自己话语时对交流行为和其他符号所具有的控制和责任的类型及等级。本文采用了方迪（2021）的译法。
③ 本文沿袭了陶红印（2019）在中国社会科学院语言所的讲座"基于自然会话言语行为研究的理论基础及实践"中的译法。

可分为三个大类：（1）简单重复型回声评价（11例，占比16.42%）；（2）复合型回声评价（22例，占比32.84%）；（3）转换型回声评价（34例，占比50.74%）。当转换型回声评价包括应答或确认标记时，仅归入转换型，与复合型回声评价不重复计算。回声评价的类型、频次和示例见表1。

表1 汉语回声评价的类型、频次和示例

（1）简单重复型回声评价

回声评价形式	格式	频次	示例
谓词性零句	评价项	8	B：hehehe 冬天特冷。 A：hehehe 特冷。hehehe
体词性零句	评价项	3	A：绝对名牌儿哦。 B：绝对名牌儿哎。

（2）复合型回声评价

回声评价形式	格式	频次	示例
应答标记+重复评价项	同意标记+评价项	19	A：生活节奏太慢。 B：对，太慢了。
重复评价项+确认标记	评价项+确认标记	2	A：挺累的，就是。 B：挺累的，对。
应答标记+重复评价项+确认标记	应答标记+评价项+确认标记	1	A：噢，那很大的公司啦。 B：对，很大的公司，对。

（3）转换型回声评价

回声评价形式	格式	频次	示例
转换1：转换评价项	修改评价项	9	A：……然后这个是清新口味的。 B：啊，清新口气，一身轻松，一身轻松。
转换2：调整限定成分	强调成分+评价项	19	B：这挺简单的。 A：这就挺简单的。
转换3：在回声评价结构前添加"言说/认证类"主句	添加"言说/认证类"主句+评价项	4	A：Professor B 年龄估计非常大了。 B：我知道他年龄非常大了。
转换4：延伸评价规程	扩展评价规程	2	A：会比较简单。 B：简单，然后越来越难，越来越难。

❸ 简单重复型回声评价的互动功能

简单重复型回声评价中的零句和整句又可以分为两种形式：重复评价项（谓词性、体词性零句或整句）和叠连。两种形式的互动功能不同，所体现的认识地位、主动性和立场结盟关系也存在差异。

3.1 重复评价项承接话轮并表达同意

简单重复评价项具有承接话轮的功能。通过重复谓词性或体词性评价项，回应者通常表达同意，在表达认识权威方面却没有额外的努力。例如：

[2] "绝对名牌"（CallHome_695）
    1   A：京都大学是好学校。
    2   他现在是在什么学……
    3→B：<u>京都大学是绝对名牌啦</u>。（A1：回应评价　K+）
    4→A：<u>绝对名牌哦</u>。（EA：赞同　K+）
    5→B：<u>绝对名牌哎</u>。
    6   A：哦。

在例[2]中，A和B正在谈论另一位同学申请日本学校的事情。A在自己的第一个话轮启动了对京都大学的评价，"京都大学是好学校"，B听到后，在自己的话轮将上述评价升级为"绝对名牌"，表达同意。A在第4行通过重复B的评价项"绝对名牌"承接了B的话论，但在第4行句末通过"哦"表达对B第3行的回应性评价的质疑，对此，B在第5行又重复了自己在第3行的评价，句末的"哎"表达了对A评价的确认。在例[2]中，只有打算继续申请京都大学的"他"（沈杰）对评价对象了解更多，而A和B对评价对象的认识是通过沈杰间接获得的，所以他们在地位上基本平等。

3.2 叠连回声评价表强同意

回声评价还可以体现为叠连型回声。叠连指在互动过程中同一说话人对某一独立语言形式的多次重复连用（李先银，2016）。叠连型回声评价主要体现为多次重复评价项，如例[3]所示。

[3] "襄阳"（PKUC_003）
    1   A：我是不是应该去趟灵隐寺？
    2   B：求个姻缘是吧？
    3   A：啊呵。
    4   B：哦，我以为你要说你要去一趟……去一趟三里屯儿。
    5→A：三……三里屯儿，<u>三里屯儿的人求不起</u>。
    6→B：<u>求不起求不起</u>。

7→A：<u>求不起求不起</u>。

在例[3]中，A、B两位同学在谈论女生A的家乡，最后谈到去哪里找男朋友。B在第4行以为A要去三里屯，A连忙说"三里屯儿的人求不起"，B在第6行通过重叠A的评价"求不起"表示升级同意，随后女生A也通过重叠"求不起"来表达强认可。叠连具有强化说话人话语意义强度和情感强度的功能（李先银，2016）。两位说话人前后使用叠连型回声评价表明，双方对评价对象具有平等的认识地位，这样的评价形式均具有较强的主动性。

上述两种评价形式均表达同意，但在同意程度上有等级差异：重复评价项表达认可，程度较低；叠连表达认可，程度较高。这与方梅（2021）的发现一致，即简单重复型回声评价表达一致性态度和立场。

❹ 复合型回声评价的互动功能

回应者在回应第一评价时常常会在评价结构前后添加应答标记或确认标记，构成复合型回声评价。[①]我们的语料中出现了三种形式的复合型回声评价：（1）应答标记"对"+重复评价项；（2）重复评价项+确认标记；（3）应答标记+重复评价项+确认标记。重复评价项既可以是谓词性零句、体词性零句，也可以是整句。三种回声评价的功能略有不同。

4.1 应答标记"对"+重复评价项

"对""对呀""是""是的"通常出现在回声评价前面，表示承接话轮，如例[4]所示。

[4] "襄阳"（PKUC_03）

1　A：青壮年的时候一定不会在这边。

2　B：对对。

3　A：老了可以去养老。

4　B：青壮年在那边干啥呀？

5→A：<u>生活节奏太慢</u>。（A1 评价整句）

6→B：<u>对，太慢了</u>。（EA 谓词性零句）

7　A：襄阳不至于吧？

8　B：但是我妈就希望我回去，……

在例[4]中，A谈到家乡的年轻人都去外地发展了。针对A在第5行启动的评价"生活节奏太慢"，B在第6行马上回应"对，太慢了"。此处的"对"属于典型

---

① 对复合型回声评价的划分得益于中国社会科学院方梅老师的建议。

的应答标记，"太慢"后面加了语气词"了"表达感叹语气。像B这样带有应答标记和语气标记的回应评价对A1评价的评价取值没有调节，仅表示认可和同意。王志军（2016）发现，汉语中的应答语"对"对话语序列位置敏感，在他所调查的例子中，51.6%的用例出现在话轮之首，31.5%作为独立话轮出现。"对"在会话中有多种功能，包括肯定应答、认可赞同等概念功能，应声回执、弱化拂意、确认加强和激活同情等人际功能，思维外显、标记话轮结束等组篇功能。他（2016）同时认为，"对"正处于从应答语到话语标记的语用化过程中。在本文的语料中，处于回声评价之首的"对""对呀"通常构成独立语调单元，较多表达肯定回应，具有承接话轮的功能。参照Thompson等（2015）对英语不同评价形式主动性的分析，像B这样的评价形式在主动性上比只有评价形容词这样的简单回应要高一点。

4.2　重复评价项+确认标记

回声评价后面还经常出现确认标记（confirmation token）"对""是""嗯"等。其中出现频率最高的是"对"。田婷（2021）观察了电视访谈节目中处于话轮末尾的"对"的互动功能，发现"对"前面的讲述人所述事件或观点常占时较长，且内容较复杂，因此，作为独立语调单元的"对"的主要功能是表示讲述终结，并提示听话人可以承接话轮。在本文的语料中，回声评价后面的"对"构成独立的语调单元，但前面的内容不长，也不复杂，因此，这里的"对"的主要互动功能为结束话轮。例如：

[5]　"嫂子"（CallFriend_4198）
　　1　A：呃，对，她到餐馆去试过几次。
　　2　B：不行，干不了吧？
　　3　A：呃，倒也不是不行。
　　4→B：**挺累的**，就是。（A1谓词性零句）
　　5→A：**挺累**，对。（EA谓词性零句）

在例[5]中，A和B谈论到A的妻子放假待在家里的原因。A在第1行告知B，他妻子曾在餐厅试过几次工。B在第2行猜测A妻子待在家里是因为她不胜任该工作，对此，A在第3行予以否认。在第4行，B再次推测（第4行的"就是"）A妻子居家的原因是"挺累的"，A在第5行回应时，先是重复B的评价项（"挺累"），然后通过"对"予以确认。确认标记也表示认可和确认，但不影响评价的取值。与应答标记类似，A这样重复B的评价项，并把确认标记后置的形式在主动性上比仅使用评价项这样的简单回应形式要高。

4.3　应答标记+重复评价项+确认标记

在回声评价前后，说话人有时会分别添加应答标记和确认标记。在本文的语料中，只有一例前后均出现标记的回声评价，见例[6]。这里的应答标记和确认标记都是"对"。

[6] "大公司"（CallFriend_4426_03）

　　1　A：你的公司大不大呢?

　　2　B：啊，挺大的，

　　3　　　它有两千多人。

　　4→A：<u>噢，那很大的公司啦</u>。（A1体词性零句　K–）

　　5→B：<u>对，很大的公司，对</u>。（EA体词性零句　K+）

　　在例[6]中，A在第4行的第一评价"噢，那很大的公司啦"带有评价和质疑双重性质，因此，后面B的复合回声评价便具有了回应评价和应答功能，两个话轮可以看作提问和回答相邻对。出现在第5行句首的"对"表达应答同意，处于回应评价后面的"对"则具有结束话轮的功能。田婷（2021：110）认为，处于相邻对后件之后的"对"体现互动双方共同配合结束序列，表达亲附立场；同时，处于最小扩展后面的"对"正演变为序列结束标记。本文来自自然会话的语料支持这一观点，即回声评价后面作为独立语调单元的"对"可以解读为序列结束标记。

　　应答标记和确认标记本身构成独立的语调单元，主要功能是组织话轮。这时，回应评价较多重复前面的第一评价，没有强化认识地位的努力，因此建构的是一致立场。

❺ 转换型回声评价的互动功能

　　转换型回声评价可以分为四个小类：转换评价项、调整限定成分、在回声评价结构前添加"言说/认证类"主句和延伸评价规程。

5.1　转换评价项表弱不同意

　　回声评价中最直接的转换是转换评价项，即借用S1中的评价成分，对A1评价进行修正或补充，其互动功能是间接表达弱不同意，如例[7]所示：

[7] "冬瓜茶"（PKUC_026）

　　1　A：菊花茶很好喝，清清甜甜的。

　　2　B：菊花，菊花是降火的吗?

　　3　A：嗯，是的，它跟冬瓜，冬瓜茶是甜甜的，甜甜软软的，

　　4→　　<u>然后这个是清新口味的</u>。

　　5→B：啊，<u>清新口气</u>，一身轻松，一身轻松。

　　6　A：挺好的，怎么样，要不要尝尝看?

　　7　　　我买，然后我们一人一半。

　　8　B：嗯，我对茶不是特别，我不太喜欢喝茶。

　　在例[7]中，A、B两位同学在饮料店前谈论什么饮料好喝。A在第4行积极解释

说冬瓜茶是"清新口味的"。B在第5行没有采用A预期的回应，如"对"，而是稍作迟疑（体现在"啊"，此时的"啊"具有承接话轮的功能，同时为后面调整回应争取时间）后直接将"清新口味"转换为"清新口气"，将A描述冬瓜茶饮料的口味转换为饮茶人饮后的体验。这种转换看上去似乎是在建构一致性的表达，实际上暗含着弱不同意。这一点在后面第6行至第8行（A建议买来尝一尝，而B不得不拒绝）得到验证。考虑到A、B两位女同学是室友，B不愿意影响A谈论菊花或冬瓜茶饮料的雅兴，因此，转换评价项可以解读为礼貌原则和合作原则下的不同意。

5.2　调整限定成分表纠正

回声评价中较为常见的转换是在A1评价项前添加限定成分，主要有两类词：副词和否定词。其中，出现频率较高的副词是"也"和"就"。汉语中的"也"与英语中的either（也）相似，属于结盟标记，表明当前说话者与前面的说话者评价立场一致，但不突显说话者在认识地位上的高（K+）或低（K-）。与"也"不同，"就"是一个具有较强结盟功能的标记，但同时又是强化说话人认识权威的副词，如例[8]。

[8]　"超标核查"（CallFriend_4281）

1　　A：哪一项超标了，就要，呃–

2　　B：罚款，

3　　A：就要罚款。

4　　　　所以就等于是就是check一下哪一项超标，

5　　B：对对，

6　　A：哪一项，

7→B：<u>这挺简单的</u>。（A1：客观评价工作难易度　K-）

8→A：<u>这就挺简单的</u>。（EA：强化认识权威　K+）

9　　　　所以就很–很easy，然后他工资……

在例[8]中，A一直讲述其同学在海外博士毕业后受聘于当地政府部门的工作，B在积极回应。A在第8行的"就"突显了她具有的较高认识地位和更多有关评价对象的知识。这也与"就"的原始动词语义有关。古汉语的"就"用作动词，表示"靠近""走近""趋向"（王力等，2016：208）。其副词含义是"接近"这一意义的延伸，表达某情形与预期相符合。霍四通（2008）对"就"的语义演化链做了共时和历时考察，得出的结论是，"就"的一个核心意义就是表达"强调"。魏文君（2010）认为，"就"具有强调说话人情感、主观判断和评价等篇章功能。在回声评价型回应中，"就"为句重音，其功能是强化说话人的认识权威并突显评价立场的一致性。

在回声评价中，另一个经常添加的限定成分是否定词，用来表达不同意，如例[9]。

[9] "腿型"（张艳红，2019：98）

    1   H：不是。我是说这衣服可显那大腿，你看那大腿。

    2   X：没有，这真的是除了我以外，

    3   你再看看他们的，他们的就不是了。

    4→ H：是，**你腿型也好看，又瘦**。（A1：恭维性评价）

    5→ X：**我啊腿型不好看**。（EA：表面否定，实为自谦）

在例[9]中，当H在第4行夸奖X的腿型好看时，X在第5行自己的话轮回应道"我啊腿型不好看"，将H对自己的夸奖转为否定性自谦。这样的对立格式表达否定意义，对前面的评价进行纠正。

5.3　在回声结构前添加"言说/认证类"主句

回声评价中一种常见的形式是在A1评价结构前面添加主句部分"我就说（过）""我就觉得""大家都说"等，将A1的零句评价转换成带有评价项的从句，如例[10]所示：

[10] "点菜"（PKUC_006）

    1   L：点这么多才91块钱啊，（A1谓词性零句）

    2→   **好便宜啊！**（EA"我就说"+整句评价）

    3→ C：对吧，**我就说他们家还挺便宜的**。

    4   你知道我们上次在那个白鹿餐厅，

    5   就点了几个菜就80多。

在例[10]中，L在第2行对菜价做出评价"好便宜啊"，之后，C在第3行紧接着回应"对吧，我就说他们家还挺便宜的"。这里的"对吧"（类似于"你说对了"）是一种表达赞同的无标记应答。但后面添加的言说类主句"我就说他们家还挺便宜的"，将L在第2行的零句评价补充为整句评价，这是一种典型的扩展性回声评价，体现了C较高的主动性。为了表明自己较高的认识权威，C在回声评价后面继续对比了自己以前的经验，启动了较短的讲述规程（agenda）。与以往研究提到的词汇化的"我说"（一种语气表达方式，用来提醒听话人注意、表示自己要发表意见、开启一个新的谈话等）、"就说"（构成让步的连词，表达一种假定是真实情况），或表达恍然大悟的"我说呢"（董秀芳，2003：52-54）不同，这里的"我就说"是典型的强化先前知识和认识权威的小句。来自BCC语料库的分布信息显示，"我就说（过）"前面经常出现的状语搭配是一个早于话语时间的时间表达，如"在开始""在很早以前""那时""以前"等。

认证类主句指由主语"我""大家""人家"+认识和见证义动词（epistemic and evidential verbs）构成的主句，后面常接较长的宾语从句，通常具有两大类功能：（1）作为传信类主句；（2）正在虚化为"说话人组织话语进程的手段"、表达主观化倾向和回溯推理的话语标记（方梅，2005：505）。如例[12]所示：

[11] "年龄大了"（RM_02）
1 　R：然后这些–你选这几个人里面，
2 　　　这些人不知道年龄大概啥情况哦。
3→ 　　**Professor B年龄估计非常大了**。（A1 整句评价 　K+）
4→M：**我知道他年龄非常大了**，对。（EA 我知道+整句评价 　K++）
5 　R：估计可能性不大，
6 　　　因为–因为年龄一大的话，
7 　　　他们似乎是忙于自己的这个学术，
8 　　　不愿意就是抽出来一些时间来处理辅导学生这样的事情了。

在例[11]中，R和M在谈论访学时选择外方导师的注意事项。在第1行至第4行，R根据自己了解的情况猜测了一下B教授的年龄。M在回声评价前后添加了"我知道"主句，去掉了R前面评价中的"估计"，添加了确认标记"对"。这一系列转换表明，M具有更多的知识，且不希望再继续谈论这个话题了。这里的"我知道"一方面表明自己对相关事实有比较准确的知识（传信），另一方面具有强化认识权威的功能。参照方梅（2005：504）关于认证义动词虚化的判定尺度的论述，"言说/认证类"动词构成的主句在句法上具备相对稳定的线性位置（出现在命题前面），在句法上的地位和功能正变得难以确定，主要表达主观态度，在韵律上尚未变为独立的语调单位。因此，"言说/认证类"主句属于一个正在虚化为话语标记的表达形式。在例[11]中，"我知道"处于命题"他年纪大了"之前，但是似乎也可以放在该命题之后，因此，其位置不固定；"我知道"不仅表示M知晓命题内容，也在表明其主观态度，即B教授的年纪大了无须R估计，促使R明示B教授的年纪和他能否做导师之间的相关性。

5.4 延伸评价规程

延伸评价规程包括两种情形：（1）构建复句；（2）将现有结构延伸为评价序列。延伸评价规程的第一种情形是构建复句，其主要功能是添加解释，如例[12]所示：

[12] "日语学习"（PKUC_042）
1 　A：他们说日语刚开始学的时候会觉得–
2→B：**会比较简单**。（A1 谓词性零句 　K+）
3→A：**简单，然后越来越难，越来越难**。（EA 谓词性零句 　K+）

在例[12]中，A和B两位同学在谈论日语学习的难易度。A在第1行启动了一个带有比较特点的句式"刚开始学的时候觉得"，这为后面的评价投射了基本取向。B在第2行给出自己的评价后，A在第3行重复了这个评价，接着通过添加复句中的后半部分（然后……），在自己的前后话轮之间建构了一个复句结构："刚开始……然后……"从认识地位角度观察，两个人对日语学习难度的相关认识没有显著区别，A的知识来自传闻（第1行的"他们说"），B的相关知识也比较有限（第2行的"会"表示可能性）。B的评价结构Adv+Adj（副词+形容词）在A的回声评价中仅保留了评价形容词，因此可以解读为弱同意（结合第1行和第3行，A认为学习日语是开始简单，然后变难）。

延伸评价规程的另一种情形是延伸现有结构，在前后话轮之间建构完整的评价序列。例如：

[13] "甄嬛传"（PKUC_011）

1　　A：就是剧情真是不咋地，一点都不咋地，

2　　B：就是看人呗，

3　　A：对，就，诶，感觉那个，

4　　　　有时候好弱智啊，

5　　　　就是，哎呀，不合常理你知道吗，

6　　　　不像《甄嬛传》的剧情，

7　　　　你就觉得有一种–

8→B：<u>就是扣人心弦的感觉，</u>

9→A：<u>对，扣人心弦，然后又合情合理</u>，（A1：猜测　K–）

10→　　<u>然后又有一种源于事实又高于事实的感觉</u>。（EA：确认并延续　K+）

在例[13]之前，A在分享自己新看的电视剧，B对该剧一无所知，所以A具有较高的认识地位。在第1行、第3行、第5行，A对剧情进行了批评，在第6行，A开始将该剧与另一个电视剧《甄嬛传》进行对比，并在第7行启动了一个评价主句（"你就觉得有一种"），随后，B依据个人推测添加了体词性零句（"扣人心弦的感觉"）。A在第9行回应这一评价的邻近话轮中重复了这一体词性零句的一部分（"扣人心弦"），在后面添加了联合词组，形成了"A又B"（"扣人心弦，然后又合情合理"），接着继续建构新的补充性评价（"又有一种源于事实又高于事实的感觉"），在自己的前后话轮之间构建起完整的评价规程。从第7行A自己启动的"你就觉得有一种"起，一直到第10行"又有一种源于事实又高于事实的感觉"结束，A独自完成了评价句式。从这一完整结构来看，A在第9行对"扣人心弦"的回声评价应该解读为弱同意或礼貌性重复，后面的"然后又合情合理"回应了A自己在第5行提到的"不合常理"。这个添加也可以解读为接续前面自己正在构建的评价序列——对比序列。前面刚说过新剧"不咋地""不合常理"，在对方合作完成"你就觉得有一种"整句后，A通过回声评价"合情合理"，在自己的前后话轮之间建构起一致立场。这类以回声话语承接话轮，后面延伸话轮序列的方式是否是熟人之间在遵循礼貌原则前提下表达的不同意，还需要进一步论证。

❻ 回声评价的主动性、认识地位及抽象等级

说话人采取什么样的格式来回应第一评价，会受到多种因素的影响，其中比较突出的两个因素是主动性和认识地位。Enfield（2011：304）从三个角度观察了主动性：（1）控制（control），即说话人在多大程度上控制自己的话语产出和相关行为；（2）构建（compose），即说话人依据自己要达到的目的设计、选择和计划所要采用的形式；（3）承诺（commit），即说话人要对自己的言语行为可能引发的后果负责任，包括在特定场景中实施该行为的适切性。回声评价在主动性方面呈现出由低到高的梯度：简单重复型回声评价 <复合型回声评价 <转换型回声评价。简单重复型回声评价主动性较低，属于礼貌性应答；前后带有回应标记或确认标记的复合型回声评价具有确认等功能，体现的主动性稍高；转换型回声评价具有对第一评价进行修正、扭转评价取向、在第一评价基础上建构新的评价规程等潜势，因此体现的主动性最高。

在认识地位方面，简单重复型回声评价和复合型回声评价都倾向于附和前面说话人的评价取向，缺少对其认识地位的质疑或挑战，因此较多体现回应者具有平等或较少的相关知识，不强化回应者的认识权威。与此相对，转换型回声评价在评价项前后添加限制或补充成分时，具有明显地强化个人认识权威的意图。这一点在调整限定成分和添加"言说/认证类"主句中表现尤为突出。

语言表达格式的规约化程度与抽象等级有关。语言结构的抽象性指具体语言表达所体现的深层句法、语义和语用属性（Du Bois，2014）。以例[7]中的"清新口味"和"清新口气"为例，这里的第一评价A1和回声评价EA在句法结构上看似相同，即都可以解读为"偏正结构"，"清新"修饰"口味"和"口气"。但这两个词组也可以解读为不同的结构，即"清新口味"为偏正词组，说明饮料的味道；而"清新口气"可以解读为动宾结构，即使口气变得清新。第二种解读与后面的"一身轻松"在语义上是契合的。也就是说，通过借用A1评价结构中的Adj+N（形容词+名词）并将其巧妙地转换为V+N（动词+名词）结构，回应者扭转了A1评价的深层句法结构和语义关系，产生了不同的语用效果，即转移话题。Hein等（2016：V）提出了一个从具体到抽象的等级量表，将自然语言中的重复现象放在一个连续统上面来观察。这个连续统的两端是"不太抽象"和"比较抽象"。中间包括具体语言形式的重复、特征重复和属性、关系重复等。由于转换评价项具有转换语义属性和关系的特性，我们将第三项调整为"重复表层句法结构但转换语义属性和关系"，这样就可以把前面讨论的回声评价置于一个连续统的不同节点处。其中，简单重复型回声评价处于第1级；复合型回声评价处于第2级；转换型评价项处于第3级；三种类型抽象等级由低到高分别为：简单重复型回声评价 <复合型回声评价 <转换型回声评价，如图1所示。

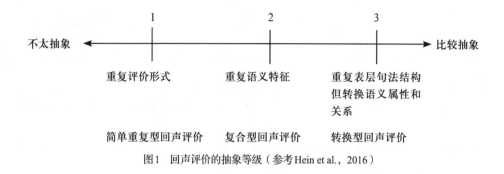

图1　回声评价的抽象等级（参考Hein et al., 2016）

抽象等级与立场结盟呈现反向关联：抽象等级越低，其立场的一致性就越强，具有较高的亲和性；相反，抽象等级越高，其体现的立场一致性就越弱。

❼ 结语

本文考察了汉语会话中回声评价的类型和功能，发现汉语中的回声评价主要有简单重复型回声评价、复合型回声评价和转换型回声评价三个大类。简单重复型回声评价中的重复评价项体现为完全一致的句法结构和语义属性，其互动功能为表达同意，不强化认识地位，叠连型回声评价表强同意。复合型回声评价分为三个类型，前面加回应标记的回声评价承接话轮并表达同意前面评价者的立场；后面加确认标记"对"多具有结束评价序列的功能；前面加回应标记，后面加确认标记"对"时，具有承接评价序列，同时准备结束该序列的功能。转换型回声评价体现较高的主动性，其中转换评价项具有较高的立场不一致的潜势；添加"言说/认证类"主句具有强化认识权威的功能；扩展评价结构有延伸既有的评价序列或在前后话轮间构建完整评价规程的功能。

在三类回应评价中，转换型回声评价中的回应者具有较高的主动性和更强的认识地位，这类回声评价的抽象等级程度较高，是一个值得深入探讨的问题。另外，借用第一评价的句法结构所构建的第二评价，如保留第一评价中的Adv+Adj（副词+形容词）句式，但替换评价项，这类情况是否可以看作回声评价？目前的观察表明，在这类结构中，A1的评价项本身已经发生了变化，但在前后的评价结构中相同的句式结构又具有引发语义和语用共鸣的可能，如Du Bois（2014）提到的"still healthy"（还健康）和"still walking around"（还四处走动）所构成的"健康"语义的不同等级。这类情况是否属于回声评价，也有待进一步考察。

❏ Barnickel, K., Guzmán, M. N., Hein, J., Korsah, S., Murphy, A., Paschen, L., Puškar, Z. & Zaleska, J. (eds.), 2016. *Replicative Processes in Grammar*. Leipzig: Universität Leipzig.

❏ Cloran, C. 2010. Rhetorical unit analysis and Bakhtin's chronotype. *Functions of Language* 1: 29-70.

❏ Du Bois, J. W. 2014. Towards a dialogic syntax. *Cognitive Linguistics* 3: 359-410.

❏ Enfield, N. J. 2011. Sources of asymmetry in human interaction: Enchrony, status, knowledge and agency. In T. Stivers, L. Mondada & J. Steensig (eds.), *The Morality of Knowledge in Conversation*. Cambridge: Cambridge University Press. 285-312.

❏ Hein, J., Murphy, A., Paschen, L. & Zaleska, J. 2016. Preface: What are replicative processes? In K. Barnickel, M. Guzmán N., J. Hein, S. Korsah, A. Murphy, L. Paschen, Z. Puškar & J. Zaleska (eds.), *Replicative Processes in Grammar*. Leipzig: Universität Leipzig. v-xxvi.

❏ Kendrick, K. H. 2010. *Epistemics and Action Formation in Mandarin Chinese*. PhD Dissertation. University of California, Santa Barbara.

❏ Pomerantz, A. 1975. *Second Assessments: A Study of Some Features of Agreements/ Disagreements*. PhD Dissertation.University of California.

❏ Pomerantz, A. 1984. Agreeing and disagreeing with assessments: Some features of preferred/dispreferred turn shapes. In M. Atkinson & J. Heritage (eds.), *Structures of Social Action: Studies in Conversation Analysis*. Cambridge: Cambridge University Press. 57-101.

❏ Quirk, R., Greenbaum, S., Leech, N. & Svartvik, J. 1985. *A Comprehensive Grammar of the English Language*. London & New York: Longman.

❏ Rauniomaa, M. 2008. *Recovery Through Repetition: Returning to Prior Talk and Taking a Stance in American-English and Finnish Conversations*. PhD Dissertation. Oulu University.

❏ Shawn, W. G. 2013. Gestural resonance: The negotiation of differential form and function in embodied action. *Crossroads of Language, Interaction and Culture* 1: 55-78.

❏ Tannen, D. 1987. Repetition in conversation: Toward a poetics of talk. *Language* 3: 574-605.

❏ Tannen, D. 2007. *Talking Voices: Repetition, Dialogue, and Imagery in Conversational Discourse (2nd ed.)*. Cambridge: Cambridge University Press.

❏ Thompson, S. A., Ford, B. A. & Couper-Kuhlen, E. 2015. *Grammar in Everyday Talk: Building Responsive Actions.* Cambridge: Cambridge University Press.

❏ 陈治安、文旭，2001，论言语交际中的回声话语。《解放军外国语学院学报》（4）：24-27。

❏ 董秀芳，2003，"X说"的词汇化。《语言科学》（2）：46-57。

❏ 方迪，2021，《汉语口语评价表达研究》。北京：社会科学文献出版社。

❏ 方梅，2005，认证义谓宾动词的虚化—从谓宾动词到语用标记。《中国语文》（6）：495-507。

❏ 方梅，2021，从引述到负面立场表达。《当代修辞学》（5）：1-12。

❏ 霍四通，2008，"就"的语义演化链的历时和共时构建。《语言研究集刊》（5）：255-267，366。

❏ 李先银，2016，自然口语中的话语叠连研究。《语言教学与研究》（4）：84-93。

❏ 田婷，2021，讲述行为与"对"的序列结束功能。《语言教学与研究》（6）：100-112。

❏ 王力等（编），2016，《古汉语常用字字典》（第5版）。北京：商务印书馆。

❏ 王志军，2016，"对"：从应答语到话语标记。《语言研究集刊》（1）：124-138。

❏ 魏文君，2010，现代汉语中副词"就"的篇章功能。《现代语文（语言研究）》（5）：37-38.

❏ 张艳红，2019，《汉语日常交际中积极评价作为回应行为的会话分析研究》。山西大学博士论文。

Interactional Functions of Echo Assessments

Abstract: When responding to prior assessments, recipients often repeat components of the prior assessments to construct their own responses. These responses which contain components of the prior assessments are called echo assessments. Based on naturally occurring Mandarin conversations, this study examines the formats and the interactional functions of echo assessments. Analysis of data reveals that echo assessments in Mandarin conversation may fall into three major categories: (1) simple repetition of minor or major clauses; (2) complex echo assessments; and (3) reformulated assessments. These three groups of echo assessments perform different interactional functions. Specifically, by simply repeating the assessment items of the prior assessments, the speakers are performing an action of agreeing with the prior speakers. Complex echo assessments fall into three subcategories: those with prefaces, those with postfaces, and those with both pre- and postfaces. Echo assessments prefaced with response tokens often show the taking of turn and meanwhile expressing agreement. Those postfaced with confirmation tokens indicate strong tendency of closing the assessment sequence. Those both prefaced with response markers and postfaced with confirmation tokens combine the interactional function of both, i.e., taking the turn and getting prepared to close the assessment sequence, with no intention to challenge the epistemic authority of the prior speakers. Reformulated echo assessments can be further divided into four groups, namely, reformulated assessment items, revising qualifiers, adding main clauses with verbs of saying, epistemics and evidentials, and extending the assessment agenda. Reformulated echo assessments perform the functions of correcting or negating the prior assessments. By revising the qualifiers, and adding main clauses with epistemic, evidential verbs or verbs of saying, the recipients have a strong tendency to claim epistemic authority over the assessables. Extended echo assessments often offer explanation or complete assessment agenda. Different formats of echo assessments demonstrate different degrees of agency, epistemic status and levels of abstraction. Among these echo assessments, reformulated echo assessments display the highest degree of agency, epistemic authority and level of abstraction.

Key words: echo assessment; agreement; identification; epistemic authority; disaffiliation

（责任编辑：罗正鹏）

互动视角下的日语评价表达研究

中国社会科学院　胡苏红[*]

[提　要]　　评价（assessment）是重要的言语行为类别，涉及正面或负面地评价人、物、事态和状况。日语中的评价表达十分丰富，在词汇、句法和多模态等方面都有所体现，因此，日语自然口语中的评价表达受到了众多学者的关注。本文主要介绍了关于日语自然口语中的评价表达的研究现状，并提出了先行研究中的不足之处。文章指出，互动视角下的日语评价表达研究以及跨语言研究，将会更好地揭示日语及世界不同语言的特点。

[关键词]　　评价表达；互动语言学；日语研究

❶ 前言

互动语言学（interactional linguistics）近年来不断发展，"从互动语言学角度来看，人们在日常言谈中，参与社会交际事件的同时也在对相关事件进行评价"（乐耀，2016：60）。Thompson 等（2015：139）将评价（assessment）定义为"通过特定词汇性评价项表达正向或负向赋值的话语"[①]。评价属于话语行为（方梅，2017：131），也是立场表达（stance-taking）[②]的重要方面。评价涉及正面或负面地评价人、物、事态和状况（Couper-Kuhlen & Selting，2018：283），也涉及语言的主观性（subjectivity）和交互主观性（inter-subjectivity）。说话人的主观性或情感可以通过语言的各种元素来体现（Ochs & Schieffelin，1989；Iwasaki，1993；Maynard，1993）。Goodwin C.和 Goodwin M. H.（1987）指出，说话人可以通过语调、摇头或面部表情等非声音的形式参与到评价行为之中，并将互动中的评价分为四个分析层次：1）评价片段（assessment segment）；2）评价信号（assessment signal）；3）评价行为（assessment action）；4）评价活动（assessment activity）。Couper-Kuhlen 和 Selting（2018：283）指出，一个执行评价的话轮（turn）或话轮构建单位（turn construction unit，TCU）实施的是评价行为，一系列参与到评价行为中的话轮构成

---

*　作者简介：胡苏红，中国社会科学院语言研究所博士后。研究方向：汉日对比研究、互动语言学。Email：hush@cass.org.cn。通信地址：100732北京市东城区建国门内大街5号。

①　汉语翻译引自方迪（2021：19）。

②　"立场表达（stance-taking）既包括对言者所述命题的态度、评价，也包括言者对受话人的态度。"（方梅、乐耀，2017：3）

了一个评价活动，而一个评价行为或话轮又可以区分为评价片段（一个话轮中特定的可以界定的部分）和评价信号（提示说话人参与到评价之中）。Couper-Kuhlen和Selting（2018：285）还总结了评价出现的多种序列环境：1）发起评价，即第一评价（first assessments）；2）对于第一评价的回应，即第二评价（second assessments）；3）在故事和扩展讲述的中途或之后进行的接受行为，即扩展讲述评价（extended-telling assessments）；4）在第三位置（third position）结束前一个序列，即序列终结评价（sequence-closing assessments）。

　　時枝誠記（1941）提出语言过程论（言語過程説），认为语言不是静态的，而是表达说话人意图的工具，并且语言存在于三大支柱之上：1）说话人，即语言活动的发起者；2）材料，即说话人打算用语言表达的事件等；3）说话的环境（包括受话人）。其中，说话的环境并不仅仅是一个空间概念，还包括了说话人对于所处环境（包括对于受话人）的感受和情感立场，例如友好、不舒服或者轻蔑等（時枝誠記，1941：61）。Suzuki（2006：6）指出，日语一般以相对明确的方式来标记情绪的表达。以"今天天气很好"为例，它的表达形式有很多，例如"今日はいい天気です（kyoo wa ii tenki desu）""今日はいい天気だぜ（kyoo wa ii tenki daze）""今日はいい天気ね（kyoo wa ii tenki ne）"等①。而每种表达方式几乎都带有说话人对于命题或受话人的某种态度。Mori（1999：24）指出，日语中的说话人经常使用形容词或副词来表达自己的观点或评价，例如：

[1]　Naoko: amerika no otoko no hito wa **ii** wa yo ne::
　　　　　美国　LK　男性　LK　人　Top　好　FP　FP　FP

　　　　mattaku:zen- a! ippantekini.
　　　　真　　　　　一般来说
　　　　美国男人真的很好，一般来说。（Mori，1999：22）②

　　日语中的评价表达十分丰富，除了在形容词、副词等词汇方面有所体现以外，在句法和多模态等方面也都有所体现。本文在梳理关于日语自然口语中的评价表达的研究现状的基础上，提出先行研究中的不足之处并进行研究展望。

❷ 词汇与评价表达

2.1　人称代词

不同于汉语和英语，日语的人称代词表达形式非常丰富，不仅存在男女使用

---

① 原作中的例子为英语，为方便读者理解，本文在英语表达的基础上添加了日语。
② 原作中的日语例子使用英语译文，没有加粗等标注。为方便读者理解，本文将词语和整句的英语译文改作汉语译文，并将关键词加粗，在引用句末没有标点的例句时，添加标点。下同，不另注。

上的差异，也存在亲疏关系和使用场合上的差异。例如，第一人称代词的"私（watashi, 我）"是最普通的说法，不受年龄和性别的约束，"あたし（atashi, 我）"一般为女性用语，"僕（boku, 我）"和"俺（ore, 我）"是男性用语。Ono 和 Thompson（2003）指出，日语的第一人称代词并非功能单一的类别，也并非只具有指称功能。他们认为日语中一般不出现第一人称代词，而使用"私（watashi, 我）"和"あたし（atashi, 我）"可以表达说话人的情绪和感受，具有情绪表达功能（emotive function），此时，第一人称代词后面一般不会出现格助词①，并且大多出现在谓语后面，有发展为句末助词②的倾向。例如：

[2] sugoi warukute **watashi.**
非常   糟糕   1SG
我（感觉）糟糕。（Ono & Thompson，2003：330）

Obana（2003）关注到了日语第三人称代词"彼/彼女（kare 他/kanojo 她）"在评价表达上的体现。Obana（2003）随机选取了来自日本不同地方的15岁到75岁之间存在不同亲疏关系的298名调查对象，对他们使用第三人称代词"彼/彼女（kare 他/kanojo 她）"的情况进行了问卷调查，并随机抽取25名调查对象进行了采访。Obana（2003）提出，当说话人（多见于年轻人）描述或评价自己家人的行为时会频繁使用第三人称代词"彼/彼女（kare 他/kanojo 她）"，而当说话人客观表述自己家人的某个状况时不会使用第三人称代词"彼/彼女（kare 他/kanojo 她）"来体现自己和家人之间的亲密关系。

2.2 动词

关于动词在评价表达中的体现，Ono 和 Suzuki（1992）、Iwasaki（1993）指出，日语动词"しまう/ちゃう（shimau/chau, 完成）"③可以表达说话人的遗憾或指责等负面态度。例如：

[3] nani yutte-n   no yo!
什么 说-PROG NOM PTL
（你）在说什么（废话）!
katteni jibun dake kangae-**chatte** sa.
擅自   自己   仅   考虑-CHAU PTL
（你）自己擅自拿主意。（Ono & Suzuki，1992：207）

例[3]中的说话人在指责受话人不征求她的意见就擅自安排事情。如果没有

---

① 格助词是指用于标记主语、直接宾语等的助词，例如，"が（ga）"是标记主语的格助词。
② 句末助词是指出现在短语、小句、句子的末尾，表达说话人立场或起到话轮转换作用的助词，例如"ね（ne）"是表示确认的句末助词。
③ "ちゃう（chau）"是"てしまう（teshimau）"的缩略形式，伴随着"しまう（shimau）"的语法化进程发生语音变化（Ono, 1992：372）。

"chau"（例如kangaete sa）则仅仅是叙述发生了什么，而不含任何主观态度。"chau"和"katteni（擅自）"一起使用强烈地表达了说话人的负面情绪。

同时，Ono和Suzuki（1992）提出"しまう/ちゃう（shimau/chau，完成）"也可以表达说话人带有"内疚感"的积极态度。例如：

[4] Uno   o   yatte **shimai**-mashi-ta   yo.
     Uno OBJ 做   SHIMAU-POLITE-PST PTL
     （我和女孩子们）玩Uno牌了。（Ono & Suzuki，1992：208）①

在例[4]中，说话人在向受话人讲述自己和两个女孩子去滑雪旅行的事情。很明显，说话人并没有对自己和两个女孩子一起玩了Uno牌感到遗憾，而是为愉快的旅行感到高兴。但是这份高兴之中带有内疚感，因为这次愉快的旅行的参与者中并没有受话人。如果我们将"しまう（shimau，完成）"去掉，改为"Uno o yari-mashi-ta yo"，虽然同样表达"（我和女孩子们）玩Uno牌了"的意思，但是仅仅是对发生事件的叙述，不包含说话人因为受话人没有参加而产生的内疚感。

2.3 句末助词

日语的句末位置经常出现助词或者词后缀，它们可以表达说话人对于当前话题的主观态度和评价，也可以表达对于受话人的评价（Horie & Taira，2002）。日语的句末助词种类非常丰富，不仅有传统意义上的句末助词，还有由其他词性语法化演变而来的句末助词。

传统意义上的句末助词主要包括"さ（sa，确定的判断）""ね（ne，寻求认同）""よ（yo，起强调作用）""わ（wa，感叹）"等。②Suzuki（1990）、Hayano（2011，2013）指出，日语的句末助词"よ（yo，起强调作用）"表明说话人比受话人有更高的认识权限，而句末助词"ね（ne，寻求认同）"则表明说话人和受话人具有共享的认识权限（Morita，2005，2012），两者的选用可以体现出互动交际者之间认识上的协商（森田笑，2008）。

此外，Cook（1988：140）发现，在妈妈与孩子的对话中，当说话人指出受话人的错误观点时可以用"よ（yo，起强调作用）"。Suzuki（1990）支持了此观点。例如：

[5] Hiroshi：Sore wa sekinin-nogare dekinai to omou **yo**.
           那 Top   责任   逃避 不能 QT 认为 FP
           （我）觉得（他）推卸不了责任。（Suzuki，1990：316）③

---

① "しまい（shimai）"是"しまう（shimau）"的连用形，此例中后续敬体助动词"ます（masu）"的过去式"ました（mashita）"构成"しまいました（shimaimashita）"，表示完成了某事。

② 句末助词用法丰富，本文中只列举与评价相关的代表性用法。例如，"ね（ne）"有表示感叹和征求对方同意、寻求认可的意思，这里只表示"ね（ne，寻求认同）"。

③ 原作的例子中没有单个词语的翻译，为方便读者理解，本文进行了添加。

在例[5]中，Hiroshi（男）和Sachiko（女）是在美国留学的好朋友，他们在谈论另一位男性朋友Takao和他的爱慕者Mariko（Takao的同学，已婚），Mariko的丈夫通过Mariko的日记发现她喜欢Takao，便向他们所在的学校施加压力，让Takao退学。Sachiko认为Takao是受害者，而Hiroshi对于Takao没有明确拒绝Mariko的追求持批评态度。Hiroshi在例[5]中使用"よ（yo，起强调作用）"，一方面强调了自己的立场（Takao的做法是错误的），另一方面指出了Sachiko的立场（Takao是受害者）是错误的。

在日语中，词汇经过语法化演变出句末助词的用法有很多，而这些句末助词通常可以用来表达说话人的态度。Suzuki（1998）提出，表示理由的名词功能扩张，出现在句末并作为助词使用的"わけ（wake，理由）"可以表达说话人对于话语的态度。例如：

[6]　S：Soo ne.
　　　是的 PTCL
　　　是的。

　　　T-san-wa　　　nanka= zibun-to-site-wa ne, ano tunezune tatiba-o
　　　T（人名）-TOP HESI　自己 作为 TOP　PTCL HESI 不断　立场-ACC

　　　hakkiri-sasete-ki-ta　　tte iu **wake** yo.
　　　清楚-让-继续-PST　QUO　说 WAKE PTCL
　　　T告诉我说，就他而言，他一直在明确自己的立场。（Suzuki, 1998：78）[①]

在例[6]中，另一名会话参与者H对T的行为持批评态度，并指出S认为T是受害者的立场是错误的，S在例[6]中使用"わけ（wake，理由）"表明自己勉强接受H的观点。

Horie（2011）指出，句末出现的名词化的"の（no，的）"包含多种主观性和交互主观性的表达功能，例如命令和提出请求。例如：

[7]　Hayaku iku **no.**
　　　快点　走 NODA
　　　快点走。（Horie, 2011：485）

Ono等（2012）指出，接续助词功能扩张，出现在句末并作为助词使用的"けど（kedo，但是）"可以用来缓和说话人的确定语气，从而避免伤害到受话人的面子。

---

① 例[6]的聊天背景和例[5]相同，此处省略原作例句中的前后片段。

此外，"けど（kedo，但是）"和"から（kara，因为）"可以用来回应他人的评价，表达同意或不同意他人的评价（Mori，1999）。例如：

[8]　Miki ：=**soo da　ne**::.　(0.3)　demo:,　doo　daroo　na::::.
　　　　　　对　Cop FP　　　　　但是　怎么 Cop　　FP
　　　　　对（0.3）但是怎么说呢

　　　Tami ：˚u::n˚
　　　　　　嗯
　　　　　　嗯

　　　Miki ：ma　kanojo to wa　　anmari watashi wa hanasu kikai nakatta
　　　　　　那个 她　　和 Top　很　　我　　　Top 说　　机会 Neg

　　　　　kara:,
　　　　　KARA
　　　　　我没怎么和她说过话，（Mori，1999：117，例[23]Ⅲ-2片段）

在例[8]片段开始前，Naoko评价Miki的前室友是一个总是制造麻烦的狂躁的人，并询问Miki的观点。然后，在例[8]中，Miki先是以"そうだね（soo da ne，对）"进行回应，但是后面紧跟0.3秒的沉默并出现了犹豫，随后通过"から（kara，因为）"对于自己不给出明确评价进行了说明。

❸ 评价表达的句法手段

专门考察日语的评价表达在句法上的体现的研究并不多，但也已经有一些成果，这些成果主要集中在对条件句和引述的考察上。

3.1 条件句

Akatsuka（1997）指出，以"ては（tewa，如果……就……）"引导的条件句后面一般出现说话人对于某件事情或者某个人的负面评价的内容，实际想要表达的是不希望某事发生，而非条件句中出现的"ては（tewa，如果……就……）"，说话人的评价立场是中立的。例如：

[9]　Ikashite oi-**tewa** nani　o　　shaberareru　ka　wakaranai
　　　让他活-TEWA　什么 ACC　　说　　Q　不知道
　　　如果让他活着不知道他会说出什么。（Akatsuka，1997：324，原文出自 Akatsuka & Sohn，1994）

在例[9]中，"ては（tewa，如果……就……）"前面出现的是条件句，实际表达的是说话人不希望那个人活着。而例[10]的"ては（tewa，如果……就……）"前面出现的并非条件句，说话人对于经常买漂亮的花持中立态度。

[10] Kirei na hana-o　katte ki-**tewa**　niwa ni ue-mashita.
漂亮的 花-ACC 买 来-TEWA 院子 在 种植-PAST
我经常买漂亮的花并把它们种在院子里。（Akatsuka，1997：325）

3.2 引述

臼田泰如（2021）指出，以"みたいな（mitaina，好像）"结尾的引述话语如果出现在说话人自己的话语行为后面，可以明确表达说话人对于某事态持有的态度，如果接在他人话语行为的后面则表明自己对于说话人所述内容的理解。例如：

[11]（B在讲述自己学生时在位于陡坡上的橘子林里打工的事情）
01B そんでこう*お-落とすともう（0.4）*こう［奈落の底に落ちてい［くわけよhみhかんhはん
　　　　　　*（両手を胸の前）　　　*（右手の指を伸ばし、顔の横から斜め下に動かす）
02D　　　　　　　　　　　　　　［＞ごろくごr aha:
03C　　　　　　　　　　　［¥うん　うん　うん　うん¥
（0.5）
04D→何してくれ［てやが　［るんだ　お前　みたいな
05C　　　［ahaha ［hahaha. H
06B　　　　　　［ahaha

01B 这样一掉，这样掉到深处，橘子
02D　　　咕噜咕噜 哈哈
03C　　　　　对对对对
（0.5）
04D→像是说你在干什么
05C　　哈哈　哈哈哈
06B　　　　哈哈（臼田泰如，2021：149-150）

在例[11]中，B在第1行说，如果装满橘子的容器不好好拿着滚落下来，好不容易摘下来的橘子就不能回收了。对此，D在第4行进行了回应，用"みたいな（mitaina，好像）"引用B在打工时如果将装橘子的容器掉落的话雇主斥责B时所说的话，即"你在干什么"。这里"みたいな（mitaina，好像）"引用的"你在干什么"

并不一定是雇主实际说出的话，而只是表达D对于B所说事态的理解和认同。

❹ 多模态资源与评价表达

互动语言学者将语言中的词汇、句法、语用等看作互动交谈中的资源。除了语言结构以外，手势、眼神、身体姿态等多模态也在互动交谈中完成特定的互动行为，实现特定的互动目的。近年来，越来越多的日本学者从多模态的角度考察日语的评价表达，并且主要是对说话人评价的回应（同意和不同意）进行考察。

中村香苗（2011）指出，在互动交际中，说话人通过拖长音、手势的静止等方式中断自己的话语，同时通过将视线转向受话人或头部的移动来寻求受话人的回应。受话人做出模棱两可的回应并伴随身体姿态的变化（如视线的转移、头部的倾斜等）等消极回应行为时，说话人一般会在接下来的话语中缓和自己的主张。

杉浦秀行（2011）指出，对于说话人的第一评价，受话人可以给出与第一评价同等的第二评价，也可以给出更强程度的评价。更强程度的评价可以通过语言形式实现，也可以通过与前面话轮的重叠或与身体姿态和表情等非语言要素的组合来实现，表达受话人对于说话人评价内容的强同意。例如：

[12]（Bが電車で中年の男性に席を譲られたことについて）
      01 A：　ちょっと恥ずかしいよね：？
      02 B：→うんちょっとショックだった.

　　　 （关于B在电车里被中年男子让座）
      01 A：　稍微有些不好意思吧。
      02 B：→嗯，有些震惊。（杉浦秀行，2011：22）

在例[12]中，对于B在电车上被中年男子让座这件事情，A在第1行给出了评价"不好意思"（第一评价），B在第2行表示了同意，但是使用的是比"不好意思"程度更高的"震惊"（第二评价）。受话人通过语言形式实现了对于说话人评价内容的强同意。

[13]（初めて行った外国について）
      01 M：　バスとか電車とかこわいよ [ね？]
      02 F：→　　　　　　　　　　　　 [こ]わいこわい
      03　　　　電車はまだいいけどバスは [完　　全　　に] こわい
      04 M：→　　　　　　　　　　　　　 [>バス超こわい.<]
      05 M：　まずさ，乗る前にさあ，どっち乗るのか [わかんないしね?]
      06 F：→　　　　　　　　　　　　　　　　　 [そうそうそう.]

（关于初次出国去的国家）

01 M：　公交车呀电车呀很恐怖[吧？]

02 F：→　　　　　　　　　　[恐　]怖恐怖。

03　　　电车还好，但是公交车[相　　　当]恐怖。

04 M：→　　　　　　　　　[>公交超恐怖。<]

05 M：首先，乘坐之前，都[不知道]在哪边乘坐吧？

06 F：→　　　　　　　　　[对对对]。（杉浦秀行，2011：23）

在例[13]中，一共有三个评价序列，并且第二评价都表示同意，但是同意的程度不同。具体来讲，第2行通过使用两个"恐怖"，表达了比第1行的评价程度（只使用了一个"恐怖"）稍微高一点的评价。第4行和第6行表达了强同意。第4行采取的是与第3行的评价话轮重叠的手段，第6行在使用"对"的基础上出现了话轮重叠。

赵东玲（2019）对日语母语者和汉语母语者在意见交换对话中表示不同意时的手势进行了比较。研究表明，当向受话人表示不同意时，有三种手势会出现：1）指向某一方向；2）叩；3）挥动。日语母语者在表示不同意时大多使用指向某一方向的手势，汉语母语者则没有使用偏好的差异。此外，当明确表达不同意时，汉语母语者多用手势，而当委婉地表达不同意时，日语母语者多用手势。

❺ 研究展望

已有研究考察了日语评价表达的方式和特点。日语评价表达的考察不再局限于对语言结构的观察，也注意到多模态因素的影响。先行研究已经取得了丰硕的成果，但仍然存在一些亟待深入探讨的问题：

第一，已有研究着重对人称代词、动词、句末助词等词汇进行了考察，缺少对形容词、副词、话语标记等词汇在评价表达中的使用情况的考察。

第二，缺少对韵律特征的考察。评价表达不仅体现在词汇和句法结构上，还体现在韵律特征上，如音高、音长、音强等。正面评价和负面评价之间、说话人的评价和受话人的评价之间、同程度的评价和不同程度的评价之间是否存在韵律特征上的差异均有待考察。

第三，虽然已有部分研究对句法和多模态两方面进行了考察，但是相关成果不够丰富。"日语的评价表达是否有特定的句法结构？""做出评价时是否有眼神等的变化？"这些问题仍有待深入考察。

第四，已有研究只针对个别词汇进行了跨语言对比考察，并且集中于日语和英语的对比，缺乏系统的以句法结构为对照线索的评价表达的跨语言对比研究。此外，在多模态方面，虽然有关于手势的汉日对比研究，但是缺乏对更多语言中的多模态因素进行的系统考察。

附录：转写符号

[	不同说话人同时开始说话	°	声音小
]	不同说话人同时结束说话	→	分析上需要关注的行
=	连续没有停顿的句子或两个话轮之间没有明显的停顿	＞＜	会话压缩，即相对快语速地说话
:	前一成分的延长或拖长。冒号的多少象征着拖长时长的长短	（0.3）	表示停顿的长短，单位是秒
*	非语言要素的动作等要素和会话同时进行的开始点和结束点	()	转写者添加的说明
		，	平调
.	下降语调	?	上升语调

参考文献

❏ Akatsuka, N. 1997. Negative conditionality, subjectification, and conditional reasoning. In A. Athenasiadou & R. Dirven (eds.), *On Conditionals Again.* Amsterdam: Benjamins. 323-354.

❏ Akatsuka, N. & Sohn, Sung-Ock S. 1994. Negative conditionality: The case of Japanese-tewa and Korean -taka. In N. Akatsuka (ed.), *Japanese/Korean Linguistics* Vol. 4. Stanford: Center for the Study of Language and Information.

❏ Cook, H. M. 1988. *Sentential Particles in Japanese Conversation: A Study of Indexicality.* PhD dissertation, University of Southern California.

❏ Couper-Kuhlen, E. & Selting M. 2018. *Interactional Linguistics: Studying Language in Social Interaction.* Cambridge: Cambridge University Press.

❏ Goodwin, C. & Goodwin, M. H. 1987. Concurrent operations on talk: Notes on the interactive organization of assessments. *IPRA Papers In Pragmatics* 1 (1): 1-54.

❏ Hayano, K. 2011. Claiming epistemic primacy yo-marked assessments. In T. Stivers, L. Mondada & J. Steensig (eds.), *The Morality of Knowledge in Conversation.* Cambridge: Cambridge University Press. 58-81.

❏ Hayano, K. 2013. Territories of knowledge in Japanese conversation. PhD Dissertation. Radboud University.

❏ Horie, K. 2011. Versatility of nominalizations: Where Japanese and Korean contrast. In F. H. Yap, K. Grunow-Hårsta & J. Wrona (eds.), *Nominalization in Asian Languages: Diachronic and Typological Perspectives.* Amsterdam/Philadelphia: John Benjamins. 473-496.

❏ Horie, K. & Taira, K. 2002. Where Korean and Japanese differ: Modality vs. discourse modality. In N. Akatsuka, S. Strauss & B. Comrie, (eds.), *Japanese/Korean Linguistics* Vol. 10. Stanford: Center for the Study of Language and Information. 178-191.

❏ Iwasaki, S. 1993. *Subjectivity in Grammar and Discourse: Theoretical Considerations and a Case Study of Japanese Spoken Discourse.* Amsterdam/Philadelphia: John Benjamins.

❏ Maynard, S. K. 1993. *Discourse Modality: Subjectivity, Emotion, and Voice in the Japanese Language.* Amsterdam/Philadelphia: John Benjamins.

❏ Mori, J. 1999. *Negotiating Agreement and Disagreement in Japanese: Connective Expressions and Turn Construction.* Amsterdam/Philadelphia: John Benjamins.

❏ Morita, E. 2005. *Negotiation of Contingent Talk: The Japanese Interactional Particles ne and sa.* Amsterdam/Philadelphia: John Benjamins.

❏ Morita, E. 2012. Deriving the socio-pragmatic meanings of the Japanese interactional particle ne. *Journal of Pragmatics* 44 (3): 298-314.

❏ Obana, Y. 2003. The use of *kare/kanojo* in Japanese society today. *New Zealand Journal of Asian Studies* 5, 1: 139-155.

❏ Ochs, E. & Schieffelin, B. 1989. Language has a heart. *Text* 9: 7-25.

❏ Ono, T. 1992. The grammaticization of the Japanese verbs oku and shimau. *Cognitive Linguistics* 3-4: 367-390.

❏ Ono, T. & Suzuki, R. 1992. The development of a marker of speaker's attitude: The pragmatic use of the Japanese grammaticized verb shimau in conversation. *Proceedings of the Eighteenth Annual Meeting of the Berkeley Linguistics Society: General Session and Parasession on The Place of Morphology in a Grammar*: 204-213.

❏ Ono，T. & Thompson. S. A. 2003. Japanese (w)atashi/ore/boku "I": They're not just pronouns. *Cognitive Linguistics* 14-4: 321-347.

❏ Ono, T., Thompson S. A. & Sasaki, Y. 2012. Japanese negotiation through emerging final particles in everyday talk. *Discourse Processes* 49: 243-272.

❏ Suzuki, R. 1990. The role of particles in Japanese gossip. *Proceedings of the Sixteenth Annual Meeting of the Berkeley Linguistics Society*: 315–324.

❏ Suzuki, R. 1998. From a lexical noun to an utterance-final pragmatic particle: Wake. In O. Toshio (ed.), *Studies in Japanese Grammaticalization: Cognitive and Discourse Perspectives. Tokyo : Kurosio Publisher.* 67-92.

❏ Suzuki, S. 2006. *Emotive Communication in Japanese.* Amsterdam/Philadelphia: John Benjamins.

❏ Thompson, S. A., Fox B. A. & Couper-Kuhlen, E. 2015. *Grammar in Everyday Talk.* Cambridge: Cambridge University Press.

❏ 方迪，2021，《汉语口语评价表达研究》。北京：社会科学文献出版社。

❏ 方梅，2017，负面评价表达的规约化。《中国语文》（2）：131-147。

❏ 方梅、乐耀，2017，《规约化与立场表达》。北京：北京大学出版社。

❏ 乐耀，2016，从互动交际的视角看让步类同语式评价立场的表达。《中国语文》
（1）：58-69。

❏ 臼田泰如，2021，「態度をほのめかす例示：日本語引用表現「みたいな」の分
析」『国立国語研究所論集』20：149-169.

❏ 森田笑，2008，「相互行為における協調の問題：相互行為助詞「ね」が明示する
もの」『社会言語科学』10（2）：42-54.

❏ 杉浦秀行，2011，「「強い同意」はどのように認識可能となるか：日常会話にお
ける同意ターンのマルチモーダル分析」『社会言語科学』14（1）：20-32.

❏ 時枝誠記，1941，『国語学原論』東京：岩波書店.

❏ 趙東玲，2019，「不同意表明に伴う手の動きの日中比較：機能分析のための枠組
みの提案」『人間社会環境研究』38：15-29.

❏ 中村香苗，2011，「会話における見解交渉と主張態度の調整」『社会言語科学』
14（1）：33-47.

A Review of Studies on Japanese Assessment Expressions

Abstract: Assessment is an important category of speech acts. It involves evaluating
people, things, events, and situations positively or negatively. The assessment
expressions in Japanese are very rich, which are reflected in the aspects of
vocabulary, syntax and multimodality. The assessment expressions in spoken
Japanese have attracted the attention of many scholars. This paper introduces
the current research of assessment expressions in spoken Japanese. It suggests
that Japanese assessment expressions from an interactive perspective and a
cross-linguistic perspective will better reveal the characteristics of Japanese
and other languages.

Key words: assessment expressions; interactional linguistics; Japanese studies

（责任编辑：高彦梅）

语言学理论研究

主观肯定构式"还不是"的构式化分析

实义切分理论和系统功能语法视角下的 theme 和 rheme

当代认知语言学研究之反思
  ——以概念整合中的意识与情感为例

主观肯定构式"还不是"的构式化分析

西南大学　杨　坤　吴灵蕊*

[提　要]　表示"主观肯定义"的"还不是"是汉语中一种常见的"形-义"错配构式。本文首先基于CCL和BCC语料库对主观肯定义"还不是"的主观义进行分析,进而探讨其"形-义"的演化过程。"还不是"的语义发展依次经历了"否定义""主观肯定推测义""主观肯定义"三个阶段,其语义演化过程伴随着主观性的增强。表示"主观肯定推测义"的"还不是"最早出现于唐代,用于反问句,元代开始用于感叹句,随后通过"语境吸收"获得了反问句和感叹句的"主观肯定推测义"。明清时期,表示"主观肯定义"的"还不是"构式化完成,主要标志为开始广泛用于陈述句,该组合固化,语义变得不透明。

[关键词]　"还不是";主观肯定义;主观性;构式化;语境吸收

❶ 引言

表示"主观肯定义"的"还不是"是汉语中一种常见的"形-义"错配构式。"还不是"最初表示"否定"的意义,随后用于反问句和感叹句中,表达"主观肯定推测"的语用意义,后来可以表示"主观肯定义",并有进一步发展为话语标记的倾向。例如:

[1]　a. 若还不是弄潮人。("否定义",南宋/《古尊宿语录》)①
　　　b. 事到临头,还不是各人替自己打算?("主观肯定推测义",现代/《围城》)

---

*　作者简介:杨坤,西南大学外国语学院教授。研究方向:认知语言学、构式语法、句法语义的界面研究。Email:yangkunjordan@126.com。通信地址:400715重庆市北碚区西南大学外国语学院。吴灵蕊,西南大学外国语学院研究生。研究方向:认知语言学、构式语法。Email:wlr0909@163.com。通信地址:400715西南大学外国语学院。
　本文系教育部人文社科青年项目"英汉分裂和假拟分裂结构的构式语法研究"(19YJC740005)的阶段性成果。
①　本文例句出自CCL语料库和BCC语料库。

 c. 他们那些善堂善会，那里是做好事，还不是想借此发财！（"主观肯定推测义"，清/《邻女语》）

 d. "再大哪里大得过你，还不是你自己愿意了的。"（"主观肯定义"，民国/《祝福》）

 e. 还不是，世上哪有人下到井底老实坐在那里思考问题的呢！（表示"肯定"的话语标记，现代/《奇鸟行状录》）

表示"主观肯定推测义"的"还不是"出现于唐代。从清代开始，表示"主观肯定义"的"还不是"广泛使用。陈瑶（1998，2000）将反问性"还不是X"分为类同句、质同句和断定句，并对其句法、言语功能和重音等作了详细分析。殷树林（2007）探讨了"还不是"分别在陈述、询问和反问语气中的重音特征。胡梦君（2018）分析了"还不是"的话语功能以及影响其形成和固化的重要因素。以往研究从共时角度揭示了"还不是"的句法、语义及重音特征，但少有研究从历时层面分析其"形-义"的演变过程。Traugott 和 Trousdale（2013：196）提出"构式演化总是在语境中发生的"，应从构式"形-义"的多个维度考察一个语言结构的构式化过程。本文首先分析"还不是"的主观义，然后结合构式化的有关理论，考察其"形-义"的历时演化过程。

❷ 主观肯定构式"还不是"的主观性

主观性指"说话人在说出一段话的同时表明自己对这段话的立场、态度和感情，从而在话语中留下自我的印记"（Lyons，1977：739；沈家煊，2001：268）。胡梦君（2018）提出，表示"主观肯定"的"还不是"是一种主观性表达，阐明了说话人对自己观点的强调与肯定，可进而区分出肯定强调、辩解/夸赞、反驳/驳斥、抱怨/责怪、不屑/鄙夷/轻视/嘲讽等。

本研究以"还不是"为检索词，对CCL和BCC语料库进行穷尽性检索，排除无关例句，共检索到979条古汉语语料和6 439条现代汉语语料①。其中表示"主观肯定义/主观肯定推测义"的语料在古汉语语料中占49.23%，在现代汉语中占39.57%。语料显示，表示"主观肯定义"的"还不是"往往带有贬义，表达"腐败、苦、得罪"等语义。它们不仅能传达较强的主观情感与态度，还能在一定程度上暗示说话人的情绪。

本文根据对所检索语料的穷尽性分析，把"还不是"所表示的情感意义分为以下几种类型：

（1）失落类情感

"还不是"可用于传达"无奈、感伤、惋惜"等失落类情感。如例[2]所示，"君

---

① 检索时间为2020年7月7日。

王"和"乞丐"分别属于一高一低两个阶级，但其归宿都是"一抔黄土"，由此可推测说话人"感伤、惋惜"的情感态度。

[2] 上自君王，下至乞丐，也还不是一抔黄土。（清/《七剑十三侠》）

又如：

[3] "来重庆有什么事吗？""唉，还不是想早点回下江！"（现代/《战争和人》）

在例[3]中，如果去掉"还不是"，变成"唉，想早点回下江"，句子意义不变，同样说明了说话人来重庆的目的；但如果加上"还不是"，句子间的连贯性就增强了，同时缓和了说话时低沉的气氛，传达了说话人的"无奈、感伤"之情。

（2）责怪类情感

"还不是"可以传达"责怪、抱怨"等主观情感态度。在例[4]中，说话人用自问自答的方式引出自己的观点，即"在公馆里受冷淡"。"还不是"的使用不仅加强了语气，还传达了说话人的"责怪、抱怨"等情绪。

[4] "他们公馆里，能放你出来么？还不是活着在那里受冷淡！"（清/《二十年目睹之怪现状》）

"还不是"常与人称类名词短语搭配，用于凸显说话人的态度和评价，且多为负面评价。在例[5]中，"捞"和"贴金"多带有贬义，"责怪"这一态度通过"还不是"的使用得以实现，暗示说话人对"老师"持有负面评价，传达说话人对老师安排学生跳级的"责怪"之意。

[5] "跳级是好事。"朱叶梅轻声细气地说。"什么好事！还不是老师为了捞个人名誉，往自己脸上贴金！"（现代/《跳级》）

（3）讥讽类情感

"还不是"常用于自问自答，以"还不是"引出问题的答案，有意料之内的意味。在例[6]中，说话人觉得"那就是一张废纸"，如果改用陈述语气"这是一张废纸"来表达，难以体现说话人的主观态度，而"还不是"与反问句结合使用，可以体现说话人对"这张废纸"的"不屑"的态度。

[6] "他又何尝有甚父丧大故，向人借钱？又何故好好的自称棘人？这还不是一张废纸么？"（清/《二十年目睹之怪现状》）

再如例[7]，"还不是"受到贬义词"巴结"的影响，在这一消极语境下，"嘲笑、讽刺"这一情感态度义被激活。

[7] "佟秘书你有什么可忙的？还不是去巴结那些有势力的人。"（现代/《面子问题》）

（4）缓和类情感

"还不是"不仅可以暗示负面情绪，也可以传达中性或正面的主观态度，如"撒娇、亲昵"等。根据语境，例[8]中的"还不是"表示"肯定"，即"其实是他们丫头女人们拾掇的"，此时"还不是"的使用暗示了说话人"亲昵"的态度。在例[9]中，说话人希望说服听话人"拿两张好一点的票"，"还不是"的使用有"撒娇"的意味，同时起到引导听话人做出同样推断的作用，使语气变得平缓，有利于达到说服听话人的目的。

[8] "其实还不是他们丫头女人们拾掇的，我们两个也只跟着搅了一阵。"（清/《儿女英雄传》）

[9] "就是嘛，像你这么有地位、有身份的人拿两张好一点的票，还不是易如反掌。"（现代/《炎热的夏天》）

（5）骄傲类情感

例[10]和例[11]中的"还不是"传达了说话人的"骄傲、得意"之感。在例[10]中，结合语境可以发现，"还不是"具有"主观肯定推测义"，且暗示了说话人的"骄傲"之感。在例[11]中，"你有今天"带有"调侃"或"嘲讽"的意思，"还不是"受其影响，可以表达说话人对听话人的"嘲讽"，结合褒义词"福气"推知"还不是"传达了说话人"得意、骄傲"的心情。

[10] "那还不是全靠咱们保护、追贼？"（清/《施公案》）

[11] "你有今天，还不是因为我的福气！"（现代/《抉择》）

综上所述，与"还不是"共现的词组通常带有消极意味，如"受冷淡、捞、贴金、废纸、巴结"等。它最初为"否定义"，后来多用于表达非积极类情绪，常常带有说话人的负面评价，表达"责怪、埋怨、失落"之意。此外，"还不是"常用于带有强烈主观态度的反问句和感叹句中，这两种语境促使"还不是"发生了语义的主观化。具体而言，"还不是"所凸显的情感态度可概述如下：

a.失落类：无奈、感伤、遗憾、惋惜、失望、后悔等；
b.责怪类：谴责、责怪、抱怨、埋怨等；
c.讥讽类：不屑、嘲笑、轻蔑、讽刺等；

d. 缓和类：撒娇、亲昵、亲切等；

e. 骄傲类：骄傲、得意、自鸣得意、引以为豪等。

此外，说话人使用"还不是"进行反问，不仅传达了说话人对命题的肯定态度，同时体现了说话人对听话人得出相同看法的期待，因此具有交互主观性。正如张翼（2016）所言，交互主观性是构式使用事件中重要的语用特征。例如：

[12]　a. 兵灾由何而起，荒败由何而生，还不是源于人性之恶？（唐/《帝范》）

　　　 b. 兵灾由何而起，荒败由何而生，（都）源于人性之恶。

　　　 c. 兵灾由何而起，荒败由何而生，不是源于人性之恶？

例[12a]是"还不是"最早用于反问句的例子。以反问的形式提出"兵灾由何而起""荒败由何而生"这两个问题，看似是对听话人的询问，实则表达了说话人寻求听话人肯定回复的态度。若把这个句子改为陈述句，如例[12b]，则其询问之意消失，只陈述自己的看法，难以体现作者的情感态度。如果将原句改为不带有"还不是"的反问句，如例[12c]，尽管能根据反问句的特点和语境推测出作者的意图，但其肯定意味有所减弱。这说明，"还不是"最初的使用带有一定的交互主观性，有征求听话人意见、期待听话人给出相同回答、期待听话人承认或坦白的意味。此外，"还不是"能传达说话人的"奉承"之意，即对听话人的"面子"或"形象需要"的关注（Traugott，1999；吴福祥，2004）。例如：

[13]　"还不是因为大人来了。平时怎么叫它说，它也不肯说。"（现代/《俗世奇人》）

❸ 主观肯定构式"还不是"的构式化历程

Traugott和Trousdale（2013）认为，构式化是指一个语言形式的形式和意义共同演化，从而导致新的"形–义"配对体产生，并在一定言语社团的语言网络中形成新的节点的过程，这些节点具有新的句法形态和意义。而构式演化是指一个构式的"形式"或"意义"的某些维度发生内部变化，不会导致新的节点产生。构式化的机制包括新分析（neoanalysis）和类比化（analogization），其演化过程受到语境（context）等多种因素的影响（Traugott，2015）。从历时的角度来看，构式演化是构式化产生的先决条件，但构式演化未必导致构式化。Traugott和Trousdale（2013）把先于构式化的构式演化称为"先构式化"（pre-constructionalization），而把构式化之后发生的构式演化称为"后构式化"（post-constructionalization）。本文结合Traugott（2015）提出的"形–义"对照分析法，通过局部的微观对照来刻画构式"形–义"的细微变化，以及变化前后的区别与关联。以下对主观肯定构式"还不是"的"形–义"演化及其构式化进行分析。

CCL语料库显示，"还"与"不是"最早合并使用的例子出现于南宋，如例[14]。实际上，根据第三版《辞源》，"还"在唐代就可表示"依然"，因此本文推断，早在唐代时"还"与"不是"就可组合，用以表达"依然否定"的意思。

[14] 若还不是弄潮人。（南宋/《古尊宿语录》）

"还不是"作为否定判断词用于陈述句，其语义由"还"与"不是"组合构成，表达"对事物的否定"。此时"还"与"不是"的联系并不紧密，其句法结构由"是"主导，语义由"不"主导，"还"作副词。上述例子可理解为"如果（现在）（你）不是一位凫水的好手"，有暗示"将来可能是'弄潮人'"的意味。本文将"还不是"的"肯定义"记为"+"，"否定义"记为"−"，这个时期的"还不是"可标记为"−还不是陈述"。

唐朝时，"还不是"可用于反问句，语调为升调，如例[15]。

[15] 兵灾由何而起，荒败由何而生，还不是源于人性之恶？（唐/《帝范》）

前文询问"兵灾"和"荒败"的缘由，反问句看似询问听话人的意见，实则表明说话人对命题已持肯定态度，即"兵灾和荒败源于人性之恶"。这个时期，"还"与"不是"之间的联系仍然比较松散，例[15]也可表述为"不是源于人性之恶？"，其句义没有变化。在句法上，"还不是"的主语仍然可以省略，"还不是"后面可以接小句。用于反问句的"还不是"看似表示"询问"，实则表示"主观推测"，记作"−/+"。反问句中的"还不是"可记为"−/+还不是反问"。"−还不是陈述"和"−/+还不是反问"的"形-义"配对，如图1所示。其中带箭头的连续直线表示结构之间的直接连接，虚线表示可能的推论连接，用圆括号标识的成分指该成分可以省略，斜向上的箭头表示重音位置。

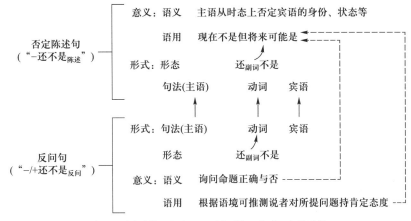

图1 "−还不是陈述"和"−/+还不是反问"形-义的连接

对比"–还不是_{陈述}"和"–/+还不是_{反问}"的"形–义"特征，二者的形式相同，其区别在于"–还不是_{陈述}"的重音在"不"，而"–/+还不是_{反问}"的重音在"还"（陈瑶，2000；殷树林，2007；胡梦君，2018）。说话人的肯定态度可以通过反问语境进行推导。"–还不是_{陈述}"表达"现在不是，但将来可能是"的语用意义，其中"还"作副词。因此，我们推测"–/+还不是_{反问}"的主观肯定态度可能与这一语用意义有关。

元代时，"还不是"出现于感叹句中，后接人称代词，感叹句语境使其"主观肯定推测义"更加凸显，如例[16]所示。

[16] 好阿，两手鲜血，还不是你哩！正是杀人贼！（元/《全元曲》）

感叹句最基本的语用功能是表达强烈的情感态度，主要就说话人的感情倾向、心理态势等的表达的专一性和强烈性给听话人留下深刻印象，而传递信息、提出疑惑等属于次要交际目的（张斌，2010）。说话人根据听话人"两手鲜血"，推断"杀人贼"就是听话人，这里使用感叹句表达了说话人强烈的情感态度。此时，"还不是"的实际意义受到感叹句语境的影响，但仍需结合语篇进行语用推测。我们用"+/–还不是_{感叹}"表示这个阶段的"还不是"。"–/+还不是_{反问}"和"+/–还不是_{感叹}"的"形–义"关系可用图2表示：

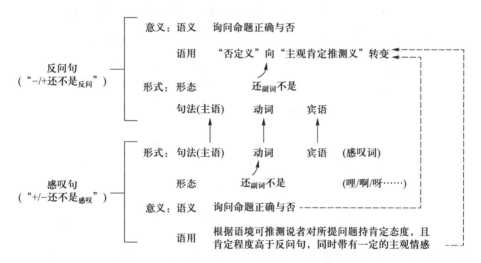

图2 "–/+还不是_{反问}"和"+/–还不是_{感叹}"形–义的连接

如上图所示，受感叹句句型影响，"+/–还不是_{感叹}"虽体现为对命题意义的肯定，但带有说话人强烈的主观态度，这导致该肯定意义在很大程度上是基于主观判断的。如例[16]所示，说话人在前文推测的基础上说出结论，有期待听话人承认的意图。同时结合语料发现，"+/–还不是_{感叹}"常用于疑问句之后，既回复疑问，也有寻求听话人肯定的意图。因此，本文认为"+/–还不是_{感叹}"仍有询问的意思，只是询问意图减弱，同时此阶段"+/–还不是_{感叹}"的肯定态度比"–/+还不是_{反问}"的肯定态度更强烈，肯定态度已占据主导地位。在语用上，反问句语境推动听话人揣测说话人的真正意图，此时"还不是"表达的"否定义"逐渐向"主观肯定推测义"转变。在这一语用影响下，"+/–还不是_{感叹}"表达的肯定意义增强。

表示"主观肯定推测义"的"还不是"在唐代和元代只用于句首，从明代开始逐渐用于陈述句中，所表示的"主观肯定义"也逐渐固化，如例[17]。在例[17a]中，"还不是"首次用于陈述句表示"主观肯定义"，意为"也捋得劈头盖脸"。此时，"还"与"不是"之间的联系已十分紧密，其语义不再是"还"和"不是"两个部分的语义合成。本文把这个时期的"还不是"记作"+还不是_{陈述}"。

[17]　a. 胡乱挽个角儿，还不是捋得劈头盖脸。(明/《醒世恒言》)
　　　 b. "固然是她做人好，还不是运气赶的么。"(清/《红楼春梦》)
　　　 c. "到了那个时候你的这些家产，还不是都是我的。"(清/《无耻奴》)

"+/–还不是_{感叹}"和"+还不是_{陈述}"的"形–义"连接可用图3表示：

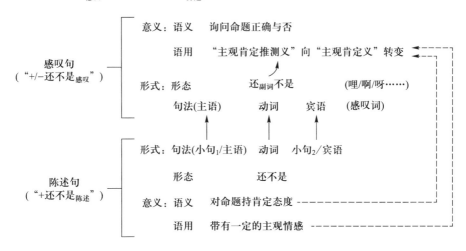

图3　"+/–还不是_{感叹}"和"+还不是_{陈述}"形–义的连接

清代时，"还不是"出现了单独使用的情况，如例[18]。"还不是"与句子的联系变得松散。"还不是"在句中强调说话人认为"两个道童现在也还可以用"，表达说话人对听话人的赞同。单独使用的"还不是"体现了说话人的主观态度，其存在变得可有可无，将其省略对句子的结构和意义影响不大，"还不是"已逐渐发展成为话语标记。本文将这个时期的"还不是"记为"+还不是_{单独}"。例如：

[18]　"我知道了，尚少两个道童。旧日跟随我的，今已长成，也还可用。"永青

拍手道:"也是要的,还不是。"(清/《女仙外史》)

"+还不是_{单独}"与"+还不是_{陈述}"的"形-义"连接可用图4表示:

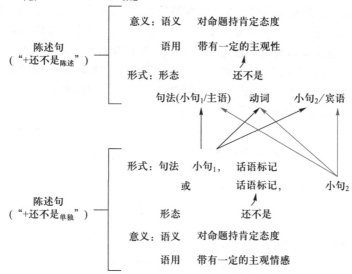

图4 "+还不是_{陈述}"和"+还不是_{单独}"形-义的连接

(注:黑色箭头代表由小句₁结构产生的直接连接,灰色箭头代表由小句₂结构产生的直接连接)

从句法上看,"还不是"作话语标记时对句法结构不产生影响,其语义和语用都与"+还不是_{陈述}"的语义和语用一致,但"+还不是_{单独}"的语义虚化程度更高。另外,黄玉莹(2017)分析了"还不是"在益阳方言中独立使用的情况,如例[19]所示,"还不是"表达了对听话人的"责备"。重庆方言也会用"你还不是"来表达对听话人的"责怪"。

[19] "讲哒要你把它收起来,你不听,还不是,迟到哒吧。"(黄玉莹,2017:79)

需要注意的是,随着"还不是"的语义发生变化,在推断"还不是"这一组合究竟表示"否定义""主观肯定推测义",还是表示"主观肯定义"时,需要结合语篇语境进行语用推断。

❹ 主观肯定义"还不是"构式化的动因和机制

"还不是"的语义从"否定义"到"主观肯定推测义",再到"主观肯定义"的语义演化过程就是一个主观化的过程。"语境吸收"(context absorption)是驱动该语义演化的重要动因。按照Kuteva（2001：151）的定义，"语境吸收是指语言结构吸收了与其频繁共现的语境，以至于某些在语境吸收发生前必须在直接语境中阐明的内容不再需要陈述，这些内容被结构本身吸收，并成为其意义的一部分"。其实，语境吸收就是语用意义规约化，并成为编码意义（coded meaning）的过程。董秀芳（2008：1）在分析用于反问句的"可"和"不是"时也提到，"反问句的否定性使一些成分的语义发生了由肯定向否定或由否定向肯定的转移"。"还不是"的语义可能也受到了反问句和感叹句语境的影响，导致它吸收了与反问语境和感叹语境有关的"主观肯定推测"的语用义，成为自身语义的一部分，最终实现了从"否定义"到"肯定义"的语义演化，如图5所示。

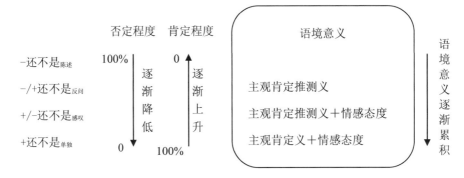

图5 "还不是"的构式义和语境意义的互动过程

"还不是"在演变过程中，否定程度不断降低，肯定程度不断上升。"-还不是_{陈述}"的否定程度最高，肯定程度最低，此时没有语境意义浸染"-还不是_{陈述}"的语义。当其否定程度不断降低，肯定程度逐渐上升时，句子表达的字面意义和在语境中的实际意义产生矛盾，此时听话人对句子所表达的含义进行新分析，其语境意义"主观肯定推测义"成为该结构的一部分。直到"+还不是_{单独}"出现，其肯定程度最高。在整个过程中，语境意义不断累积。

明代之前，"还不是"的语义开始从"否定义"向"主观肯定推测义"演变，且肯定程度逐渐加强。明清时期，随着"+还不是_{陈述}"的出现，"还不是"开始广泛用于陈述句，其"主观肯定义"已成为其语义的重要组成部分，"还"与"不是"成为不可分割的整体，组合固化，语义变得不透明，标志其构式化已经完成。胡梦君（2018）提出诱发"还不是"固化的主要机制是语用推理和语境吸收。本文认为，诱发"还不是"构式化的机制为新分析（参见Traugott & Trousdale，2013），动因为语境吸收。在判断"还不是"的意义时必须借助语篇语境和语用推理。"还不是"不仅吸收了反问句语境"反驳、驳斥"的特点（胡梦君，2018），还吸收了感叹句语境"表达强烈情感态度"的语义特征，其主观性得到增强，同时，其语义实现了从"主观肯定推测义"向"主观肯定义"的转变。新分析突出构式"形-义"演变属于"小步子"（micro-steps）的微观变化，其语义变化"否定义—主观肯定推测义—主观肯定义"是一个累积的、渐进的过程（如图1至图4所示）。其中"语境吸收"是导致"还不是"实现从"否定义"到"肯定义"语义演化的关键动因。

综上，明代之前"还不是"发生了先构式化的构式演变，此时"还不是"的"形-义"发生错配，语用义得以固化。明代，微观构式[[还不是]形←→[主观肯定义]义]出现后，其搭配和重音等都发生了变化，"还不是"发生了构式化。之后，主观肯定义"还不是"逐渐用于陈述句中，其在句中所充当的成分、语音等都发生了变化，属于后构式化的构式演变。主观肯定义"还不是"的具体演变过程可用图6概述：

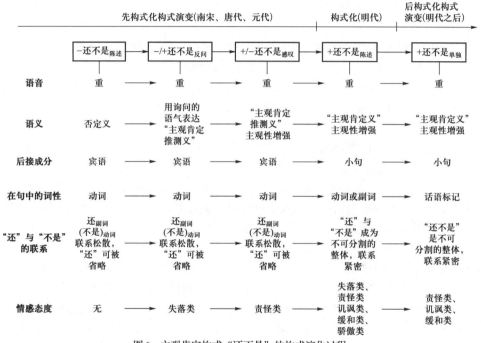

图6 主观肯定构式"还不是"的构式演化过程

在构式的演变过程中，主观肯定义"还不是"的重音发生了改变。总体来讲，其重音向前移动，从"不是"移至"还"。"-还不是陈述"初见于陈述句，语调为降调（殷树林，2007），表示对后接宾语的否定，语义由"不是"主导，因此重音在"不"上。当"还不是"用于反问句时，重音结构为"还（次重）不（次轻）是（轻）X（重）"（陈瑶2000；殷树林，2007；胡梦君，2018）。本文认为，在"-/+还不是反问"中，其重音落在"还"上，理由是"-/+还不是反问"常用于句首，说话人为了引起听话人的注意或寻求听话人的肯定会重读"还"。"+/-还不是感叹"和"+还不是陈述"强调对命题的肯定态度，重音仍在"还"上，尤其当主观肯定义"还不是"与"一样"搭配使用，以"强调情况相同或不变"时，"一样"所表达的语义与"还"的语义一致，促使"还"的语音变得更为明显。在语义方面，"还不是"经历了从"否定义"向"主观肯定义"的转变，其中"−/+还不是_{反问}"和"+/−还不是_{感叹}"为语义过渡阶段，"还不是"一开始吸收了反问句语境"反驳、质疑"的语义特点（胡梦君，2018），带上了"主观肯定推测"的主观义；随后吸收了感叹句所蕴含的"强烈主观情绪义"，其表达的主观性和"主观肯定推测义"得到增强。"还不是"的后接成分也逐渐从名词短语变为小句。在此过程中，"还不是"在句中所作成分从动词发展为副词、话语标记。最初，在"还不是"组合中，"还"与"不是"之间的联系不紧密，后来二者逐渐成为一个不可分割的整体。到后构式化的构式演变阶段，"还不是"与句子的句法关系变得越来越松散。在例[20a]至[20c]中，"还不是"分别作动词、副词和话语标记。

[20]　a. 她还不是"沙宗琪推拿中心"的正式员工呢。（现代/《推拿》）（动词）

　　　b. 还不是不了了之。（现代/《春》）（副词）

　　　c. "我知道了，尚少两个道童。旧日跟随我的，今已长成，也还可用。"永青拍手道："也是要的，还不是。"（清/《女仙外史》）（话语标记）

"还不是"的语义经历了从"否定义"到"主观肯定义"的演化历程，具体包含以下五阶段："−还不是_{陈述}"→"−/+还不是_{反问}"→"+/−还不是_{感叹}"→"+还不是_{陈述}"→"+还不是_{单独}"。当主观肯定构式"还不是"处于先构式化或后构式化阶段时，仅暗含少数几种情感态度；而在构式化过程中，主观肯定构式"还不是"所暗示的情感态度种类最多（见图6）。在"−还不是_{陈述}"阶段中，"还不是"是较为客观的否定判断词，不带主观情感；到唐代，"−/+还不是_{反问}"出现时，"还不是"受语境影响，带有失落类情感态度；到元代，"还不是"用于感叹句，可暗示责怪类情感；元代之后，随着"+还不是_{陈述}"的高频运用，所传达的情感态度也逐渐丰富；在现代汉语中，"+还不是_{单独}"的使用频率相对较低，所表达的情感意义种类也相对较少。语料显示，"还不是"的"否定义"向"主观肯定义"转变的重要节点发生于唐、元和明。"还不是"在唐代时已带有"主观肯定推测义"。明代时，主观肯定义"还不是"在陈述句中已有使用，但仍主要限于反问句。其肯定用法在清代才开始广泛使用，且在陈述句中的使用频率略高于在反问句中的使用频率。在现代汉语中，主观肯定义"还不是"用于非反问句的频率已接近其用于反问句的频率。但是，在现代汉语陈述句中，主观肯定义"还不是"和否定义"还不是"都具有较高的使用频率，对其意义的判断仍需结合具体语境。这就是我们所说的语义"滞留"（persistence），即"新的意义在特定的语境中产生，它们不会立刻取代已有的意义；相反，它们的意义可能长期重叠或处于新旧意义共存的多义状态"（Bybee，2010：199）。单独使用的"还不是"除了在CCL和BCC中检索到5例之外，在益阳方言中还有少量例子。

❺ 结论

"还不是" 最初表示否定，其语义受到反问句语境和感叹句语境的影响，开始从 "否定义" 向 "主观肯定义" 演化。"还不是" 的主观性体现在它能够加强肯定、暗示情感态度、缓和语气和氛围、传达说话人对听话人得出相同结论的期待等。基于构式化有关观点，本文考察了 "还不是" 的 "形-义" 渐进变化过程，发现表示 "主观肯定义" 的 "还不是" 吸收了反问句语境和感叹句语境的语用义，导致其语义从 "否定义" 向 "主观肯定推测义" 演化。明清时期，"还不是" 的 "形-义" 配对发生了重要变化，"还" 与 "不是" 逐渐成为不可分割的整体，其 "主观肯定义" 逐渐固化，产生了新的 "形-义" 配对体 "[[还不是]形←→[主观肯定义]义]"，这标志着主观肯定构式 "还不是" 构式化的完成。随后，主观肯定构式 "还不是" 广泛用于陈述句，在句中的成分也逐渐由动词变为副词、话语标记。在语音上，"还不是" 的重音也从 "不是" 转移至 "还"。本文从构式 "形-义" 的多个维度考察了构式的微观变化，以期为构式演化和构式化研究提供新的研究思路。

❏ Bybee, J. L. 2010. *Language, Usage and Cognition*. Oxford: Oxford University Press.

❏ Kuteva, T. 2001. *Auxiliation: An Enquiry into the Nature of Grammaticalization*. Oxford: Oxford University Press.

❏ Lyons, J. 1977. *Semantics* (2 Volumes). Cambridge: Cambridge University Press.

❏ Traugott, E. C. 1999. *Why Must Is Not Moot*. Paper presented at the Fourteenth International Conference on Historical Linguistics, Vancouver, Canada.

❏ Traugott, E. C. & Trousdale, G. 2013. *Constructionalization and Constructional Changes*. Oxford: Oxford University Press.

❏ Traugott, E. C. 2015. Toward a coherent account of grammatical constructionalization. In J. Barðdal(ed.), *Diachronic Construction Grammar*. Holland: John Benjamins Publishing Company. 51-80.

❏ 陈瑶，1998，现代汉语反问性 "还不是x" 小句研究。《江汉大学学报》（1）：66-71。

❏ 陈瑶，2000，现代汉语还不是 X 反断句研究。《深圳大学学报（人文社会科学版）》（3）：68-74。

❏ 董秀芳，2008，反问句环境对于语义变化的影响。《东方语言学》（2）：1-9。

❏ 胡梦君，2018，否定表达式 "还不是X" 语义功能及其形成。《现代语文》（4）：32-37。

❑ 黄玉莹，2017，益阳方言中"还不是"的功能及虚化。《绥化学院学报》（8）：78-80。

❑ 沈家煊，2001，语言的"主观性"和"主观化"。《外语教学与研究》（4）：269-275。

❑ 吴福祥，2004，近年来语法化研究的进展。《外语教学与研究》（1）：18-24。

❑ 殷树林，2007，也谈"还不是X"反问句?《聊城大学学报（社会科学版）》（3）：90-93。

❑ 张斌，2010，《现代汉语描写语法》。北京：商务印书馆。

❑ 张翼，2016，"VV看"构式的还原研究。《语言学研究》（2）：108-118。

Constructionalization of Subjective-Assertive Construction *háibúshì*

Abstract: Subjective-assertive construction *háibúshì*（还不是）is a common mismatched form-meaning pair in Chinese. Based on the corpus of CCL and BCC, this paper analyzes the subjective meanings of *háibúshì* and discusses the "micro-step" evolution of its form and meaning. The semantic change of *háibúshì* went through three stages from "negative" to "subjective-assertive inferencing" and then to "subjective-assertive", and this evolution process involves subjectification. The meaning of "subjective-assertive inferencing" firstly emerged in the Tang Dynasty and was only used in rhetorical questions, and then appeared in exclamation sentences in the Yuan Dynasty. Later, *háibúshì* absorbed the "subjective-assertive inferencing" meaning from rhetorical questions and exclamation sentences through "context absorption", and it then developed the meaning of "subjective-assertive" in the Ming Dynasty and the Qing Dynasty. The entrenchment of the form and non-transparency of its meaning marked the constructionalization of *háibúshì*.

Key words: *háibúshì*; subjective-assertive; subjectivity; constructionalization; context absorption

（责任编辑：胡旭辉、陈一帆）

实义切分理论和系统功能语法视角下的theme和rheme

北京大学　吴丹凤*

[提　要]　　Theme和rheme是功能句法的核心概念。布拉格学派的句子实义切分理论（或功能句子观）和系统功能语法都采用了这对术语，但对它们的阐释存在质的差别。尽管不少学者分别对两派理论进行了全面的介绍和研究，但尚缺少对两个理论框架下的theme和rheme的系统对比分析。鉴于此，本文从两派理论的创始人Mathesius和Halliday的语言功能观出发，明确theme和rheme在不同理论背景下的内涵、关系和划分标准，并厘清其与相关概念的关系，揭示两种功能句法的深刻差异。

[关键词]　　theme；rheme；语言功能；句子的实义切分；系统功能语法

❶ 引言

　　Theme（俄文 тема）和rheme（俄文 рема）是实义切分理论的核心概念，系统功能语法的主位理论承袭了这对术语。这样一来，theme-rheme对应两种理论取向，在国内学界有两种译法：王福祥（1984）等俄语学者研究句子的实义切分，采用主题–述题的表述；胡壮麟（1983）等英语学者继承和发扬了系统功能语法，使用主位–述位的表达。由于系统功能语法在国内语言学界的广泛影响，导致主位–述位大有取代主题–述题之势，模糊了theme-rheme在不同理论框架下的实质差异。尽管国内俄语、英语学界的学者对两派理论都有详尽论述，但对theme-rheme的不同内涵以及两个理论的系统比较仍有欠缺。肖俊洪（2001）对比了Halliday和Firbas的主述位观，但未对两者的观点演变进行系统梳理，也未深究造成不同的原因。姜望琪（2005）评述过主题和主位，但他所论的主题和实义切分理论并无关系。杨增成（2007）从功能思想、主位–述位、语义句法和及物性、信息和语境思想五个方面分析了布拉格学派和系统功能语法的异同，广有余而深不足。鉴于此，本文从理论奠基人Mathesius的语言功能观出发，围绕theme-rheme的内涵定义、划分标准，阐明

*　作者简介：吴丹凤，北京大学外国语学院俄语系博士研究生。研究方向：功能语言学、语篇语言学。Email：wdf2019@pku.edu.cn。通信地址：100871北京大学外国语学院俄语系。

它们在不同理论背景下的实质，揭示两种功能句法的本质差异。

❷ 表述出发点与主位

2.1　句子的实义切分

布拉格学派的创始人、捷克语言学家Mathesius的句子实义切分理论始于对句子词序的研究。他（Mathesius，1939：171）在《所谓的句子的实义切分》（"O tak zvaném aktuálním členění věty"）[①]一文中首次阐述了该理论，指出：

> 句子的实义切分应与形式切分对立。如果形式切分将句子成分拆解为语法成分，那么实义切分则揭示将句子纳入产生句子的客观语境的方法。句子形式切分的主要成分是主语和谓语。句子实义切分的主要成分是表述出发点（或表述基础），即在当前情景中是已知的或者至少是易知的，是说者的出发点和表述核心，即说者关于表述出发点所报道的内容。

Mathesius从语言的交际功能出发，将句子置于连贯话语和具体语境中进行研究，揭示句子各个成分在话语交际中的作用和意义，划出"表述出发点/基础"（východište/základ）和"表述核心"（jádro）两个要素，强调后者的信息传递功能，对捷克语、俄语这类屈折语中较为自由的句子词序给出了有力的阐释。

Mathesius在文中讨论了四个问题。第一，表述出发点和主题（téma）[②]的关系。他指出，在扩展句中，表述出发点并不总是表述的主题，在简单连贯话语中，上一句的主题往往成为下一句的表述出发点。第二，存在只包含表述核心的不可切分句。第三，日常生活言语的实义切分相较于书面语言更具复杂性。在日常交流中，交谈双方置身于交际情景中，彼此越熟悉，共享的信息越多，表述出发点的选择就越多。第四，区分表述出发点在前，表述核心在后的客观词序和与此相对的主观词序。客观词序符合人类从已知到未知的逻辑思维规律；主观词序服务于说者表情和修辞的需要。上述讨论以捷克语的陈述句为例，祈使句、疑问句、条件句、感叹句的实义切分则在1942年发表的《言语与风格》（"Řeč a sloh"）一文中得到论述。

实义切分理论"摆脱了纯粹的形式逻辑的窠臼"（Виноградов，1954：91），在句子的形式组织之外，观照句子的交际组织，开启了交际句法的研究先河，是"布拉格学派在句法学领域最重要的贡献"（Vachek，1966：88）。因原文以捷克语发表，且适逢第一次世界大战，该理论到20世纪五六十年代才逐渐为外界学者所知。它的传播和发展路径主要有三条。其一，捷克方面，Firbas（1964，1971）提出了交际动态论；Daneš（1964，1974）指出了句子的三层组织，并总结了语篇的主位推进模式。

---

① 该文1947年收录于文集《捷克语和普通语言学》（*Čeština a Obecný Jazykozpyt*），标题改为O tak zvaném aktuálním členění větém。

② 1947年重新发表该文时使用了对应的德文thema。

其二，苏联方面，К. Г. Крушельницкая（1956）最先探讨了实义切分和语法成分分析的联系；Солганик（1973）将实义切分理论应用于句际联系的研究中，结合逻辑学视角，总结了"平行"和"链式"两种句际联系；Золотова（1979）注意到了述题对语篇思想发展的推动作用，研究了述位和语篇类型之间的关系，总结了七类优控述位（рематическая доминанта）。可见，实义切分理论已经从句法学外延到语篇研究中。该理论在西方的传播离不开 Firbas。1956 年到 1999 年，Firbas 继承和发扬了布拉格学派的传统，通过全面、深入的研究，把 FSP[①] 真正当作句法组织层展现在人们面前（钱军，1995）。他以英语为研究对象，以英文发表论著，在发展和传播实义切分理论的同时，在一定程度上重塑了它：理论名称和核心术语都被替换，表述出发点和表述核心分别改为 theme 和 rheme。[②] 此外，Firbas 也并未原封不动地继承 Mathesius 的所有观点（详见陈建华，2018）。包括 Halliday 在内的西方学者主要通过 Firbas 了解到了"改头换面"后的实义切分理论（即功能句子观），使主位理论和实义切分理论的关系变得更加错综复杂。就理论名称而言，欧美学者倾向于使用功能句子观，苏俄学者则偏好实义切分理论。其三，以王福祥为首的俄语学者和以钱军为首的英语学者分别向国内学界介绍了实义切分理论和功能句子观。

2.2 主位理论

主位理论是系统功能语法的有机组成部分。Halliday 以 1967 年开始发表的长篇论文《英语及物性和主位札记》（下文简称《札记》）为起点，构建自己的功能语法。主位理论也在该文中问世。在《札记》中，小句被视作"具有三个主要的句法选择域的场：及物性、语气和主位"（Halliday，1967：199）。小句作为消息（message），拥有主位系统，该系统包括主位结构和信息结构。主位结构由主位和述位构成，信息结构由已知（given，俄文 данное）和新知（new，俄文 новое）构成。Halliday（1967：212）多次对主位进行说明：

> 基本上，主位就是小句句首的成分……"主位"意味着"我所谈论的内容"（或"我此时正在谈论的内容"）……主位是所谈论的事物，是作为消息的小句的出发点；说者在一定限制中选择小句的任意成分作主位。

而述位的定义相对简单，即消息的剩余部分，主位在其中得到发展。Daneš（1974：108）指出："Halliday 集中讨论主位和信息焦点（新信息），对述位的界定是间接的、模糊的"。

Halliday（1967）在文中对主位、述位的论述可以概括为三点。一是区别主位系统之下的主位结构和信息结构，探讨了主位和已知，述位和新知的相互关系，指明

---

① 据陈建华（2018）考证，Firbas 在 1957 年用功能句子观替代句子的实义切分，一来便于用其他语言表述，二来强调理论的功能观。关于两个名称的对比分析，详见农熙（2018）。
② 最早使用这对术语的学者是德国语言学家 K. Boost。他（1955）将句子视为对话者之间的"张力场"（spannungsfeld），在说出句子的第一个成分 thema 时形成，随后逐渐减弱，直至说出最后一个成分 rhema 时完全消失。

了在无标记情况下已知与主位重合，新知则落到述位中。二是区分了无标记主位和标记性主位。根据高彦梅（2015）的阐释，无标记主位是英语中的一致式表达，因此不凸显信息；标记性主位是非一致式表达，往往具有凸显信息的功能。此外，标记性主位还具有特殊的语篇功能。Halliday（1967）指出，主位是否具有标记性取决于小句的语气系统。他通过研究疑问句、陈述句中的标记性和无标记主位，分析了小句的标记性主位和语气的关系。三是梳理了主位和小句其他结构成分（如主语、补语、状语、谓语和连接语）的关系，总结出了谓语很少充当主位，附加语常作标记性主位等规律。

在《札记》发表后的半个世纪里，Halliday不断完善系统功能语法，主位理论也随之发展，相关观点在多篇文章以及四个版本的《功能语法导论》（下文简称《导论》）中都有所体现。主位理论的发展主要有两方面。一是从主位结构的交际功能转向语篇构建功能，关注小句通过主位化（thematization），即将一个或若干成分置于句首，从而与上文联系，构成连贯话语。二是对主位的认识不断深入，修正主位的定义。

Halliday的主位理论受到实义切分理论、功能句子观，以及Daneš（1964）关于句子的三层组织的思想的启发。这些观点多次出现在Halliday的《札记》及其他论述主位的文章中，主位理论也沿用了theme和rheme这对术语。值得注意的是，Halliday对他们的观点是批判性地继承，有所扬弃，因此主位理论已经和实义切分理论或功能句子观相去甚远。

❸ 功能视角的分野

实义切分理论和主位理论的阐发都离不开语言的功能研究。广义上的功能主义语言学发轫于20世纪，致力于从功能角度出发，对语言形式做出阐释。布拉格语言小组是第一个具有学派性质的功能主义先驱（姜宏、赵爱国，2014）。1929年发表的《布拉格语言小组纲要》（Z tézí Pražského lingvistického kroužku）提出语言学研究应从功能出发，在这一视角下，语言是表达手段的系统，服务于特定的目的（转引自 Кондрашова，1967）。小组成员先后提出各种功能论，最具代表性的有Mathesius的二功能说，德国语言学家Bühler的三功能说和俄国语言学家Jacobson的六功能说（钱军，1998）。Mathesius（1975：79）于1923年论述道："语言有表达和交际功能……一段话语要么构成表达，要么构成交际。表达是情感的抒发，不预期听者；交际是针对听者的言语行为。早期的言语是表达性的，而已知语言的形式都是交际的"。因此，他强调从交际功能出发研究语言，并将句子定义为"交际过程的基本单位，说者通过它对某一现实或现实的若干成分做出反应，句子在形式上是约定俗成的，在说者看来是完整的"。Mathesius的交际功能说使语言学研究从形式转向功能，具有里程碑式的意义。

Halliday作为后来者，其功能思想受到布拉格学派的功能理论，尤其是交际功能理论的影响。此外，Bühler和英国人类学家Malinowski的功能说也在他的相关文章中被反复提及。Halliday（1968）最早在《札记》中阐发了四功能说：经验（experiential）、逻辑（logical）、话语（discoursal）和言说/人际（speech-functional/interpersonal）功能，随后将经验和逻辑功能归于概念（ideational）功能，变话语功能为语篇（textual）功能，人际功能不变（Halliday，1970），确立了语言元功能（metafunction，又称纯理功能）思想。概念功能主要涉及及物性、语态和作格性（ergativity），人际功能主要涉及交际者的"角色"、言语功能、语气（mood）、情态（modality）、语调（key），语篇功能则主要涉及主位结构、信息结构和衔接（cohesion）（黄国文，2000）。三大元功能"三位一体"，在"语义上相互关联"（胡壮麟等，2017：13、44），在小句中同时实现。

Halliday 的功能理论有两大贡献。一是区分元功能和功能，开启了功能研究的新篇章。1970年起，Halliday 就开始强调存在两种性质的功能，使自己的功能说和前人的学说泾渭分明。据他的观点（1970，1973，1974），Bühler 和 Malinowski 从心理学或社会学角度总结了语言的功能，这类语言功能等同于语言使用（use of language），是"使用语言的目的或方式"，数量众多，并不揭示语言本身的属性（Halliday & Matthiessen，2014：31）。而他提出的语言功能建立在对语言系统和结构的分析的基础上，是"语言本身固有的功能，是高度抽象概括的，在语言中没有直接对应的形式"，且数量有限。这三大功能先被称为宏功能（macro-function），是"语言所服务的基本功能的抽象表现"（Halliday，1973：37），后改称元功能。

二是首次提出了语篇元功能。Halliday（1970）在《语言结构和语言功能》一文中指出，实际应用中的语言基本单位不是词或句这样的语法单位，而是表达相对完整思想的"语篇"，语篇功能使语言与语境发生联系，使说话人只能生成与情景相一致和相称的语篇，而且概念和人际元功能"最后要由说话人把它们组织成语篇才能实现。"（胡壮麟等，2017：13）。

Mathesius 和 Halliday 的功能思想有三点差异。一是 Mathesius 从外部世界观照语言，将语言视为工具，强调语言使用者为了达成交际目的而运用语言；Halliday 则从语言系统内部出发，探究语言本身固有的功能，把语言看作一套与语言运用的社会环境相联系的、供人们选择的意义潜势系统。二是 Mathesius 虽认为语言兼具表达和交际功能，但在句法研究中采取单一的交际功能视角；Halliday 坚持多功能视角并行，强调各大语言元功能在语义上相互关联、同时实现。在系统功能语法中，小句作为复合实体（composite entity），同时具有及物性、主位和语气三大系统，三大系统处于有机联系中，决定了小句三个维度的结构，表征、消息、交换，分别实现概念、语篇和人际元功能：

> 小句选项被分配给了及物性、语气及主位三大成分，这体现了它们的相互依赖性……成分之间可以相互关联……概括来说，一套选项可以充当一种环境，限制另一套选项的选择或决定另一套选项中选项的阐释……这种相互联系将独立的系统网络连接到了一起。（韩礼德，2015：159-160）

三是Mathesius关注句子词序所发挥的交际功能；Halliday侧重探讨小句主位结构的语篇构建功能。

可见，尽管两人的功能句法都主张有别于形式分析的句子二分法，并以相近的术语命名句子的两个成分，但功能视角的深刻差异必然反映在术语内涵和句子的切分原则上。

❹ 内涵定义的差异

Theme和rheme在实义切分理论中的阐释基本没有偏离Mathesius对表述出发点和表述核心的定义。而theme在主位理论中的定义经历了一番变化。据姜望琪（2008）的整理，第二版《导论》放弃了"主位是小句谈论对象"的说法；第三版《导论》明确主位"为小句确定在语境中的位置，并指明其方向"（Halliday & Matthiessen, 2004：64）；第四版《导论》强调了主位对听者的引导作用："说话人选择主位作为他或她的出发点，引导受话人对消息进行阐释；说话人通过将消息的一部分凸显为主位，促使受话人处理消息"。（Halliday & Matthiessen, 2014：89）

实义切分理论中的theme和rheme在句中位置自由；主位理论中的theme则位于句首。此外，theme-rheme在两个理论中的内涵差异还体现在以下三个方面：theme-rheme与已知–新知的关系；theme与表述出发点、心理主语（psychological subject，俄文психологическое подлежащее）的关系；theme与rheme的关系。

关于theme-rheme和已知–新知的关系，从Mathesius（1939）对表述出发点和表述核心的定义中可以看出，他虽注意到表述出发点与已知的联系，但并未明确指出两者相对应，更未提及表述核心与新知的关系。确定主题和已知、述题与新知的对应关系的学者是Firbas（1959：39）：

> 传达已知和包含在言语或情景语境中（或仅构成交际的出发点的）的内容的句子成分应被视为交际基础和句子的主题，传达新信息的句子成分应被视为交际核心或句子的述题。

这一观点得到Крушельницкая（1948，1956）等不少学者的赞同，已知–新知甚至成为主题–述题的同义术语。《大百科辞典（语言学篇）》（Большой энциклопедический словарь：Языкознание，下文简称《辞典》）将句子的实义切分（актуальное членение предложения）定义为"将语境中的句子切分为报道的出发点——主题（已知）和关于出发点的部分——述题（新知）"（Ярцева, 1998：22）。

后来，不少学者开始反驳这一观点。Firbas（1964）首先指出，存在不传达已知信息的主题，其后，И. И. Ковтунова（1976）、王福祥（1984）等都表达了类似的看法。蒋国辉（1994a，1994b）指出，两对术语之所以纠缠不清，原因在于混同了说者和听者的视角。实义切分是对句子交际结构的研究，句子的交际结构是说者在一定的交际情景中，根据自身交际意图，在语法限制下实现的，所以应从说者的角度出发，研究句子的实义切分。已知和新知是就听者而言的，说者只能传达自己已知的信息。所以，theme-rheme 和已知–新知的划分视角不同，没有必然的对应关系。

主位理论从一开始就吸取了实义切分理论的经验，将主位–述位和已知–新知分别归入主位结构和信息结构。主位结构属于句法层次，是就小句而言的；信息结构则属于语音层，语音层面体现为一个调群（tone group），不以小句为单位。在无标记的情况下，信息单位与小句重合，此时信息结构同句子或小句层面的成分结构相联系，主位是已知，新知则落到述位中。关于两派在这一问题上的分歧，Fries（1983）概括到，功能句子观与信息结构是"结合式"的，主位结构与消息结构是"分离式"的。值得指出的是，Halliday 的信息结构理论，尤其是已知–新知的二分法显然受到了功能句子观的启迪。

关于 theme 和表述出发点、心理主语之间的关系，Mathesius 和 Halliday 的观点相左。德国新语法学派在心理主义的影响下将句子视为心理判断，由心理主语和心理谓语构成。根据 Gabelentz 的定义，心理主语是说者把想要听者以之为中心进行思考的部分（转引自陈建华，2018）。Matheisus（1939：171）指出："心理主语是句子的主题，而表述出发点并不总是表述的主题。尽管在简单的连贯话语中，表述出发点往往就是主题，但在扩展句中，两者并不总是重合"。可见，Mathesius 并不同意将表述出发点等同于主题或心理主语。但 Firbas 等继承者没有坚持这一立场，在表述出发点和主题之间画了等号，用主题取代了表述出发点。Halliday 和 Mathiessen（2014）区分了心理主语、逻辑主语和语法主语，认为心理主语是"消息的关注点"（concern of the message）。为了表明三者的差异，他们将这三类主语分别命名为主位、主语和行为者，也就是说，主位就是心理主语，且是消息的出发点。

对 theme 和 rheme 的关系的探讨主要围绕小句的内容或 rheme 与 theme 是否有相关性进行。实义切分理论对此持肯定态度。Matheisus（1939，1942）将表述核心定义为说者关于表述出发点所报道的内容，或说者关于这一对象所报道的内容；《辞典》将述题（рема）定义为关于主题的内容，认为它们一起构成述谓性和完整的思维表达（Ярцева，1998）。Halliday（1967b，1985）早期持相同观点，后在诸多学者的批评下放弃。

两派理论对 theme 和 rheme 的重要性的认识不同。实义切分理论凸显述题的交际意义，认为述题是表述的核心，是不可或缺的成分，主题可以缺省。系统功能语法更重视主位的语篇构建功能，认为每个小句都有表述出发点，主位是小句必备成分。此外，苏俄学者往往还会强调两个成分的对立性，使用各种意义相对的术语：报道对象（предмет сообщения）、报道内容(то，что сообщается)，起始成分（исходное）、随后成分（последующее），次要信息（менее информативно важное）、主要信息（более информативно важное），等等。两个术语在不同理论中的内涵差异见表1。

表1　theme和rheme在实义切分理论和主位理论中的内涵差异

theme和rheme	实义切分理论	主位理论
1）句中的位置	客观词序：主题+述题 主观词序：述题+主题	主位+述位
2）与已知、新知的关系	不对应 → 对应 → 不对应	不对应
3）theme与表述出发点、心理 主语的关系	心理主语=主题≠表述出发点	主位=心理主语=表述出发点
4）重要程度	交际意义：主题<述题	语篇组织意义：主位>述位
5）theme和rheme的对立性	有	无

❺ 划分标准

实义切分理论和主位理论都认为句子的任何成分都可以充当theme或rheme，但对成分种类及划分依据持不同观点。实义切分理论的划分标准较为复杂。Mathesius没有给出明确的切分标准，但从术语定义可知，可根据上下文或交际情景来划分句子。Ковтунова（1976）提出了"提问法"，出现在问句中的信息是主题，对疑问词做出回答的部分信息是述题。提问法的局限性在于，它无法应用于疑问句、祈使句、感叹句，且一个陈述句有时可以回答不同问题，这时主题、述题的划分会产生相应的变化。

《辞典》对实义切分的划分依据概括得较为完整，包括五点：1）句首位置，主题一般位于句首位置；2）句重音（逻辑重音），句子的逻辑重音一般落在述题上；3）述题分离结构，如"正是……"（it is...that）、"有……"（there is...）等；限定副词，如"恰恰是"（именно）、"只，只有，仅"（только、only、just）等；4）上下文和交际情景语境，主题常常是重复的、不言自明的成分，是前面句子已经反映了的内容；5）不定冠词、被动结构中的施事补语（агентивное дополнение），它们可以指示述题（Ярцева，1998：507）。可见，在书面语中，句子的实义切分高度依赖上下文，在口语中，则依靠语调和句重音。

尽管切分方法多样，句子的实义切分仍存在问题。主题、述题之间并非泾渭分明，而是存在过渡地带。某些成分很难归入主题或述题，如Mathesius（1939）在分析下列句子（见表2）时提出的"伴随词"（slova průvodním）。

表2　单成素句的分析示例

Byl jednou	jeden král.
从前	（有）一个国王。
伴随词	表述核心

该句被视为单成素句，伴随词成了游离于主题、述题之外的成分。Mathesius（1942）后来提出表述基础和核心的中心成分和边际成分，明确指出两者的边际成分有时会交织在一起。Firbas（1956，1965）发展了这一观点，提出了句子的三分法、多分法。他的交际动态论认为，交际动态值最低的主题和交际动态值最高的述题之间存在一系列交际动态等级，据此可划分出主题、述题和若干过渡成分，即渡位（transition）。有学者指出，在该理论中，不存在缺失主题和述题的句子。需指出的是，交际动态值最低是主题的属性，并非判断主题的绝对依据。交际动态的概念为主题、述题的描写提供了更为综合的视角（陈建华，2018）。但钱军（1995）也指出，把主位、渡位、述位进行更精细的划分，既不便于实际操作，也不利于理论的普及。

Halliday 的主位划分要结合两条原则进行。一是位置原则，放在句子前端的成分承担主位功能；二是主位必须包含一个经验成分（Halliday，1994；Halliday & Matthiessen，2014），也就是说，主位应划到小句的第一个经验成分为止，其余成分进入述位。需说明的是，位置原则主要针对英语，其他语言可以用其他方法，比如用小品词实现主位功能（Halliday，1985）。关于小句的经验成分，从语言的概念元功能出发，小句作为"交换"（exchange），拥有及物性系统，能够诠释人类经验。在此视角下，人类经验被概括为六种过程，涉及三个经验成分：过程、参与者和环境。小句中最先出现的经验成分充当话题主位（topical theme），是主位的核心。若话题主位位于句首，其余成分全部进入述位，话题主位成为单项主位（simple theme）；若前面还有别的成分，那么这些成分按功能可以分为语篇主位（textual theme）和人际主位（interpersonal theme），这些主位与话题主位一起构成复项主位（multiple theme）。小句的第一个经验成分后的所有成分都进入述位的这一原则引起了不少异议。据黄国文、黄志英（2009）的梳理，Downing（1991）、Matthiessen（1992）等人都曾结合实例指出，话题主位后的某些成分视情况有时也应归入主位。

实义切分理论和主位理论对句子两个成分的划分原则见表3。

表3　实义切分理论和主位理论的句子成分划分原则

实义切分理论	主位理论
1）提问法 2）主题一般位于句首 3）句重音（逻辑重音） 4）述题分离结构 5）上下文和情景语境 6）不定冠词、被动结构中的施事补语	1）主位位于句首，且必须包含句中的第一个经验成分

综上，实义切分理论的划分原则更复杂，需考虑语境、声调、词序、语法结构等因素，一些切分依据具有主观性；而主位理论的划分标准唯一，难度小，操作性强。但这并不意味两者有优劣之分。实义切分理论的复杂性恰恰表明语言为信息传递和思想表达提供了丰富的表达手段和组织形式；主位理论则为语篇结构分析提供

了有力手段。同时，两派理论在划分标准上都有一些细节需要完善。

❻ 结论

经过上述梳理可以看出，从布拉格学派的功能主义到Halliday的元功能理论，语言的功能研究从具体的外部功能到抽象的语言固有功能，经历了"由外而内"的深化。功能研究的转向使主位理论和实义切分理论分道扬镳。实义切分理论揭示，说者为了达到具体交际目的，根据语境，运用词序、语调、特殊语法结构而对句子进行组织，将句子置于语境中进行描写，聚焦句子的交际结构，凸显语言的互动性质。主位理论研究说者/作者通过对句首成分的选择使小句能够嵌入上下文中，构成连贯表述，从而实现语言的语篇元功能。从实义切分理论到主位理论，theme和rheme的内涵发生了实质性变化，因此要谨慎对待不同理论框架下的theme和rheme，视情况选择适切的中文术语。

参考文献

❏ Boost, K. 1955. *Neue Untersuchungen zum Wesen und zur Struktur des deutschen Satzes: Der Satz als Spannungsfeld*. Berlin: Akademie-Verlag.

❏ Daneš, F. 1964. A three-level approach to syntax. In J. Vachek (ed.), *Travaux Linguistiques de Prague 1*. Tuscaloosa: University of Alabama Press. 225-240.

❏ Daneš, F. 1974. Functional sentence perspective and the organization of the text. In F. Daneš (ed.), *Papers on Functional Sentence Perspective*. Prague: Academia.107-128.

❏ Downing, A. 1991. An alternative approach to theme: A systemic-functional perspective. *Word* 2: 119-143.

❏ Firbas, J. 1956. Some notes on the problem of English word order from the point of view of actual sentence analysis. *Sborník Prací Filozofické Faculty Brěnské University A* 4: 93-107.

❏ Firbas, J. 1959. Thoughts on the communicative function of the verb in English, German and Czech. *Brno Studies in English* 1: 39–65.

❏ Firbas, J. 1964. From comparative word-order studies. *Brno Studies in English* 4: 111-126.

❏ Firbas, J. 1965. A note on transition proper in functional sentence analysis. *Philologica Pragensia* 8: 170-176.

❏ Firbas, J. 1971. On the concept of communicative dynamism in the theory of functional sentence perspective. *Sborník Prací Filozofické Faculty Brěnské University A* 19: 135-

144.

❏ Fries, P. H. 1983. On the status of theme in English: Arguments from discourse. In J. S. Petöfi & E. Sozer (eds.), *Micro & Macro Connexity of Texts*. Hamburg: Buske. 116-152。

❏ Halliday, M. A. K. 1967. Notes on transitivity and theme in English: Part 2. *Journal of Linguistics* 2: 199-244.

❏ Halliday, M. A. K. 1968. Notes on transitivity and theme in English: Part 3. *Journal of Linguistics* 2: 179-215.

❏ Halliday, M. A. K. 1970. Language structure and language function. In J. Lyons (ed.), *New Horizons in Linguistics*. Harmondsworth: Penguin. 140-165.

❏ Halliday, M. A. K. 1973. *Explorations in the Functions of Language*. London: Edward Arnold.

❏ Halliday, M. A. K. 1974. The place of "functional sentence perspective" in the system of linguistic description. In F. Daneš (ed.), *Papers on Functional Sentence Perspective*. Prague: Academia. 43-53.

❏ Halliday, M. A. K. 1985. *An Introduction to Functional Grammar*. London: Edward Arnold,

❏ Halliday, M. A. K. 1994. *An Introduction to Functional Grammar (2nd ed.)*. London: Edward Arnold.

❏ Halliday, M. A. K. & Matthiessen, C. M. I. 2004. *An Introduction to Functional Grammar (3rd ed.)*. London: Edward Arnold.

❏ Halliday, M. A. K. & Matthiessen, C. M. I. 2014. *An Introduction to Functional Grammar (4th ed.)*. London: Edward Arnold.

❏ Mathesius, V. 1939. O tak zvaném aktuálním členění věty. *Slovo a Slovesnost* 5: 171-174.

❏ Mathesius, V. 1942. Řeč a sloh. In B. Havránek & J. Mukařovsky (eds.), *Čtení o Jazyce a Poezii. Praha: Družstevní Práce*. 13-102. [Речь и стиль. В Н. А. Кондрашова (сост., ред. и предисл.), 1967. Пражский Лингвистический Кружок. М.: Прогресс. 444-523.]

❏ Mathesius, V. 1947. O tak zvaném aktuálním členění větem. In V. Mathesius (ed.), *Čeština a Obecný Jazykozpyt*. Praha: Melantrich. 90-98.

❏ Mathesius, V. 1975. *A Functional Analysis of Present-day English on a General Linguistic Basis*. L. Duskova (trans.). J. Vachek (ed.). Hague: Mouton.

❏ Matthiessen, C. M. I. M. 1992. Interpreting the textual metafunction. In M. Davies & L. Ravelli (eds.), *Advances in Systemic Linguistics: Recent Theory and Practice*. London: Printer. 37-82.

❏ Vachek, J. 1966. *The Linguistic School of Prague*. Bloomington: Indiana University

Press.

❏ Adamec, P. 1966. *Порядок Слов в Современном Русском Языке*. Praha: Academia.

❏ Виноградов, В. В. и др. (ред.кол.) 1954. *Грамматика Русского Языка*. Т. 2. М.: Акад. наук СССР.

❏ Солганик, Г. Я. 1973. *Синтаксическая Стилистика*. М.: Высш. школа.

❏ Золотова, Г. А. 1979. Роль ремы в организации и типологии текста. В Г. А. Золотова (отв. ред.), *Синтаксис Текста*: Наука. 113-133.

❏ Ковтунова, И. И. 1976. *Современный Русский Язык. Порядок Слов и Актуальное Членение Предложения*: Просвещение.

❏ Кондрашова, Н. А. (сост., ред. и предисл.) 1967. *Пражский Лингвистический Кружок*: Прогресс.

❏ Крушельницкая, К. Г. 1948. Смысловая функция порядка слов в немецком языке (сравнительно с русским). *Уч. Зап. Военного Ин-та Иностр. Яз* 5: 21-36.

❏ Крушельницкая, К. Г. 1956. К вопросу о смысловом членении предложения. *Вопросы Языкознания* 5: 55-67.

❏ Ярцева, В. Н. (гл.ред.) 1998. *Большой Энциклопедический Словарь: Языкознание*. (2-е изд.) (репр.). Москва: Большая Рос. Энцикл.

❏ 陈建华，2018，《费尔巴斯功能句子观思想研究》。北京大学博士论文。

❏ 高彦梅，2015，《语篇语义框架研究》。北京：北京大学出版社。

❏ 韩礼德（著），何伟等（译），2015，《英语语言研究》。北京：北京大学出版社。

❏ 胡壮麟，1983，韩礼德。《国外语言学》（2）：60-63。

❏ 胡壮麟、朱永生、张德禄、李战子，2017，《系统功能语言学概论》（第三版）。北京：北京大学出版社。

❏ 黄国文，2000，韩礼德系统功能语言学40年发展评述。《外语教学与研究》（32）：15-21。

❏ 黄国文、黄志英，2009，语篇功能中的复杂主位。《外语与外语教学》（12）：1-4。

❏ 姜宏、赵爱国，2014，语言学研究中的功能主义发凡。《中国俄语教学》（3）：52-58。

❏ 姜望琪，2005，主题、主位与篇章——评《篇章回指的功能语用探索》。《外语教学与研究》（5）：387-392。

❏ 姜望琪，2008，主位概念的嬗变。《当代语言学》（2）：137-146。

❏ 蒋国辉，1994a，实义切分献疑：标准与手段。《四川外语学院学报》（2）：94-100。

❏ 蒋国辉，1994b，再论实义切分的理论基础——标准和手段。《外语学刊》（4）：1-7。

❏ 农熙，2018，《重新解读威廉·马泰修斯的句子实景切分概念——基于捷语材料的史学研究》。北京大学硕士论文。

❏ 钱军，1995，捷克语言学家 Jan Firbas。《当代语言学》（4）：36-39。

❏ 钱军，1998，《结构功能语言学——布拉格学派》。长春：吉林教育出版社。

❏ 王福祥，1984，《俄语实际切分句法》。北京：外语教学与研究出版社。

❏ 肖俊洪，2001，评韩礼德（1994）和费巴斯（1992）的主述位观。《解放军外国语学院学报》（1）：37-40。

❏ 杨增成，2007，布拉格学派与系统功能语法。《外语艺术教育研究》（3）：13-16。

Theme and Rheme Revisited: From the Viewpoints of Actual Sentence Division and Systemic-Functional Grammar

Abstract: Theme and rheme are key concepts of functional syntax. While both terms are employed by actual sentence division (ASD or functional sentence perspective) and systemic-functional grammar (SFL), they are identified and examined from different perpectives. Though the tenets of these two schools have been extensively discussed, a systematic comparison of the two basic terms is still lacking. In view of this, this article aims to compare the origins of the two perspectives so as to shed light on the connotations of these two terms, their relation to other related terms, and the criteria of sentence division, thereby reveal the profound distinctions between these two schools of thought on functional syntax.

Key words: theme; rheme; language functions; ASD; SFL

（责任编辑：罗正鹏）

当代认知语言学研究之反思
——以概念整合中的意识与情感为例

南京大学　张　翼　常　暄*

[提　要]　理论建构和研究对象的辩证关系是当代认知语言学反思的重点。本文以概念整合理论为例，展现基于自然语料的研究如何推动认知语言学的理论建构。当代哲学家与康德交锋的案例虽然揭示了整合的特点和认知的本质，但囿于语料，忽视了意识和情感的作用。跨越时空展开对话的两则自然语料表明，意识的介入可以制造输入空间，掌控整合并展开反思判断。整合可以由情感驱动并与情感交织，产生诗意的修辞效果。基于自然语料的研究加深了我们对认知的认识，展现了认知语言理论建构的一个发展方向。

[关键词]　概念整合；自然语料；认知；意识；情感

❶ 引言

当代认知语言学诞生以来，随着相关研究在各领域的推进和拓展，认知语言学界也展开了越来越深入的反思。反思的一个重点在于认知语言学理论建构和研究对象的辩证关系（如Gisborne & Hollmann，2014）。认知语言学从诞生之时就设定了比较清晰的理论目标（Lakoff & Johnson，1980；Fauconnier，1985；Langacker，1987；Lakoff，1987）。但是，随着语言和认知研究的深化，尤其是认知语言学与语用学、社会语言学、心理语言学等学科的交叉，研究者逐渐认识到认知研究不能仅仅聚焦于个体的心智，还需要考虑语言使用的社会语境（Harder，2010；魏在江，2016），因而催生了社会认知语言学（文旭，2019；王馥芳，2019）、批评认知语言学（张辉、杨艳琴，2019；张辉、张艳敏，2020）等具有交叉属性的学科。理论认

* 作者简介：张翼，南京大学外国语学院教授、博士生导师。研究方向：认知语言学。Email：nandazy@126.com。通信地址：210023江苏省南京市栖霞区仙林大道163号南京大学外国语学院。常暄，南京大学外国语学院讲师、博士。研究方向：应用语言学、德国社会与文化。Email：changxuan@nju.edu.cn。通信地址：210023江苏省南京市栖霞区仙林大道163号南京大学外国语学院。本文初稿曾在2019南京大学外国语言学论坛和《外国语》第四届语言学青年学者论坛上宣读，感谢胡范铸教授在论坛上的点评。常玲玲教授、李曙光教授、孔蕾教授、刘东波博士对本文提出了宝贵的建议。

识的深化也使得认知语言学研究更加重视和尊重自然、真实的语料（Gibbs，2006；Glynn & Fischer，2010；Janda，2013；Dabrowska，2016），追问认知语言学理论建构的根本问题，例如自然语料折射出的认知构成。但是，目前对认知语言学的评论和反思多停留在原则和概念层面，对于具体案例的深入探讨还远远不够。本文以概念整合理论（Fauconnier & Turner，1998，2002）的分析为例，说明认知语言学理论建构与研究对象的辩证关系，在已有研究的基础上，通过自然语料展示理智与情感、意识与无意识等要素共同建构的认知以概念整合的方式展开运作的过程，拓展我们对认知的认识。

❷ 认知、情感与意识

自然语料可以揭示认知的复杂性与异质性。认知不仅包含逻辑和理性基础，还可能存在意识的介入和情感的交叉。对"意识""情感"及相关概念的讨论和梳理，可参考金雯（2020）、倪梁康（2020）、廖小根等（2021）的研究。意识和情感还存在本质关联。Honderich（2006）区分了情感意识、感知意识和反思意识。Ignatow（2015：416）归纳了神经科学与生物学研究对认知研究的三条启示，其中两条分别区分了"冷"与"热"、"蓄意"和"自动"的认知："冷"与"热"的对比表示认知是否负载了情感；"蓄意"与"自动"的差异则体现了意识的参与。因此，认知可能是由理智与情感、意识与无意识等要素共同建构的。我们需要通过自然语料解析语言使用背后，情感、意识等要素在认知中的复杂作用。

目前，认知语言学研究更强调理性和逻辑统领下的无意识的认知基础，还不够重视情感、意识的影响。认知语言学的一些研究有这种倾向的部分原因可以从认知科学的发展中获知。认知科学是认知语言学的理论支援。认知语言学在较长一段时间中秉承了早期认知科学的电脑计算观，将人类心智视为电脑，在研究中刻意淡化情感、文化、语境等要素（Gardner，1985）。在Núñez等（2019）看来，这些假设构成了Lakatos（1978）界定的研究领域的核心部分。随着认知科学的发展，认知科学和语言学的研究者（如Gallese & Lakoff，2005）逐渐发掘了切身的感知和行为体验对认知的重要作用，但还需要进一步研究。

其一，情感要素被挤压到了认知语言学研究的边缘。认知语言学一般将认知科学中的"概念"（concept）作为分析的工具，但是"概念"是理性思维的单位，无法直接用于描写情感，这就将情感放逐到了研究视域之外（Riemer，2016）。Jensen（2014）则分析了语言研究无法纳入情感要素的原因。当然，关注理性基础极大地推动了语言学研究的进展，例如格莱斯合作原则的核心之一就是人的理性（LaPolla，2015）。但是，情感也是体验的内在组成部分，与认知具有本质关联。如果基于体验的认知掌控了语言的使用，那么情感要素也一定会在语言中留下系统的痕迹（韩大伟、赵海燕，2009；文旭、段红，2014）。例如情感意义与主观性、力动态都存在紧密的关联，会对语言表达产生不可忽视的影响（潘震，2014；张国宪、卢建，

2014）。越来越多的心理语言学和神经语言学研究也开始关注情感与文化、认知、语言加工的本质关联，这方面的研究可以参考Dewaele（2015）、廖小根等（2021）的综述。只是在当下的语言学研究传统中，非理性的因素经常被排除在解释之外（Foolen，2016）。

其二，认知语言学将大部分语言使用视为无意识的活动（Gibbs，2006）。这与形式语言学研究中有关语言使用意识性的论述有关（Chomsky，1975；Jackendoff，1983；Larson，2010）。不可否认的是，将语言研究的重点置于无意识层面是语言学研究的革命性进展，揭示了语言的本质性特征。当代认知语言学在一定程度上继承了形式语言学的这个基本假设。无意识也一直是概念整合理论的一个关键词（王寅，2017）。Fauconnier和Turner（2002：v）在前言中就开宗明义地提出："我们意识不到概念整合隐藏的复杂性，如同我们意识不到感知的复杂性。"但是，已有学者注意到了意识在语言中的作用并展开了初步的探索（如黄和斌，2005；Jackendoff，2007；Harder，2010；胡壮麟，2010；徐盛桓、廖巧云，2017）。尤其值得关注的是两方面的成果。一是认知语言学与现象学（Merleau-Ponty，1962；Husserl，1999）的融合研究，将意识视为语言的前提和基础（Zlatev，2007，2008）。二是当代认知语言学的隐喻研究，例如Steen（2011，2015，2017）提出并发展了蓄意隐喻理论，解构了意识对隐喻使用的影响。

研究无意识层面的理性活动固然重要，但是考虑情感、意识等要素的作用可以增加当代认知语言学理论的解释力。下面我们以概念整合为例，说明认知语言学理论建构和研究对象的辩证关系，重点彰显情感、意识等要素对自然语言使用的影响。

❸ 康德的案例

概念整合研究的一个重要特点就是对案例的详尽解构。Fauconnier和Turner等学者经常着墨多页，甚至十多页讨论一个整合的例子。详尽的案例分析解剖了我们使用整合能力阐释语言表达的方式，揭示了精细而复杂的意义建构过程，深化了我们对认知的认识。但是由于语料的局限，概念整合的解释中缺少了情感、意识等要素，限制了理论的解释力（Abrantes，2010；Brandt，2013；Pascual，2014）。

为了说明整合的特点和认知的本质，Fauconnier和Turner（1998：144-146，2002：59-62）设计了当代哲学家与康德交锋的案例（以下简称"康德的案例"）。此类跨越时空的虚构场景是概念整合的经典案例，引发了有关整合的不少反思和应用探索（Brandt，2013；Glebkin，2015）。两个不同时代的人展开了"面对面"的辩论。但是读者并不会觉得这样的虚构过于荒诞可笑。相反，透过生动的描写，读者感受到了两个人观点的碰撞和冲突。换言之，整合的结果虽然不符合现实，但构成了一个连贯的情景（Oakley，2016）。这个案例也说明对话是人类最基本的体验之一，作为一种图式框架会在认知思维中留下痕迹，甚至成为语言系统的模板（Pascual & Oakley，2017）。

Fauconnier和Turner（1998，2002）想通过这个案例说明整合的目的、条件和普遍性。在更高一个层面上，作者希望通过这个例子展示认知的本质，以及认知、理性和逻辑之间的关系。作者一开始就抛出疑问：和逝者讨论问题如何能理智地表述自己的哲学立场？接着又追问：如此对话又怎能符合逻辑（Fauconnier & Turner，2002：60）？因此，认知、理性和逻辑的关系并非一目了然，不能将认知简单等同于理性或者逻辑。毋庸置疑，概念整合体现了概念主体的想象力。但是，在概念整合理论中，语言形式触发的想象力是在无意识的状态下运作的（Fauconnier & Turner，2002：11），关于这一点，后文会重点论述。

需要指出的是，尽管康德的案例揭示了整合的特点和认知的本质特征，但基于已有研究（Abrantes，2010；Brandt，2013；Pascual，2014；Glebkin，2015），该案例至少存在三方面的不足，无法全面展示整合在认知中的作用方式。第一，为了展示整合的证据，案例设计的痕迹比较重，提供了两个完备的输入空间和一个现成的整合框架。但是在自然的语言使用中，整合操作可能具有很强的不确定性，甚至没有现成的框架，可能只是出现了一个临时的浮现结果。第二，案例展示了整合的骨架，缺少有血有肉的实际内容，无法全面描写整合在认知处理中的作用。Fauconnier和Turner（2002：61）也认为这个辩论的框架可以进一步展开，激活框架中的具体情景和相关情感。Abrantes（2010）的分析表明，此类整合的本质是戏剧化冲突的场景，包含意识、情感的作用。第三，案例强调理性和无意识的概念操作，忽视了情感和意识的介入。已有的研究（如Harder，2005；沈家煊，2008，2009；王正元，2009；文旭、段红，2014）已经注意到了情感与概念整合具有本质性的关联。Fauconnier和Turner（2002：129）承认整合中强烈的情感可以产生全局性的观察，但并没有深挖情感对整合的驱动作用。而Pascual（2014）提出，情感是生成此类虚拟性对话的重要力量，在语言表达中会留下标记。Brandt（2013）也认为，不能忽视情感和意识在此类整合中的作用。当然，正如本文第2部分所言，这与认知语言学研究的侧重点有关。认知语言学从一开始就更强调人的理性，侧重揭示语言背后无意识的认知操作。

康德的案例体现了理论建构与研究对象之间的辩证关系。案例展现了整合的特点，但同时也强化了有关认知的基本假设。下面我们用两个更加真实的案例展示情感、意识等要素在整合中的作用。

❹ 余秋雨和斯坦因的案例

在康德的案例中，两个人物通过整合展开了跨越时空的面对面的交锋。这样的情形在现实中虽不会发生，但在各类著述中却屡见不鲜（Pascual，2014；Pascual & Oakley，2017）。自然语料展现了整合的特点，可以加深我们对认知的认识，尤其是意识和情感要素的作用。

本节分析的案例出自余秋雨（2014）的《文化苦旅》。案例的背景是英国考古学家斯坦因在20世纪初掠夺了大量敦煌宝藏。余秋雨先引用了李晓桦的一段诗歌，写给下令火烧圆明园的额尔金。诗人通过整合建构了与额尔金一决胜负的场景。整合中洋溢着诗人的热血。正如Riemer（2016）所言，情感是语言主观体验的内在组织，与信息内容往往同等显著。以这段诗歌为引，余秋雨开始描写自己跨越时空拦下斯坦因的场景（以下将该案例写作"余秋雨和斯坦因的案例"）。整合的结果同样是两个不同时空的人面对面产生互动，并留下了叙述层面的大量证据，例如"只是直视着斯坦因""我要告诉他"等等。但是相较于康德的案例，余秋雨与斯坦因见面的场景体现了意识和情感的介入。

第一，意识介入了整合。概念整合理论的一个基本假设是整合过程具有无意识性，只有整合的结果进入意识。正如Fauconnier和Turner（2002）多次展开的类比那样，我们只能意识到整合的结果，如同我们只能意识到感知的结果，而无法获知感知的复杂过程。但是，概念主体对整合展开了监控和判断，使得整合过程会有中断。Fauconnier和Turner（2002：18）认为整合之所以具有无意识性，是因为有意识的注意力会打断神经系统中的分布式扩散激活。但是，整合不一定如扩散激活般瞬间完成，可能具有阶段性，尤其是当整合出现不确定性时，需要意识介入。而且整合的过程需要有意识的努力，而不一定如Fauconnier和Turner（2002：64）所言，读者不用花费有意识的努力，就立刻知晓如何解读整合。基于关联理论等框架的修辞研究已经揭示了有意识的努力可以产生更丰富、更复杂的认知效果（Gibbs & Colston，2012）。

意识的介入可以用Fauconnier和Turner（2002）提出的整合三阶段来说明：组合阶段将不同输入空间的信息提取到整合空间中；完形阶段为来源于不同空间的输入建构一个框架；加工阶段则在选定的框架中将输入信息进一步推演，形成一个相对连贯的故事。在余秋雨和斯坦因的案例中，概念主体首先从两个输入空间中选取相关信息进入整合空间，使得余秋雨和斯坦因可以跨越时空直面对方。此时，概念主体需要选择一个框架为输入信息提供所需的结构：可能是一个双方辩论的框架，也可能是（如李晓桦的诗所描述的）冲突激烈的框架。余秋雨使用"也许""可能"等词对整合展开反思判断，体现了概念主体在整合过程中有意识地评估事件发生的可能性，类似高阶的反思意识（Honderich，2006）。在选定框架以后就需要进一步加工。加工往往也面临不同选择，正如余秋雨所言："那么，接下来该怎么办呢？"此时，整合的结果产生了一定程度的不确定性，必须经由有意识的权衡才能继续。这一过程也反映在余秋雨的自问自答和自我质疑中："几辆装载古代经卷的车，怎么才能通过？怎样才能到达？""那么，不如叫住斯坦因，还是让他拉到伦敦的博物馆去吧。但我当然不会这么做。""但是，明天该去何方？这里也难，那里也难。"

第二，在整合过程中，认知与情感往往交织在一起。以往研究已经发现情感是驱动整合的重要力量并会生成特定的语言表达（沈家煊，2008，2009；文旭、段红，2014；Pascual，2014）。余秋雨与斯坦因跨越时空的整合源于一首包含整合的诗歌。这一用法可以视为整合的心理启动。启动既有理智的推演，也包含强烈的情感，正如余秋雨所言的"激情和逻辑"。整合也会进一步产生包含情感的叙事和交际行为。余秋雨拦住斯坦因的叙事来源于整合，这种整合不仅包含信息内容，还蕴含叙事中的情感（Lakoff，2008；王丽亚，2018）。概念整合理论也承认认知结构负载情感，可以被特定语义结构激活（Fauconnier & Turner，2002：140）。概念隐喻研究则揭示了情感的框架语义（Kövecses，2000，2010；Yu，1998）。情感的概念框架通过整合参与了叙事，尤其是在整合的加工阶段展现出来，触发进一步的行为（Kövecses，2019）。在整合加工的最后，余秋雨描写了自己所处的两难之地，"我左思右想，最后只能跪倒在沙漠里，大哭一场"。概念整合成就了余秋雨与斯坦因的交际行为，为语言交际中情感的触发和宣泄提供了条件，体现了情感作为语言的内在组成部分（Jensen，2014）。因此，整合的结果不会如康德的案例所示，两个人面对面展开冰冷的对话，而很可能像余秋雨拦住斯坦因那样，始于情感的爆发，终于情感的宣泄。如Pascual（2014）多次指出的，各种内心的状态（如思想、情感、意图等）都可以借由虚拟的对话整合展示出来。因此，充盈的情感可以是激发整合的一个重要原因，使得概念主体超越现实的藩篱，充分发挥自己的想象力，而这样一种整合又会进一步催生情感的宣泄，达到叙事的高潮。

❺ 斯密和里尔克的案例

本节讨论的案例来源于斯洛特戴克（当代德国最具影响力的思想家之一）于2005年出版的《资本的内部：全球化的哲学理论》。本书标题表达了全书的核心概念：资本的世界内部空间由资本和世界内部空间整合而成。斯洛特戴克虚构了一场亚当·斯密与里尔克的相遇——世界市场的思想家遇见了内部空间的诗人。"他先杜撰了一篇由斯密写下的所谓'大头针演讲'（Nadel-Rede），然后又帮里尔克创作了一封根本不存在的书信，由此再进一步建构出上述思想构境的戏剧版重演和感性诠释维度。"（张一兵，2016：12）显然，斯洛特戴克杜撰的案例也来源于概念整合，将两个不同时空的人并置。但是相较于康德的案例，斯洛特戴克的设计虽然也出于学术目的，但展现了意识的介入并产生了诗意的效果。

第一，斯洛特戴克创造了"伪书"这一创新的文本类型（张一兵，2017）。由此，他刻意制造了两个复杂的输入空间。在以往的研究中，整合往往聚焦输入空间的信息如何通过整合形成浮现内容，较少关注输入空间的来源（Brandt，2013）。斯洛特戴克为了创造斯密和里尔克的"相遇"，有意识地制造了两个输入空间：一是虚构了斯密的演说，二是杜撰了里尔克的书信。斯密的演说以大头针为切入点和主线，而《国富论》对大头针有重要的论述。斯密在演说中也提到"国富论的关键所在的物品正是一枚大头针"（斯洛特戴克，2014：312）。正是因为同时包含虚构的成分和现实的基础，输入空间也可以视为整合的结果。其一，斯密的演说来源于《国富论》相关内容和斯洛特戴克杜撰的整合。斯洛特戴克也大方承认了自己的杜撰，直接将斯密的演说称为"伪书"，体现了概念主体对整合结果的有意识的判断。不仅如此，斯洛特戴克对整合展开了加工操作，建构了伪书出现的场景。其二，如张一兵（2016）所言，斯洛特戴克以自己的想象虚构了里尔克并不拥有的激进思想，使得里尔克的诗呈现了生存空间的转换，同样体现了整合。

第二，整合中意识和情感的介入也产生了独特的认知和诗意效果。斯洛特戴克（2014：308）在解释合成词"世界内部空间"时就明示了其中蕴含的情感："'世界内部空间'（Weltinnenraum）显然更适合描绘世界经历的顾影自怜的典型方式。当这种情绪模式明确下来，周围的世界和它想象的延续就会被一种灵活的、情绪高昂的、不加区分的心理的温暖体验和意义猜测倾泻而出。"如前文所指出的，充盈的情感是驱动整合的重要因素。但和前面两个案例不同，斯洛特戴克并没有让两人在整合中面对面"相遇"，而是强调"几乎遇到"，体现了整合中意识的介入。"几乎遇到"显然是概念主体将两个输入空间的信息投射到整合空间后，在完形阶段对整合框架的精心建构。斯洛特戴克写道："究竟是偶然，抑或是隐秘的安排并不重要。因为我们不想赋予'相遇'（Begegnung）这个词过度的含义，因此，只要阐释为'几乎遇到'，就足够令我们满意"（斯洛特戴克，2014：310）。因此，斯洛特戴克有意识地权衡了两人"相遇"的框架——偶遇抑或安排，并且使用了介于现实和虚构之间的"几乎遇到"，既坦然地承认了整合的虚拟性，也暗示了"遇见"的合理性。此时，他有意识地停止了对整合内容的加工，"剩下的便是读者的想象力的事情"（斯洛特戴克，2014：311），使得整合过程戛然而止。整合产生了充盈的诗意。斯洛特戴克（2014）借用了里尔克诗中的"内部空间"概念，形成自己对世界资本主义市场"水晶宫"隐喻的诗学阐释。斯洛特戴克通过这一整合行为将斯密的世界市场构形为一种无形无相但无处不在的空间，与外部隔绝，但保护着内部生存与安全。如果说"水晶宫"是斯洛特戴克对资本主义全球化的具象化隐喻表达，那么斯密与里尔克的整合则产生了强烈的诗意效果。斯密笔下冰冷的资本主义全球市场被赋予了神性、灵魂、自由等意蕴，但同时，里尔克笔下神秘的内部空间也沾染上了货币、商品、价格等世俗的色彩。由此，斯洛特戴克对全球化资本主义的解读也达到了最高潮。

❻ 余论

基于自然语料的分析表明，意识和情感在概念整合中扮演了重要的角色。这也印证了以往研究的观察（Abrantes，2010；Brandt，2013；Pascual，2014）。概念整合理论旨在揭示人类创造力的来源。而认知与意识互相促进、良性循环，使人类变得越来越聪明，越来越有创造力（黄和斌，2005）。以往的研究已经发现，意识内部也具有一定的异质性，与感知、认知、思维的关系也还有很多没有解决的问题（成晓光，2012；徐盛桓，2016；倪梁康，2020）。因此，研究语言与意识的关系对意识研究本身也有重要的理论意义。在语言加工中，情感的介入往往与叙事联系在一起，构成推动整合的重要力量。这与概念整合理论强调意义、情感、推理共存于整

合的假设并不冲突（Fauconnier & Turner，2002：394）。情感是文学研究的重要问题
（金雯，2020）。研究有温度的、活生生的语言，而不是将语言视为冰冷的计算与推
演，也有利于语言学研究与文学等学科的交叉，形成认知诗学等交叉学科。其实思
维和情感并不一定截然对立，正如语言表达中叙述（descriptive）义和表现（express-
ive）义的划分远非一目了然（Riemer，2016）。在认知科学的研究中，早有学者指出
了笛卡尔二元论的问题，强调理智与情感的关联（如Damasio，1994）。

认知的一个主要功能是表征现实（Mercier & Sperber，2017）。因此，认知研
究的一个重要问题就是对表征的加工处理。人类在加工处理中展现出了丰富的想象
力和创造性，可以通过概念整合"扭曲"现实，建构了现实中不可能出现的场景。
Fauconnier和Turner（2002）认为整合的关键是"人"，整合中的加工处理遵循"人的
尺度"。当代哲学家与康德的辩论就是一例，整合借助辩论的框架，用人的尺度重构
了时空。由于越来越重视真实和自然的语料，概念整合的研究者也发现了大量类似
的例子（见Brandt，2013；Pascual，2014；Turner，2014）。无限延展的时空以人的
尺度压缩整合，在特定的语境中形象地建构了直观、生动的认知对象。这与当代认
知语言学与人本观的契合也有密不可分的关联（王寅，2012）。因此，意识和情感的
介入其实也是"人"的介入，突破了将心智比作计算、机器和电脑之不足，与认知
科学将语言视为主客体互动行为的最新进展有密切关联（Jensen，2014；Varela et al,
2016），指明了认知语言学理论建构的一个方向。

❏ Abrantes, A. M. 2010. Consciousness and self in language: A view from cognitive
semiotics. *TECCOGS. Revista Digital de Tecnologias Cognitivas.* 4: 7-24.

❏ Brandt, L. 2013. *The Communicative Mind: A Linguistic Exploration of Conceptual
Integration and Meaning Construction.* Newcastle upon Tyne: Cambridge Scholars
Publishing.

❏ Chomsky, N. 1975. *Reflections on Language.* New York: Pantheon Press.

❏ Dabrowska, E. 2016. Cognitive Linguistics' seven deadly sins. *Cognitive Linguistics* 27:
479-491.

❏ Damasio, A. R. 1994. *Descartes' Error: Emotion, Reason, and the Human Brain.* New
York: Avon Books.

❏ Dewaele, J-M. 2015. Culture and emotional language. In F. Sharifian (ed.), *The
Routledge Handbook of Language and Culture.* London/New York: Routledge. 357-
370.

❏ Fauconnier, G. 1985. *Mental Spaces: Aspects of Meaning Construction in Natural Language*. Cambridge, Massachusetts: The MIT Press.

❏ Fauconnier, G. & Turner, M. 1998. Conceptual integration networks. *Cognitive Science* 22: 133-187.

❏ Fauconnier, G. & Turner, M. 2002. *The Way We Think: Conceptual Blending and the Mind's Hidden Complexities*. New York: Basic Books.

❏ Foolen, A. 2016. Expressives. In N. Riemer (ed.), *The Routledge Handbook of Semantics*. New York: Routledge. 473-490.

❏ Gallese, V. & Lakoff, G. 2005. The brain's concepts: The role of the sensory-motor system in conceptual knowledge. *Cognitive Neuropsychology* 22: 455-479.

❏ Gardner, H. 1985. *The Mind's New Science: A History of the Cognitive Revolution*. New York: Basic Books.

❏ Gibbs, R. Jr. 2006. Introspection and cognitive linguistics: Should we trust our own intuitions? *Annual Review of Cognitive Linguistics* 4: 135-151.

❏ Gibbs, R. Jr. & Colston, H. L. 2012. *Interpreting Figurative Meaning*. Cambridge: Cambridge University Press.

❏ Gisborne, N. & Hollmann, W. B. 2014. *Theory and Data in Cognitive Linguistics*. Amsterdam: John Benjamins.

❏ Glebkin, V. 2015. Is conceptual blending the key to the mystery of human evolution and cognition? *Cognitive Linguistics* 26: 95–111.

❏ Glynn, D. & Fischer, K. 2010. *Quantitative Methods in Cognitive Semantics: Corpus-driven Approaches*. Berlin: De Gruyter Mouton.

❏ Harder, P. 2005. Blending and polarization: Cognition under pressure. *Journal of Pragmatics* 37: 1636-1652.

❏ Harder, P. 2010. *Meaning in Mind and Society: A Functional Contribution to the Social Turn in Cognitive Linguistics*. Berlin: De Gruyter Mouton.

❏ Honderich, T. 2006. Radical externalism. *Journal of Consciousness Studies* 13: 3-13.

❏ Husserl, E. 1999. *The Idea of Phenomenology*. London: Klewer.

❏ Ignatow, G. 2015. Embodiment and culture. In J. D. Wright (ed.), *International Encyclopedia of the Social and Behavioral Sciences (Vol. 7)*. Oxford: Elsevier. 415-419.

❏ Jackendoff, R. 1983. *Semantics and Cognition*. Cambridge, Massachusetts: The MIT Press.

❏ Jackendoff, R. 2007. *Language, Consciousness, Culture: Essays on Mental Structure*. Cambridge, Massachusetts: The MIT Press.

❏ Janda, L. A. 2013. *Cognitive Linguistics: The Quantitative Turn*. Berlin: De Gruyter Mouton.

❏ Jensen, T. W. 2014. Emotion in languaging: Languaging as affective, adaptive, and flexible behavior in social interaction. *Frontiers in Psychology* 5: 1-14.

❏ Kövecses, Z. 2000. *Metaphor and Emotion: Language, Culture, and Body in Human Feeling*. Cambridge: Cambridge University Press.

❏ Kövecses, Z. 2010. *Metaphor: A Practical Introduction*. Oxford: Oxford University Press.

❏ Kövecses, Z. 2019. Perception and metaphor: The case of smell. In L. J. Speed, C.O'Meara, L. S. Roque & A. Majid, (eds.), *Perception Metaphors*. Amsterdam/ Philadelphia: John Benjamins. 327-346.

❏ Lakatos, I. 1978. *The Methodology of Scientific Research Programmes (Vol. I)*. Cambridge: Cambridge University Press.

❏ Lakoff, G. 1987. *Women, Fire and Dangerous Things: What Categories Reveal About the Mind*. Chicago: Chicago University Press.

❏ Lakoff, G. 2008. *The Political Mind: Why You Can't Understand 21st-Century Politics with an 18th-Century Brain*. New York: Viking.

❏ Lakoff, G. & Johnson, M. 1980. *Metaphors We Live By*. Chicago: Chicago University Press.

❏ Langacker, R. W. 1987. *Foundations of Cognitive Grammar (Vol. 1): Theoretical Prerequisites*. Stanford, CA: Stanford University Press.

❏ LaPolla, R. J. 2015. On the logical necessity of a cultural and cognitive connection for the origin of all aspects of linguistic structure. In R. D. Busser & R. J. LaPolla (eds.), *Language Structure and Environment: Social, Cultural, and Natural Factors*. Amsterdam/Philadelphia: John Benjamins. 31-44.

❏ Larson, R. 2010. *Grammar as Science*. Cambridge, Massachusetts: The MIT Press.

❏ Mercier, H. & Sperber, D. 2017. *The Enigma of Reason*. Cambridge, Massachusetts: Harvard University Press.

❏ Merleau-Ponty, M. 1962. *Phenomenology of Perception*. London: Routledge.

❏ Núñez, R., Allen, M., Gao, R., Rigoli, C. M., Relaford-Doyle, J. & Semenuks, A. 2019. What happened to cognitive science? *Nature Human Behaviour* 3: 782–791.

❏ Oakley, T. 2016. Conceptual integration and fictive interaction. *Literary Universals Project*, University of Connecticut, USA.

❏ Pascual, E. 2014. *Fictive Interaction: The Conversation Frame in Thought, Language, and Discourse*. Amsterdam & Philadelphia: John Benjamins.

❏ Pascual, E. & Oakley, T. 2017. Fictive interaction. In B. Dancygier (ed.), *Cambridge Handbook of Cognitive Linguistics*. Cambridge: Cambridge University Press. 347-360.

❏ Riemer, N. 2016. Internalist semantics: Meaning, conceptualizationand expression. In N.

Riemer (ed.), *The Routledge Handbook of Semantics*. New York: Routledge. 30-47.

❏ Steen, G. J. 2011. What does "really deliberate" really mean? More thoughts on metaphor and consciousness. *Metaphor and the Social World* 1: 53–56.

❏ Steen, G. J. 2015. Developing, testing and interpreting deliberate metaphor theory. *Journal of Pragmatics* 90: 67–72.

❏ Steen, G. J. 2017. Deliberate metaphor theory: Basic assumptions, main tenets, urgent issues. *Intercultural Pragmatics* 14: 1–24.

❏ Turner, M. 2014. *The Origin of Ideas: Blending, Creativity, and the Human Spark*. Oxford: Oxford University Press.

❏ Varela, F. J., Thompson, E. & Rosch, E. 2016. *The Embodied Mind: Cognitive Science and Human Experience (revised ed.)*. Cambridge, Massachusetts: The MIT Press.

❏ Yu, N. 1998. *The Contemporary Theory of Metaphor: A Perspective from Chinese*. Amsterdam: John Benjamins.

❏ Zlatev, J. 2007. Embodiment, language and mimesis. In T. Ziemke, J. Zlatev & R. Frank, (eds.), *Body, Language and Mind*(*Vol. 1*)*: Embodiment*. Berlin: Mouton de Gruyter. 297-338.

❏ Zlatev, J. 2008. The dependence of language on consciousness. *Journal of Consciousness Studies* 15: 34-62.

❏ 成晓光，2012，语言与意识——后语言哲学视域中的解析。《外语学刊》（4）：9-17。

❏ 韩大伟、赵海燕，2009，概念整合过程中的色彩联觉与情绪辨识处理。《外语研究》（1）：40-43。

❏ 胡壮麟，2010，认知符号学。《外语学刊》（5）：20-25。

❏ 黄和斌，2005，关于认知语言学哲学观的几点思考。《外国语》（4）：6-13。

❏ 金雯，2020，情感是什么？《外国文学》（6）：144-157。

❏ 廖小根、张智义、倪传斌，2021，情感神经语言学：神经语言学的情感转向。《外语学刊》（4）：11-17。

❏ 倪梁康，2020，何谓意识？——东西方意识哲学传统中的视角与理解。《南京大学学报》（1）：88-95。

❏ 潘震，2014，情感致使构式的认知转喻特质。《外语教学》（2）：6-9。

❏ 沈家煊，2008，"移位"还是"移情"？——析"他是去年生的孩子"。《中国语文》（5）：387-395。

❏ 沈家煊，2009，"计量得失"和"计较得失"——再论"王冕死了父亲"的句式意义和生成方式。《语言教学与研究》（5）：15-22。

❏ 斯洛特戴克（P. Sloterdijk）（著），常晅（译），2014，《资本的内部：全球化的哲学理论》。北京：社会科学文献出版社。

❏ 王馥芳，2019，话语建构的社会认知语言学研究。《现代外语》（3）：306-315。

❑ 王丽亚，2018，修辞叙事研究中的情感维度。《英语研究》（2）：23-31。

❑ 王寅，2012，后现代哲学视野下的语言学前沿：体验人本观与认知语言学。《外国语》（6）：17-26。

❑ 王寅，2017，哲学与语言学互为摇篮。《外语学刊》（2）：1-6。

❑ 王正元，2009，《概念整合理论及其应用研究》。北京：高等教育出版社。

❑ 魏在江，2016，认知语言学中的语境：定义与功能。《外国语》（4）：39-46。

❑ 文旭，2019，基于"社会认知"的社会认知语言学。《现代外语》（3）：293-305。

❑ 文旭、段红，2014，情绪表达与叙事理解：基于概念整合的分析。《外语研究》（4）：12-17。

❑ 徐盛桓，2016，心智视域下含义思维研究。《外语研究》（1）：11-17。

❑ 徐盛桓、廖巧云，2017，隐喻"意识感受性"理论模型。《外语学刊》（1）：10-16。

❑ 余秋雨，2014，《文化苦旅》。武汉：长江文艺出版社。

❑ 张国宪、卢建，2014，言者的情感表达与定语句位占据的语用斜坡。《世界汉语教学》（3）：291-309。

❑ 张辉、杨艳琴，2019，批评认知语言学：理论基础与研究现状。《外语教学》（3）：1-11。

❑ 张辉、张艳敏，2020，批评认知语言学：理论源流、认知基础与研究方法。《现代外语》（5）：628-640。

❑ 张一兵，2016，本真性的伪文本构境中的金钱上帝——斯洛特戴克《资本的内部空间》解读。《哲学动态》（12）：12-15。

❑ 张一兵，2017，九大文本类型：文本学的现代性及其超越。《探索与争鸣》（3）：17-28。

Reflection on Contemporary Cognitive Linguistics Research: With Special Reference to Consciousness and Emotion in Conceptual Integration

Abstract: The dialectical relationship between theorizing and research objects constitutes an important reflection of contemporary cognitive linguistics. This paper draws from a case study of conceptual integration theory and demonstrates how research with natural linguistic data can contribute to theorizing in cognitive linguistics. The case of Kant illustrates the features of blending and the essence of cognition. Due to the limitation of the language material, however, the account overlooks the effect of consciousness and emotions. The natural data of two interactions across time and space reveal the intervening of consciousness that can create input spaces, control and monitor blending and carry out reflective judgment. Integration can be driven by and entwined with emotions that give rise to poetic effects. Research based on natural linguistic data provides an in-depth conception of cognition and points out a direction for the development of theorizing in cognitive linguistics.

Key words: conceptual integration; natural linguistic data; cognition; consciousness; emotion

（责任编辑：郑萱）

具体语言研究

认知视阈下爱情隐喻模式的跨语言研究——以日语「恋に落ちる」为例

认知视阈下爱情隐喻模式的跨语言研究
——以日语「恋に落ちる」为例

北京外国语大学　韩　涛*

[提　要]　「恋に落ちる」是日语中常见的爱情表达方式之一。过去有学者认为这一表达由"爱情是物理力"这一概念隐喻派生而来，对此，本文持不同观点。基于深度分析，本文发现，要充分阐释这一表达背后的认知机制，至少需要同时观照4种隐喻模式，即"爱情是物理力""情感状态是容器""变化是位移""爱情是负面的情感"。同时，依据上述隐喻的身体经验、文化特征，以及对20种语言进行实证调查的结果，本文认为这一表达方式并非日语所独有，而是人类识解爱情时的一种思维共性。

[关键词]　爱情；隐喻；深度分析；跨语言；共性

❶ 引言

　　爱情是人类最基本的情感之一。在任何一种语言里，爱情都是一个极为抽象且结构复杂的概念（详见Lakoff & Johnson，1980；治山純子，2006；王文斌，2007；韓涛，2012）。中日两国有不少学者从词汇层面考察过"爱情"的词源及其发展演变，如大野晋（1987）、刘廷元（1989）、徐青（2015）等。然而，有别于传统研究，本文所关注的并非词汇层面，而是概念层面上的"爱情"，即"爱情"这一概念是如何被认知主体识解的，其背后的认知机制又是什么。

　　在西方，自亚里士多德以来，隐喻一直被视为一种"修辞格"（figures of speech）。然而，认知隐喻学的开创者莱考夫却认为隐喻思维是人类的一种共性，"我们无法选择是否要隐喻式地思考，因为隐喻地图是我们大脑的一部分，不管我们愿

---

*　作者简介：韩涛，北京外国语大学日语学院副教授、博士。研究方向：认知语言学、汉日对比研究。Email：hantao@bfsu.edu.cn。通信地址：100089北京外国语大学日语学院。
本文系国家社科基金一般项目"基于大规模自建语料库的日本近现代文学作品中爱情隐喻模式系统性研究"（18BYY225）的阶段性研究成果，入选北京外国语大学卓越人才支持计划。

意与否，我们都会隐喻式地思考和说话"（Lakoff & Johnson，2003：322）。甚至有研究发现，隐喻的使用与人类大脑皮层中的扣带皮层（cingulate cortex）有关（张德玄等，2006）。也就是说，正是源于这样的大脑结构，我们才会将具体事物和抽象事物联系在一起，并借助具体事物去理解、把握抽象事物。据此我们认为，隐喻不仅仅是一种修辞现象，其更深刻的内涵在于，隐喻是人类与生俱来的一种思维模式。而要透析这种思维模式，需要尽可能地进行深度分析（in-depth analysis），唯有如此，才能昭示出隐藏在语言背后的种种认知机制。

为了深度分析语言背后的认知机制，本文以日语「恋に落ちる」（坠入爱河）为考察对象。我们的疑问有二：其一，为何日语要用「恋に落ちる」这样的表达形式，且其中的「落ちる」（坠入）难以用其他移动动词进行替换，如「下がる」「降りる」（下降）等。换言之，这种语言上的组合方式是否与我们的认知方式存在一定关联？其二，从跨语言视角看，「恋に落ちる」这种表达形式所体现的隐喻性思维是否为日语所独有？我们发现汉语、英语、韩语里均存在与日语「恋に落ちる」相对应的表达，如"坠入爱河""fall in love""사랑에 빠지다"。这仅仅是一种巧合，还是一种普遍存在的思维方式？本文拟运用认知隐喻学的相关原理，对上述问题展开讨论。

❷ 理论框架与相关研究

2.1 何谓隐喻？

认知隐喻学认为，隐喻包括相对抽象且较难直接识解的"目标域"（target domain）和相对具象且易于识解的"源域"（source domain）。以 TIME IS MONEY（时间是金钱）隐喻为例，"时间"这一抽象的概念充当目标域的角色，借助"金钱"这一相对具象且易于识解的源域，我们可以更好地对"时间"进行理解和谈论，如 spend time（花费时间），save time（节约时间），"时间不够花""拥有大把的时间"等。

共性与个性问题是隐喻研究中的一个焦点话题（Kövecses，2005）。譬如，我们能够超越国界，系统地理解和谈论"时间是金钱"这一隐喻，与西方资本主义（一种广义上的文化模式）的出现密切相关。但有些隐喻却与文化模式关系不大。例如，通过"上"识解"高兴"，如 I'm feeling up today（我今天很高兴）。此类隐喻具有直接的身体经验，例如，高兴时常常会伴随向上蹦、向上举手等向上的动作，因此具有一定的跨语言、跨文化的普遍性（韩涛，2020）。就本文的分析对象「恋に落ちる」而言，这是文化特有的现象，还是超越个别文化，人类共通的理解爱情的方式？这值得展开追问。

2.2 爱情隐喻相关研究

爱情隐喻一直是国内外学界关注和研究的焦点之一（韩涛、宿潇丹，2020）。譬如，Lakoff 和 Johnson（1980）列举了6种英语里常见的爱情隐喻，即 LOVE IS A JOURNEY（爱情是旅行）、LOVE IS A PHYSICAL FORCE（爱情是物理力）、

LOVE IS A PATIENT（爱情是病人）、LOVE IS MADNESS（爱情是疯狂）、LOVE IS MAGIC（爱情是魔法）、LOVE IS WAR（爱情是战争），成为该领域的嚆矢。此后，Kövecses（1986，1988，1990，1991，2002）又通过一系列研究总结归纳了24种英语爱情隐喻模式。其中HUMAN（人）、ECONOMIC EXCHANGE（经济交流）、WAR（战争）、FLUID IN A CONTAINER（容器里的流体）、PLANT（植物）、FIRE（火）、HUMAN BODY（人体）、NUTRIENT（营养物）、JOURNEY（旅行）是9种最为常见的隐喻源域。韩涛（2012）从认知隐喻理论视角考察了中国人在理解爱情这一概念时常用的9种隐喻模式，即<恋愛は熱>（爱情是热）、<恋愛は火>（爱情是火）、<恋愛は電磁気>（爱情是电磁力）、<恋愛は脆いもの>（爱情是脆弱的物体）、<恋愛は食べもの>（爱情是食物）、<恋愛は移動物>（爱情是可移动的物体）、<恋愛は植物>（爱情是植物）、<恋愛は旅>（爱情是旅行）、<恋愛は戦争>（爱情是战争）。

　　相比之下，以日语为对象的爱情隐喻研究尚不多见。其中，中尾爱美、鍋島弘治朗（2014）通过分析J-POP后发现，含有移动义的有关爱情的隐喻表征所体现的特点与"爱情是物理力"的映射关系相吻合（见图1）。

```
目标域：爱情      源域：物理力
      自己  ←  物体
      对方  ←  另一个物体
  喜欢上对方  ←  被吸引
  对对方的思念  ←  物理空间上的移动
  强烈的情感  ←  高速
```

图1　"爱情是物理力"的映射关系

　　日语「恋に落ちる」被视为"爱情是物理力"的一个具体实例。的确，不论「落ちる」还是"fall"，抑或是"坠入"，均蕴含快速移动之意。但这一说法尚不足以解释为何日语会说「恋に落ちる」。因为若是两个物体（＝恋人）之间相互吸引，则该物理力可为水平或垂直方向上的吸引力，但「恋に落ちる」能且只能是垂直向下的移动。换言之，仅凭"爱情是物理力"还不足以派生出「恋に落ちる」这一表达。

❸「恋に落ちる」所体现的隐喻

　　基于前人的研究成果，我们认为，日语「恋に落ちる」所体现的隐喻至少包括以下4种："爱情是物理力""情感状态是容器""变化是位移""爱情是负面的情感"。其中，前3类与人的身体经验密切相关，具有一定的普遍性，而"爱情是负面的情感"显然与某种特定的文化模式有关。以下分别详述。

3.1 爱情是物理力

当遇到心仪的异性时，我们的身体常常会出现一些特定的生理反应（Ungerer & Schmid, 1996），如心跳加快、身体发热，抑或是一种莫名的、难以抑制的冲动。从这个意义上讲，"爱情是物理力"建立在我们的身体经验上。同时，该隐喻还具有某种生物学上的特征。比如，有些灵长类动物进入排卵期后屁股会变得鲜红，以此吸引雄性（郑也夫，2015）。再如，雄孔雀进化出异常美丽的尾巴也是为了吸引异性，尽管这会使其行动不便，甚至因此成为天敌的靶子（陈红，2019）。就此点而言，人与动物之间并无本质区别。

[1]　里の母　髪を切るなと　そっといひ（家母低声道 头发一定别剪掉）(『俳風柳多留』)

[2]　惚れられる ほどは残して 後家の髪（遗孀剪秀发 剪短难再嫁）(『俳風柳多留』)

譬如，江户时代，日本盛行一种将头发或手指等身体的一部分切下来送给对方的习俗。据『関東名残の袂』记载，歌舞伎演员中村七三郎在京都一家名为上下座的剧场表演后，次年行至江户，收到头发78包、手指74根等（转引自綿抜豊昭，2014）。正因如此，"爱情是物理力"能在不同语言（文化）中派生出各种相关表达。例如：

[3]　她的眼睛会放电／触电般的感觉／倾国倾城／沉鱼落雁／闭月羞花[①]

[4]　世界上最遥远的距离，不是我就站在你面前，你却不知道我爱你，而是爱到痴迷却不能说我爱你（泰戈尔《飞鸟与鱼》）

[5]　I could feel the *electricity* between us.（我们之间很来电）/ There were *sparks*.（冒出火花了）/ I was *magnetically drawn* to her.（我被她吸引住了）/ They are uncontrollably *attracted* to each other.（他们彼此深深地相互吸引着）/ They *gravitated* to each other immediately.（他们相互吸引着对方）（引自 Lakoff & Johnson, 1980 : 49，斜体为笔者所加，后同）

再如，在诸多以爱情为主题的日本文学作品中，类似「心ひかれる」（被吸引）、「心奪われる」（心被夺走）、「惚れこむ」（着迷）、「魅力の虜」（被魅力所俘获）等表达俯拾皆是，这些都可视为该隐喻派生出来的语言隐喻。然而，如前所述，中尾愛美、鍋島弘治朗（2014）的解释并不能将「（恋に）落ちる」所表征的移动限定在自上而下的纵轴上，因此"爱情是物理力"能且仅能做出部分解释。

[①]　未标出处的例句为笔者自造，后同。

3.2 情感状态是容器

容器（container）的生成基于人类摄入食物、出入房间等身体经验（Johnson，1987）。这种经验在日常生活中反复出现并成为一种意象图式（image schema）。因此，容器隐喻是日常生活中最常见的隐喻类型。比如，在表达事件（event）、情感（emotion）及活动（activity）时经常使用容器隐喻。

[6]　会場が湧く。（会场沸腾了）

[7]　星が出てきた。（星星出来了）

[8]　He *fell into* a depression.（他陷入了沮丧）

[9]　He is *in* love.（他坠入了爱河）

[10]　Are you *in* the race on Sunday?（你星期天参加比赛吗？）

[11]　There was *a lot of good running in* the race.（有很多优秀的选手参加了这次比赛）

（例[8]至[11]引自 Lakoff & Johnson，1980：31–32）

从范畴层次划分上看，爱情属于基本层次范畴，而情感的抽象度高于爱情，应视其为上位层次范畴。此外，每个隐喻并不是孤立存在的，而是在概念体系中构成一个个大大小小的语义网络，不同范畴层次的目标域在源域的选择上存在一种继承关系（inheritance）（Kövecses，1995；韩涛，2017）。据此我们认为，"情感状态是容器"与"爱情是容器"亦具有某种继承关系，即容器这一源域并非爱情所独有，而是从其上位概念（即情感）那里继承而来的①。在这一隐喻中，容器内部为恋爱状态，容器外部为非恋爱状态。Johnson（1987）、韓涛（2009）、松井真人（2016）等均指出，容器的意象图式具有以下特征：

1）　容器通过界线将空间分为内外两部分；

2）　容纳物（containment）能从容器外部移动到内部或从内部移动到外部；

3）　容器有深度。

基于这一观点，我们发现日语里存在大量有关"爱情是容器"的具体实例。请看：

[12]　私はいま 恋の中（我正处于恋爱之中）

[13]　新しい恋に踏み出した（开始了一段新的恋情）

[14]　恋から抜け出せない（陷入爱情无法自拔）

[15]　恋に陥る（陷入爱情）

[16]　愛情が深まる（加深了爱情）

---

①　由于容器属于空间概念，严格地讲，这里还包含一个更为基本的隐喻，即STATES ARE LOCATIONS（状态是位置）（如汉语说"今天不在状态上"），因此，我们才能在语言层面上将通常用来描述空间位置的in（在……中）与love（爱情）连用。

[17]　恋に溺れる（溺于爱情）

[18]　愛が溢れてしまう（爱情四溢）（例[12]至[18]均来源于KOTONOHA语料库）

例[12]是1）容器有内外之分的特征在语言上的体现，例[13][14]与2）容纳物能够进出容器的特征相呼应，例[15][16]则体现了3）容器具有深度这一特征。例[17][18]中的动词「溺れる」（沉溺）和「溢れる」（溢出）虽然常与液体搭配，但液体本身具有同质性，既可充当容器，也可充当容纳物，Lakoff和Johnson（1980）称之为CONTAINER SUBSTANCE（容器物质）。因此，也可将其视作"爱情是容器"的语言隐喻。

由此可见，日语「恋に落ちる」表达的是一种变化，即从非恋爱状态（＝容器外部）进入恋爱状态（＝容器内部）。但此处仍需追问两点：一是在概念层面上，为何使用表示物理移动的动词「落ちる」，即我们是如何感知和识解"移动"这个概念的；二是从类型上看，移动包括垂直（向上或向下）和水平两个方向，为何「恋に落ちる」表征的是一种向下的移动而非其他。为此，有必要引入"变化是位移"和"爱情是负面的情感"这两个隐喻。

3.3　变化是位移

与"状态"被识解为"位置"一样，在概念层面上，"变化"通常被识解为"位移"，即CHANGES ARE MOVEMENTS（变化是运动）也具有普遍意义（Lakoff，1993；韩涛，2017）。「恋に落ちる」表征一种变化，因此，在语言层面上需要移动动词来描述这种变化。不过，除了「落ちる」，日语还有不少移动动词，如表示向下移动的「下がる／降る／降りる」（下来），表示向上移动的「上がる／上る」（上去），表示水平移动的「入る」（进入）等，但它们却很难和「落ちる」进行置换。请看：

[19]　??恋に下がる／降る／降りる

[20]　??恋に上がる／上る

[21]　??恋に入る

这主要是因为「恋に落ちる」表述的是一种近乎本能的、无法抗拒的、突如其来的心理变化。比如，金政祐司等（2001）以日本关东地区114名大学生为对象展开的恋爱调查显示，在恋爱的瞬间，人会有一种被冲动驱使的感觉。由此可知，「下がる／降る／降りる／上がる／上る／入る」等并不具备这样的语义特征，即"突如其来的爱情使人的内心本能地在极短时间内发生变化且难以自我抑制"。需要指出的是，像「恋に沈む／溺れる（深陷情网）」的说法虽然成立，但却有别于「恋に落ちる」。后者凸显的是变化开始的瞬间，而前者凸显的是变化进行的程度。从时间序列上看，只有先「恋に落ちる」（坠入爱河），才会「恋に沈む／溺れる」（深陷情网）。

就"爱情是物理力"和"变化是位移"两者的关系而言，我们知道变化的背后一定存在某种原因，而在概念层面上，原因通常表征为一种力，即CAUSES ARE FORCES（原因是力），如The hit sent the crowd into a frenzy（那一击让观众为之疯狂）（Kövecses，2002）。因此，我们将隐喻"爱情是物理力"视为隐喻"变化是位移"的前提。

3.4　爱情是负面的情感

与上述3类隐喻不同，"爱情是负面的情感"并非源于我们的身体经验，而是基于特定的文化模式。即这里存在一个有关爱情价值取向的问题。尽管古今中外有不少赞美爱情的文学作品（郭延礼，1982），但在日本人的传统观念里，「恋」（恋情）被认为是不洁的、肉欲的（滨田宏，1997），这或许是受到中国宋明理学"存天理，灭人欲"思想的影响。例如，王阳明在其《传习录》（上）中开宗明义地指出"只要去人欲，存天理，方是功夫"（杨泽波，1993：38）。因此，日本在明治时期不得不另外造出「恋愛」（恋爱）一词以对应西方宗教意义上的、纯粹而高尚的"love"（爱）（山根宏，2008；徐青，2015）。请看：

[22] 戀に陷りし佳人（陷入爱情的佳人）（『クレオパトラ：泰西艶史』）
[23] せつない戀に墮ちた（陷入苦闷的爱情）（「妙齢の婦人と手紙道樂」）
[24] とにかく恋は罪悪ですよ。（总之，爱情是一种罪恶）（『こころ』）
[25] 私の親友と戀に陷ちて（和我的挚友陷入了爱情）（『主婦の友』）
[26] 苦學中の青年と戀に陷ち（和苦学生陷入恋情）（『主婦の友』）
[27] 戀に落ちた娘に對する親の心得（父母对女儿陷入爱情的心得体会）（『婦人倶楽部』）

（例[22]至[27]均来源于KOTONOHA语料库）

上述例句说明，在20世纪初期，日语「おちる」对应的写法至少有4种，即「陷る／陷ちる／墮ちる／落ちる」。从汉字所具有的表意功能可以看出，它们均具有一定的贬义色彩。这也间接印证了「恋」（恋情）在日语里是一种负面的情感，如例[24]。基于此，不难理解为何日语会使用表示向下移动的动词「（恋に）落ちる」（坠入）来表述爱情。

同样，在西方世界，自柏拉图以来，有关身体（包括肉体、欲望、冲动等）和灵魂（包括心灵、意识、理性等）的讨论便不绝于耳。相较于灵魂，身体始终被视为"虚假的、邪恶的、无知的"（陈治国，2007：84）。并且，这一传统在亚里士多德、奥古斯丁、阿奎那等人那里得到继承并成为基督教的主流思想。特别是在近代哲学之父笛卡尔之后，在心身二元论（dualism）的影响下，西方关于理性与情感的价值取向在纵向维度上日臻明确，而这种价值判断大致可以概括为一组隐喻，即RATIONAL IS UP（理性化为上），EMOTIONAL IS DOWN（情绪化为下）。例如：

[28] The discussion *fell* to the emotional level, but I *raised* it back *up to the rational plane*.（这个讨论跌到了情绪层面，但是我把它又提升到了理性层面） / We put our *feelings* aside and had a *high-level intellectual* discussion of the matter.（我们把感性放到一边，就此事进行了一场高水平的理智讨论） / He couldn't *rise above* his emotions.（他无法摆脱情绪的影响）（引自 Lakoff & Johnson，1980：17）。

如前所述，爱情是情感的下位范畴，具有某种继承关系。我们据此可以从 EMOTIONAL IS DOWN（情绪化为下）中推衍出一条次级隐喻，即 LOVE IS DOWN（爱情为下）。因此，"fall（in love）"（坠入）也符合西方人的价值观。换言之，不论是参照日本文化还是西方的价值体系，爱情都被视为一种负面或位于理性之下的情感。

❹「恋に落ちる」的意象图式与实证调查

综上，我们用图2描述日语「恋に落ちる」所体现的各种隐喻以及由此形成的理想化脚本（script）：出于生物本能的生理反应，恋人之间产生一种强大而难以抑制的吸引力，这种力在概念层面上作为原因，引起心理上一种突如其来的变化。而这种变化被认知主体无意识地识解为位移，位移的结果是两个人从容器的外部迅速进入容器内部，且爱情是一种负面的情感，位于价值判断的下方，因此两个人迅速向下坠落。

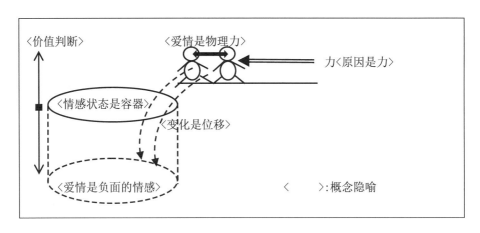

图2 「恋に落ちる」的意象图式（笔者自制）

为进一步佐证上述观点，我们通过向母语者或该语言的外语学习者直接确认的方式，对20种母语人数超过1 000万的语言进行调查后发现，除葡萄牙语外的19种语言都有与日语「恋に落ちる」极为类似的表征方式（见表1）。

表1 「恋に落ちる」的跨语言实证调查

语言(母语人口排序)	一致(○)/不太一致(△)/不一致(×)	表达
汉语	○	坠入爱河
英语	○	fall in love
西班牙语	○	caer enamorado
阿拉伯语	○	الحب في وقع
葡萄牙语	△	cair por alguém
俄语	○	попасть в любовные сети
日语	○	恋に落ちる
德语	○	sich verlieben
法语	○	tomber amoureux
朝鲜语	○	사랑에 빠지다
越南语	○	rơi vào lưới tình
波斯语	○	شدن عاشق
印地语	○	प्यार में गिरें
波兰语	○	Zakochać się w tobie
豪萨语	○	Ta fada cikin kauna
印度尼西亚语	○	jatuh cinta
菲律宾语	○	Nahulog sa pag-ibig
泰语	○	ตกหลุมรัก
匈牙利语	○	beleszeret
马来西亚语	○	jatuh cinta

俄语попасть в любовные сети意为"坠入情网",其表征的意象图式与图2高度吻合。而葡萄牙语cair por alguém直译成英语即fall for somebody(爱上某人),虽然相较于其他语言似乎缺少了容器隐喻的参与,但我们认为这种识解方式与图2并无本质上的区别。通过实证调查,我们可以得出如下结论:不论参照人类是如何基于种种身体经验隐喻性地理解"原因""状态""变化"等概念的,还是考虑到某种特定文化,如以基督教为代表的西方文明在世界范围内的推广程度与影响力(亨廷顿,

2010），它们都驱使人类朝着同一个方向理解和谈论"爱情"，那就是"fall in love"（坠入爱河）。

❺ 结论

本文以日语「恋に落ちる」为例，运用认知隐喻学的相关原理尝试回答了以下疑问：

1）日语说「恋に落ちる」，与我们基于隐喻识解外部世界密切相关，即该表达至少体现了4种隐喻："爱情是物理力""情感状态是容器""变化是位移""爱情是负面的情感"。

2）根据我们对上述隐喻的身体经验、文化特征的分析以及基于20种语言实证调查的结果，汉语、英语、韩语等语言里都存在与日语「恋に落ちる」相应的表达方式，我们认为这绝非巧合，而是人类识解爱情的一种思维共性。

本文对今后隐喻研究的启示大致有二：其一，过去我们往往认为只有诗词才具有在隐喻基础上建立起来的复杂的概念结构。比如，莎士比亚的第73首十四行诗在描写人生时隐含着至少3个复合隐喻和4个基本隐喻（详见Lakoff & Johnson，2003）。但事实上，借助深度分析不难发现，像日语「恋に落ちる」这样的（非诗性的）日常表达，其背后隐匿的隐喻也远比我们想象的复杂。其二，深度分析是研究隐喻的有效方法，不仅有助于我们透过语言现象看到事物的本质，还能拓展新的研究空间，将我国的隐喻研究引向深处。

参考文献

❏ Johnson, M. 1987. *The Body in the Mind: The Bodily Basis of Meaning, Imagination, and Reason*. Chicago: University of Chicago Press.

❏ Kövecses, Z. 1986. *Metaphors of Anger, Pride, and Love: A Lexical Approach to the Study of Concepts*. Amsterdam: John Benjamins.

❏ Kövecses, Z. 1988. *The Language of Love: The Semantics of Passion in Conversational English*. Lewisburg: Bucknell University Press.

❏ Kövecses, Z. 1990. *Emotion Concepts*. New York: Springer Verlag.

❏ Kövecses, Z. 1991. Happiness: A definitional effort. *Metaphor and Symbolic Activity* 6: 29-46.

❏ Kövecses, Z. 1995. American friendship and the scope of metaphor. *Cognitive Linguistics* 6: 315-346.

❏ Kövecses, Z. 2002. *Metaphor: A Practical Introduction*. Oxford and New York: Oxford

University Press.

❑ Kövecses. Z. 2005. *Metaphor in Culture: Universality and Variation*. Cambridge: Cambridge University Press.

❑ Lakoff, G. 1993. The contemporary theory of metaphor. In A. Ortony (ed.), *Metaphor and Thought*. Cambridge: Cambridge University Press. 202-251.

❑ Lakoff, G. & Johnson, M. 1980. *Metaphors We Live By*. Chicago: University of Chicago Press.

❑ Lakoff, G. & Johnson, M. 2003. *Metaphors We Live By* (*revised ed.*). Chicago: University of Chicago Press.

❑ Ungerer, F. & Schmid, H-J. 1996. *An Introduction to Cognitive Linguistics*. London: Addison Wesley Longman Limited.

❑ 浜田宏，1997，近代日本における恋愛の変容Ⅰ。《年報社会学論集》（10）：121-132。

❑ 大野晋，1987，「恋ふ」と「乞ふ」。《学習院大学上代文学研究》（12）：1-2。

❑ 韓涛，2009，容器のスキーマと中国語"NP＋里"の意味拡張。《日本認知言語学会論文集》（1）：12-22。

❑ 韓涛，2012，中国語における〈恋愛〉のメタファーに関する一考察―認知メタファー理論の立場から―。《多元文化》（1）：45-57。

❑ 金政祐司、谷口淳一、石盛真徳，2001，恋愛のイメージと好意理由に及ぼす異性関係と性別の影響。《対人社会心理学研究》（1）：147-158。

❑ 綿抜豊昭，2014，《江戸の恋文》。東京：平凡社新書。

❑ 山根宏，2008，「恋愛」をめぐって――明治20年代のセクシュアリティ。《立命館言語文化研究》（4）：315-332。

❑ 松井真人，2016，日本文化における「心」の概念メタファー。《山形県立米沢女子短期大学紀要》（12）：11-20。

❑ 治山純子，2006，フランス語の感情表現のメタファー：恋愛に関するメタファー表現の研究。《Résonances》（4）：460-70。

❑ 中尾愛美、鍋島弘治朗，2014，恋と愛-J-POP の認知メタファー分析。《英米文学英語学論集》（3）：21-44。

❑ 陈红，2019，孔雀尾巴惹出的麻烦——评《美的进化》。《书城》（3）：124-128。

❑ 陈治国，2007，论西方哲学中身体意识的觉醒及其推进。《复旦学报》（2）：84-91。

❑ 郭延礼，1982，论文学中的爱情主题——从中国古典爱情文学谈起。《东岳论丛》（3）：84-90。

❑ 韩涛，2017，《隐喻与思维：汉日英三语中的概念隐喻研究》。北京：外语教学与研究出版社。

❑ 韩涛，2020，流体隐喻思维的汉日对比研究。《日本问题研究》（1）：73-80。

❏ 韩涛、宿潇丹，2020，日本演歌中的爱情隐喻模式研究。《高等日语教育》（2）：80-89，154。

❏ 刘廷元，1989，"爱情"词源小议。《道德与文明》（1）：27-29。

❏ 亨廷顿（S. P. Huntington）（著），周琪等（译），2010，《文明的冲突与世界秩序的重建》（修订版）。北京：新华出版社。

❏ 王文斌，2007，《隐喻的认知构建与解读》。上海：上海外语教育出版社。

❏ 徐青，2015，"love"的日译"恋爱"小考。《汕头大学学报（人文社会科学版）》（6）：65-68。

❏ 杨泽波，1993，从利义之辩到理欲之争——论宋明理学去欲主义的产生。《复旦学报》（5）：35-41。

❏ 张德玄、邓翌超、沈华，2006，扣带皮层的认知与情感功能分区及其相互作用。《杭州师范学院学报（医学版）》（5）：331-335。

❏ 郑也夫，2015，《文明是副产品》。北京：中信出版集团。

A Cross Linguistic Study of Love Metaphors from the Perspective of Cognitive Linguistics: A Case of *Koi Ni Otiru* in Japanese

Abstract: *Koi Ni Otiru* is the representation of "fall in love" in Japanese. In the past, scholars believed that it was derived from the metaphor that LOVE IS A PHYSICAL FORCE. This paper uses in-depth analysis to find that this representation involves at least four metaphors: 1) LOVE IS A PHYSICAL FORCE; 2) LOVE IS A CONTAINER; 3) CHANGES ARE MOVEMENTS; 4) LOVE IS A NEGATIVE EMOTION. At the same time, according to the embodied experience and cultural characteristics of the above metaphors as well as the results of the empirical investigation of 20 languages, this paper holds that this representation is a universal human understanding of "love".

Key words: love; metaphor; in-depth analysis; cross language; universality

（责任编辑：张晶）

语言应用研究

二语等级含义加工中的记忆负荷效应

基于 VAR 建模法的二语复杂度、准确度与流利度个案发展研究

西班牙语三语习得者的语素意识研究

一语在藏－汉－英三语者二语语义通达中的中介作用

二语等级含义加工中的记忆负荷效应

北京大学　冯　硕*

［提　要］　本研究通过两个对工作记忆要求程度不一样的实验，考察二语学习者对两种等级含义的推导和消除，以及记忆负荷对二语者加工等级含义的影响。实验结果表明：二语者与母语者在理解两种等级含义上存在不同；记忆负荷对二语等级含义的推导和消除的影响是有限的，即工作记忆只影响一类等级含义的理解。

［关键词］　二语加工；等级含义；记忆负荷效应；工作记忆

❶ 引言

等级含义（scalar implicature）的生成和推导一直是语义学与语用学讨论的焦点之一。有关母语者如何推导等级含义的研究成果颇丰且研究的角度很广（Bott & Noveck，2004；Breheny et al.，2006；Noveck，2001；Huang & Snedeker，2011），其中一个很重要的研究问题是工作记忆如何影响等级含义的推导（De Neys & Schaeken，2007；Marty & Chemla，2013；Marty et al.，2013）。近十年来，虽然出现了有关等级含义的二语习得实证研究（如Slabakova，2010；Miller et al.，2016；Snape & Hosoi，2018），但是鲜有学者探讨二语等级含义加工过程中记忆负荷效应的影响。为此，本研究通过两个对工作记忆要求程度不一样的实验，考察二语学习者对两类等级含义的推导和消除，以及记忆负荷效应对二语者加工等级含义的影响。本文第2节首先简要介绍本研究关注的两类等级含义和相关成人二语习得研究，再回顾关于等级含义加工中记忆负荷效应的研究。第3节和第4节分别详细介绍实验1和实验2的实验设计、流程、被试和实验结果。第5节讨论两个实验的实验结果。本文最后对研究进行总结，并提出值得进一步研究

*　作者简介：冯硕，北京大学外国语学院助理教授、博士。研究方向：二语习得、心理语言学、实验语义学与语用学。Email：shuo.feng@pku.edu.cn。通信地址：北京市海淀区颐和园路5号外国语学院新楼。

本研究为国家社会科学基金青年项目"语义–语用接口上等级含义和预设的二语习得研究"（20CYY002）的阶段性成果。

的方向。

❷ 文献回顾

2.1 等级含义及相关成人二语习得研究

荷恩等级（Horn Scale）是指可以按照信息强弱或者语义的力度排出语义等级关系的一些词语，比如<some, all>（有些、全部），<never, rarely, sometimes, often, always>（从未、很少、有时、经常、总是）（Horn，1972；Grice，1975）。强等级词蕴含弱等级词。以<never, rarely, sometimes, often, always>（从未、很少、有时、经常、总是）为例，强等级词always（总是）蕴含弱等级词*sometimes*（有时）。另外，弱等级词可以表达否定强等级词的含义。如例[1a]，当听到*sometimes*（有时）时，听者通常会获得例[1b]的语用解读*sometimes but not always*（有时但不总是），该隐含义被称为直接等级含义（direct scalar implicature，DSI）。通过否定最强等级词推导出来的带有弱项的隐含义被称为间接等级含义（indirect scalar implicature，ISI），比如例[2a]中通过强等级词*always*（总是）的否定形式可推导出*not always but sometimes*（不总是但有时），见例[2b]。等级含义的一项基本特征是可消除性（Chierchia，2004；Levinson，1983），即在一定语境下，直接和间接等级含义可以被消除从而形成逻辑语义含义，如例[1c]（*sometimes and possibly always*，有时且有可能总是）和例[2c]（*not always and possibly never*，不总是且有可能从未）。值得注意的是，等级含义的消除需要在特定语境或者条件下被激活，比如，等级含义与语境中的信息相矛盾（Katsos & Cummins，2010），此时听者需要撤销等级含义从而生成逻辑语义含义。

[1]   a. Bob <u>sometimes</u> went to school.（鲍勃有时去学校。）
        b. Bob <u>didn't always</u> go to school.（鲍勃不总是去学校。）(DSI/语用含义)
        c. Bob went to school at least once and possibly always.（鲍勃至少去了一次且有可能总是去学校。）(逻辑语义含义)

[2]   a. Bob <u>didn't always</u> go to school.（鲍勃不总是去学校。）
        b. Bob <u>sometimes</u> went to school.（鲍勃有时去学校。）(ISI/语用含义)
        c. Bob failed to go to school at least once and possibly never.（鲍勃从未去过学校。）(逻辑语义含义)

已有大量基于替代意义的语义研究方法（alternative-based approach to meaning）的实验证明，在否定语境下需要计算的语义数量比在肯定语境下更多，因此理解否定句对认知资源和工作记忆的要求更高，难度更大（Hasson & Glucksberg，2006；Dale & Duran，2011；Kaup et al.，2007；Tian，2014）。本研究中的ISI存在于否定语境下，如例[2a]。在理解例[2a]时，被试需要先生成例[2a]的肯定句（*Bob always went to school*，鲍勃总是去学校），然后再否定它，被试在理解例[1a]时则缺少这一步。因此，被试在生成或者消除ISI时需要计算的语义数量比DSI更多，难度更大。

关于成人等级含义的二语习得实证研究相对来说比较少。这方面最早的实验来自于Slabakova（2010），研究的是母语为韩语的英语学习者如何理解英语和韩语中的等级含义，比如*some*（有些）和*all*（全部）。结果表明，在没有语境的情况下（实验1），英语母语者生成逻辑语义含义的比率为55%左右，而韩语学习者的比率为40%左右。这说明韩国学习者比英语母语者更依赖语用解读，即有更多韩国学习者将*some*理解为*some but not all*（有些但不是全部）。Slabakova分析，二语者与母语者之间存在差别的原因是二语者受到了加工资源（processing resources）的限制，无法像母语者一样，通过消除等级含义的生成来获取逻辑语义含义（即*some and possibly all*，有些且有可能是全部）。Miller等（2016）探讨了母语为英语的西班牙语学习者学习西班牙语的等级含义情况。西班牙语与英语不像韩语与英语一样存在一对一的等级含义关系。但是，实验结果表明，这并没有给二语学习者带来额外的困难。二语学习者仍然能够成功推导出等级含义。类似的实验结果也出现在了Snape和Hosoi（2018）的实验中。尽管英语的*some*（有些）和日语的*ikutsuka*（有些）不同，实验结果仍表明，母语为日语的英语学习者能够成功推导出英语的等级含义，而且英语水平的高低并不影响推导等级含义的能力。

2.2 等级含义加工中的记忆负荷效应

De Neys和Schaeken（2007）的研究首次使用双任务方法测试了等级含义计算中的记忆负荷效应。该研究的双任务分别是句子判断任务和点记忆任务，即被试在判断一句语用不适当（pragmatically infelicitous）的句子（比如*Some oaks are trees*，有些橡树是树）是真或假时，还需要同时记住一个3×3矩阵中的图形（由3或4个点组成）。一半的被试记忆简单的图形（3个点全部是水平的或全部是垂直的），这种简单的图形对认知和记忆资源产生的负担最小；另一半的被试记忆复杂的图形（4个点且排列无规律），这对工作记忆的要求更高且在认知上比第一种情况更加费力。结果表明，被试在记忆负荷增加的情况下，比在记忆负荷不增加的情况下，选择语用解读的比率更低。从反应时间来看，被试在记忆负荷增加的情况下理解语用不适当的句子花费的时间更久。因此，De Neys和Schaeken（2007）认为，等级含义的语用解读在认知和记忆上比逻辑解读的要求更高。在De Neys和Schaeken（2007）的研究基础上，Dieussaert等（2011）研究了记忆负荷是否只影响工作记忆能力低的个体。他们发现认知负荷的程度和工作记忆容量之间存在相互作用。认知负荷的增加降低了语用解读的比率，这种效应与被试的工作记忆能力有关。

然而，大多数研究集中于与*some*（有些）相关的等级含义理解，van Tiel等（2019）测试等级含义加工中的记忆负荷效应能否推广到其他等级词，如<low, empty>（少、空），<might, will>（可能、会），<or, and>（或、和），<try, succeed>（尝试、成功）等。van Tiel等（2019）使用类似于De Neys和Schaeken（2007）的记忆任务来控制记忆负荷程度，将被试分为无负荷、低负荷和高负荷三组。结果表明，在认知负荷增加的情况下，被试生成*some*（有些），*might*（可能）或*most*（最多）的等级含义的可能性变小，但认知负荷的增加对生成 *scarce*（稀少），*try*（尝试）或 *low*（少）的等级含义的影响不大。van Tiel 等（2019）认为，与 *low*（低）或 *scarce*（稀少）等级词不同，被试对 *some*（有些）或 *might*（可能）等级词的理解在认知上更加费力是因为被试在加工理解后者时引入了负信息。例如，*some*（有些）的等级含义是 *not all*（不是全部），因此是否定的；而 *low*（低）的理解是 *not empty*（不是空的），因此是肯定的（详见 Horn，1989）。

综上所述，以往的双任务和反应时的研究表明（De Neys & Schaeken，2007；Dieussaert et al.，2011；van Tiel et al.，2019），母语者在认知和记忆负荷增加的情况下从语用角度判断句子（即推导等级含义）需要较长时间，产生语用理解的可能性较小。然而，记忆负荷效应如何影响二语者生成和理解等级含义仍是未知的。目前有关二语等级含义的研究表明二语者能够成功生成等级含义（Slabakova，2010；Miller et al.，2016；Snape & Hosoi，2018；张军、伍彦，2020），但是在消除等级含义上存在困难，比如 Slabakova（2010）认为，消除比推导等级含义更加费力也许是因为消除需要使用更多的认知资源。鉴于此，本研究通过两个对工作记忆要求不同的实验，探索二语者如何推导和消除两类不同的等级含义（即 DSI 和 ISI）。具体研究问题如下：

（1）记忆负荷的增加是否会影响二语者推导和消除两类等级含义的加工方式？

（2）记忆负荷效应对二语者和母语者加工等级含义的影响是否存在差别？

❸ 实验1

3.1 实验方法和设计

实验采用黑箱（covered-box）范式（Huang et al.，2013）。此实验方法在对母语者的语义–语用测试中被多次使用（Schwarz，2014；Zehr et al.，2016；Romoli & Schwarz，2015）。此实验方法与普通的图片选择题类似，即根据一个句子进行图片选择，如图1所示。此实验方法的特殊性在于图1中右边黑色盒子的出现，被试被告知在黑色盒子下面隐藏了一张图片。如果左边可见的图片符合句子，就选择此图；如果不符合，符合的图片一定是黑色盒子隐藏的图片，则选择右边的黑色盒子。在测试等级含义的生成和消除时，此范式存在优势，因为在生活中并不常见的逻辑语义含义可以通过左边可见的图片展示出来，强制被试思考此图片是否符合句子。如图1句子中的 *sometimes*（有时）的逻辑语义含义为 *sometimes and possibly always*（有时且可能总是），此含义被呈现在左边可见的图片中。被试选择此可见图片的行为可理解为他们消除了等级含义，生成了逻辑语义含义。被试选择黑色盒子的行为（即拒绝可见图片）可理解为他们无法通过消除等级含义来获得难度更大的逻辑语义含义，仍旧生成等级含义。

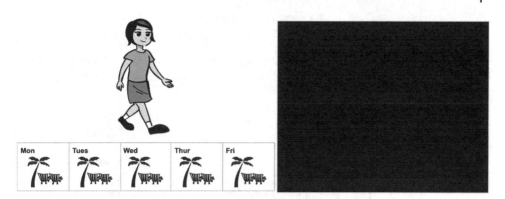

图1 实验句*Nathalie sometimes went to the beach last week.*
（上周娜塔丽有时去海滩。）的图片

实验目标类题目的设计采用2×2析因设计（factorial design）。一个因素为等级含义类型（DSI或ISI），另一个因素为可见图片表达的含义（等级含义或逻辑语义含义），因此目标实验条件共4项，见例[3]、例[4]。

[3]　a. *Nathalie sometimes went to the beach last week.*（上周娜塔丽有时去海滩。）
　　b. 等级含义：Nathalie didn't always go to the beach last week.
　　（上周娜塔丽没有总是去海滩。）
　　c. 逻辑语义含义：Nathalie always went to the beach last week.
　　（上周娜塔丽总是去海滩。）

[4]　a. *Nathalie didn't always go to the beach last week.*（上周娜塔丽没有总是去海滩。）
　　b. 等级含义：Nathalie sometimes went to the beach last week.
　　（上周娜塔丽有时去海滩。）
　　c. 逻辑语义含义：Nathalie never went to the beach last week.
　　（上周娜塔丽从未去过海滩。）

为了把例[3b]、例[3c]和例[4b]、例[4c]转化成适合黑箱范式的测试，实验采用了5天日程表的方式（Schwarz，2014；Romoli & Schwarz，2015）。每个图标代表了句子中的人物当日的活动。若人物某日没去某个地方，图片上会有"X"覆盖在其图标上。四个目标实验条件中的可见图片见表1。

表1 实验1的4个目标实验条件

等级含义类型	DSI类型 Nathalie sometimes went to the beach last week.（上周娜塔丽有时去海滩。）	ISI类型 Nathalie didn't always go to the beach last week.（上周娜塔丽没有总是去海滩。）
等级含义		
逻辑语义含义		

除目标类题目，实验也有控制类题目（controls）和干扰类题目（fillers）。实验共76题，包括目标类题目16题、控制项8题和干扰项52题，大约需要10分钟完成。本实验使用E-prime 2.0软件编程，此软件记录被试的图片选择和选择图片所花的时间（以毫秒为单位）。

3.2 被试及实验流程

本实验招募了41名母语为中文的英语学习者为实验组[①]和38名英语母语者为对照组。参加此实验时，大部分二语被试为美国中西部某所大学的在校生。

在签署参与实验同意书后，所有的被试按照以下顺序完成了3项实验项目：黑箱实验、英语水平测试和背景调查。第一项黑箱实验又包括了3小项：图标识别测试（用来确保被试能清晰认出图片中出现的图标）；黑箱练习题目（用来让被试熟悉实验任务和流程）；黑箱正式实验。英语水平测试根据"欧洲共同语言参考标准"制定，共40道选择题，每题1分。根据Cho（2017）的分类，34分以上为高级英语水平，26至33分为中级水平。实验1的中国学生英语水平测试分数范围为30至40分，平均分为34.9分，标准差为2.4。因此，英语水平测试将本实验的二语者评定为英语中高级到高级水平。背景调查结果显示，二语者的平均年龄为23.7岁，标准差为5.8；学习英文的时间为5至20年，平均时间为13.7年，标准差为4.3。母语者的平均年龄为20.4岁，标准差为4.1。被试完成所有实验步骤大约需要30至40分钟。

---

① 中文的等级含义与本文2.1提到的英语的等级含义具有相同的特点，详见蔡维天（2004），吴庄、谭娟（2009）和谢英（2003）。

3.3 实验结果

控制类题目做错两个及以上、反应时间超过平均数+/–3个标准偏差之外和图片选择无效均被视为无效数据，母语者和二语者分别有1.8%和1.7%的无效数据被剔除。本实验依据不同的因变量进行不同的统计分析。对于反应时间，本实验使用混合线性模型（linear mixed-effect regression）。对于图片选择，使用混合逻辑回归模型（mixed-effect logistic regression）。所有统计分析通过统计软件R来完成。

表2和表3显示两组被试的平均反应时间和图片选择比率。当图片显示等级含义时，无论是DSI还是ISI，两组被试选择可见图片的比率都大于95%，也就是说二语者可以成功地生成两种等级含义。当图片显示出逻辑语义含义时，两组被试选择黑色盒子（即生成等级含义）的比率在80%左右。混合逻辑回归模型的分析结果显示，等级含义类型的简单效应边缘显著（$\beta = -0.745$, $SE = 0.437$, $p = 0.088$），被试组别的简单效应不显著（$\beta = 0.704$, $SE = 0.728$, $p = 0.334$）且无交互作用（$\beta = 0.014$, $SE = 0.570$, $p = 0.981$）。这说明二语者与母语者生成和消除两种等级含义的比率不存在明显差别。从反应时间上看，无论是选择可见图片还是黑色盒子，二语者都比母语者要慢。两个混合线性模型的结果也证实了此结论：第一个模型分析当图片显示等级含义时被试的反应时间，等级含义类型和被试组别为固定因子，被试和项目为随机因子。结果显示被试组别的简单效应显著（$\beta = 0.337$, $SE = 0.076$, $t = 4.421$, $p < 0.0001$），等级含义的简单效应显著微弱（$\beta = 0.1$, $SE = 0.056$, $t = 1.801$, $p = 0.073$），且无交互作用（$\beta = 0.027$, $SE = 0.064$, $t = 0.42$, $p = 0.675$）。第二个混合线性模型分析当图片显示消除等级含义后的逻辑语义含义时，被试的图片选择时间。此模型的交互因子是等级含义类型和图片选择，被试组别为固定因子，随机因子是被试项目的随机斜率和随机截距。结果显示，等级含义类型（$\beta = 0.255$, $SE = 0.049$, $t = 5.213$, $p < 0.0001$）、图片选择（$\beta = 0.227$, $SE = 0.098$, $t = 2.31$, $p = 0.026$）和被试组别（$\beta = 0.24$, $SE = 0.068$, $t = 3.512$, $p < 0.0001$）都有简单效应显著的表现，而无交互作用（$\beta = 0.19$, $SE = 0.118$, $t = 1.615$, $p = 0.113$）。后续分析表明，在DSI条件下，两组被试选择图片或黑色盒子所花的时间十分接近（$t = -2.310$, $p = 0.07$）。但是在ISI条件下，两组被试选择图片明显慢于选择黑色盒子（$t = -4.561$, $p < 0.001$）。

表2 母语者在4种条件下选择图片或黑色盒子的反应时间及选择比率（单位：毫秒）

条件		可见图片		黑色盒子	
		平均数(标准差)	选择比率	平均数(标准差)	选择比率
DSI	图片显示等级含义	3 557 (50.6)	100%	—	0%①
	图片显示逻辑语义含义	5 017 (52.7)	10.6%	3 857 (51.5)	89.4%

---

① 黑色盒子没有数据是因为在此条件中没有母语者选择黑色盒子。表4和表5同理。

（续表）

条件		可见图片		黑色盒子	
		平均数（标准差）	选择比率	平均数（标准差）	选择比率
ISI	图片显示等级含义	3 760 (51.4)	96.7%	6 054 (52.7)	3.3%
	图片显示逻辑语义含义	8 132 (53.2)	16.2%	4 873 (51.4)	83.8%

表3　二语者在4种条件下选择图片或黑色盒子的反应时间及选择比率（单位：毫秒）

条件		可见图片		黑色盒子	
		平均数（标准差）	选择比率	平均数（标准差）	选择比率
DSI	图片显示等级含义	5 051 (62.4)	97%	8 980 (65.2)	3%
	图片显示逻辑语义含义	7 315 (62.7)	14%	5 128 (62.6)	86%
ISI	图片显示等级含义	5 411 (62.6)	95.1%	11 080 (62.7)	4.9%
	图片显示逻辑语义含义	10 792 (62.5)	21%	6 463 (62.5)	79%

❹ 实验2 [①]

4.1　实验方法和设计

实验2也采用黑箱范式且实验设计与实验1基本一致，但是此实验中被试的记忆负荷增加：在实验1中，句子与图片同时出现在一个画面中，因此基本不存在记忆负荷；而在实验2中，被试读完实验句子后点击鼠标，句子消失后图片出现，所以在进行图片选择时被试看不到句子，因此实验2对于被试的工作记忆要求更高，记忆负荷增加。[②]

4.2　被试及实验过程

24名母语为中文的英语学习者和26名英语母语者参加了此实验，二语者与实验1中的二语者来自于美国中西部的同一所大学，但是没有被试同时参加过两个实验。二语者的平均年龄为24.2岁，标准差为4.34；学习英文的时间为9至18年，平均时间为14.2年，标准差为2.70。母语者的平均年龄为22.8岁，标准差为5.55。实验过程与实验1一致。英语水平测试与实验1相同，中国学生英语水平测试分数范围为30至39分，平均分为35.04分，标准差为2.37，同样按照Cho（2017）的分类，实验2中的二语者的英语水平测试结果与实验1相似，同为英语中高级到高级水平。

---

① 关于此实验的具体设计和结果参见Feng和Cho (2019)。
② 实验2与1还存在两处不同：在表达人物某日没去某个地方时，实验1采取了将"X"覆盖在图标上的设计，而实验2则是在当天换了一个目标图标；实验1中的人物使用动态全身像，实验2则采用静态上半身像。

4.3 实验结果

本实验的数据分析方法与实验1相同。表4和表5显示两组被试的平均反应时间和图片选择比率。混合逻辑回归模型的分析结果显示，等级含义类型的简单效应显著（$\beta = 1.42$, $SE = 0.53$, $z = 2.65$, $p = 0.008$），等级含义类型与被试组别交互作用显著（$\beta = -1.57$, $SE = 0.74$, $z = -2.11$, $p = 0.035$）。当图片显示出DSI/ISI等级含义时，两组被试选择此图片的比率分别为100%和97.1%，这说明二语者和母语者在推导两种等级含义时无明显差别。而且，当图片显示出DSI逻辑语义含义时，二语者和母语者被试选择可见图片的比率分为13.1%和14%，没有显著性差异（$z = 0.106$, $p = 0.916$），也就是说在消除DSI时两组被试不存在显著差别。差别出现在消除ISI时——当可见图片显示ISI逻辑语义含义时，二语者选择可见图片的比率为27.8%，而母语者的比率为13.8%（$z = 2.082$, $p = 0.037$），这意味着二语者比母语者更频繁地消除ISI等级含义。从反应时间上看，值得注意的是，当可见图显示DSI/ISI逻辑语义含义时，二语者选择ISI逻辑语义含义图片的反应时间快于DSI（ISI 8 795毫秒 vs. DSI 11 007毫秒；$t = 2.97$, $p = 0.04$）。然而母语者在对比这两种等级含义时并无差异（ISI 5 564毫秒 vs. DSI 5 612毫秒；$t = 0.1$, $p = 0.92$），这意味着母语者在消除两种等级含义时并无时间上的差异，但是二语者消除ISI明显快于DSI，下文着重讨论二语者的这种加工行为。

表4　母语者在4种条件下选择图片或黑色盒子的反应时间及选择比率（单位：毫秒）

条件		可见图片		黑色盒子	
		平均数（标准差）	选择比率	平均数（标准差）	选择比率
DSI	图片显示等级含义	3 712 (46.1)	100%	—	0%
	图片显示逻辑语义含义	5 612 (43.3)	14%	3 956 (46.4)	86%
ISI	图片显示等级含义	4 540 (46.7)	97.1%	4 277 (46.4)	2.9%
	图片显示逻辑语义含义	5 564 (44.7)	13.8%	5 131 (46.7)	86.2%

表5　二语者在4种条件下选择图片或黑色盒子的反应时间及选择比率（单位：毫秒）

条件		可见图片		黑色盒子	
		平均数(标准差)	选择比率	平均数(标准差)	选择比率
DSI	图片显示等级含义	5 829 (67.9)	100%	—	0%
	图片显示逻辑语义含义	11 007 (67.5)	13.1%	6 819 (68.1)	86.9%
ISI	图片显示等级含义	6 392 (67.8)	97.9%	6 599 (63.8)	2.1%
	图片显示逻辑语义含义	8 795 (66.8)	27.8%	7 526 (67.8)	72.2%

❺ 讨论

本研究的主要目的是探索记忆负荷的增加对二语者推导和消除两类等级含义的加工方式的影响（研究问题1）和这种影响是否因被试是二语者或母语者而存在差别（研究问题2）。早期的研究表明，工作记忆对等级含义的理解起十分重要的作用（De Neys & Schaeken，2007；Marty & Chemla，2013；Marty et al.，2013）。本研究通过两个实验控制工作记忆的负荷：在实验1中，句子和图片同时出现，没有增加记忆负荷，而在实验2中，句子和图片分别出现，对工作记忆的能力要求更高。下文结合实验结果和已有相关研究逐一对实验问题进行讨论。

第一，记忆负荷的增加是否会影响二语者推导和消除两类等级含义的加工方式？实验1和实验2的研究结果表明，记忆负荷的增加对二语者推导和消除等级含义的影响是有限的：二语者生成两类等级含义不受到记忆负荷的影响；记忆负荷效应只出现在二语者消除ISI等级含义时，对DSI的消除无显著影响。表3和表5表明当可见图片显示等级含义时，二语者选择可见图片的比率在95%以上，二语者能够成功地生成两类等级含义，这与其他研究结果一致（Slabakova，2010；Miller et al.，2016；Snape & Hosoi，2018）。图2总结了当可见图片显示逻辑语义含义时，二语者和母语者在实验1和2中消除等级含义（即选择可见图片）的比率。不难看出，二语者在消除DSI时没有受到记忆负荷增加的影响（实验1：14%，实验2：13.1%），但是不同于DSI，二语者在消除ISI时受到了记忆负荷增加的影响，二语者在实验2中比在实验1中更多地选择消除ISI（实验1：21%，实验2：27.8%）。由于实验2中的工作记忆压力增加且ISI本身对认知能力的要求较高（否定环境下需要计算更多的语义），二语者在实验2中更多地消除ISI使他们看起来具有更高的认知能力，此结果是出人意料的，与已往研究对二语者的认识相违背。其实不然，在实验1中，当句子与图片同时出现时，二语者消除ISI的时间显著长于消除DSI的时间（ISI 10 792毫秒，DSI 7 315毫秒），笔者猜测，二语者很有可能在消除ISI之前，先推导出了等级含义。然而，在实验2中，当句子与图片分别出现时，二语者消除ISI的反应时间比消除DSI短很多（ISI 8 795毫秒，DSI 11 007毫秒），这表明二语者也许没有先推导出ISI等级含义再消除，而很可能是放弃了ISI等级含义的推导，直接选择了眼前提供的可见图片。可见，减轻被试工作记忆和认知能力压力的有利条件可以让二语者更有能力去推导ISI；反之，记忆负荷增加的不利条件更有可能使他们在记忆和认知的压力下放弃推导ISI。未来的研究应该关注DSI和ISI的消除，尤其是在记忆负荷增加的情况下，消除的途径是否会因为记忆和认知上受到挑战而改变。

第二，记忆负荷效应对二语者和母语者加工等级含义的影响是否存在差别？首先，实验1和实验2的研究结果表明，母语者在实验1中消除ISI更加频繁且时间更长，而在记忆负荷增加的实验2中，母语者消除DSI和ISI的比率和时间都十分接近。但是，二语者在记忆负荷增加的情况下选择ISI的逻辑语义含义解读的比率更高，二

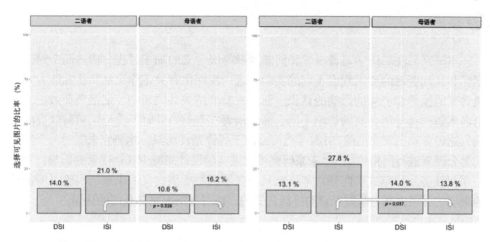

图2 可见图片显示逻辑语义含义时母语者和二语者选择可见图片的比率
（左：实验1句子与图片同时出现；右：实验2句子与图片分别出现）

语者的行为与以往采用双任务实验范式的母语者相似（De Neys & Schaeken, 2007;
Dieussaert et al., 2011）。笔者猜测，母语者在实验2中的行为也许与实验设计有关。
以往研究母语者加工等级含义的实验大多采用双任务实验范式，即被试除了完成句
子判断或相似的目标任务以外，还需要同时完成一项记忆任务，比如记忆图形或者
数字串。在本研究中，实验2使用单一任务范式，增加的记忆负荷对母语者来说也许
没有记忆和认知上的挑战，所以母语者的加工过程没有展现出与其他研究中母语者
相似的记忆负荷效应。其次，图2表明，在实验2中，在ISI条件下，二语者与母语
者在消除ISI的比率上差异显著（p = 0.037）。而在实验1中，两组被试的选择差异并
不显著（p = 0.316）。这意味着由于实验1中的图片和句子同时出现，二语者在工作
记忆和认知能力上的压力减轻了，所以二语者在消除ISI时的表现与母语者并无太大
差别。但是在实验2中，记忆负荷增加带来了认知上的困难，再加上推导否定语境中
的ISI本身需要计算更多的语义，对认知资源的要求更高，所以二语者更多地选择直
接放弃推导ISI，从而选择了可见图片代表的逻辑语义含义。

综上所述，工作记忆对推导和消除等级含义有重要影响（De Neys & Schaeken,
2007; Marty & Chemla, 2013; Marty et al., 2013），更重要的是，记忆负荷效应并
不影响二语者对所有等级含义的理解。本研究发现，工作记忆和认知能力的压力对
于二语者加工ISI有一定的影响，实验句子与图片一同出现减轻了推导ISI带来的认
知能力上的压力，对ISI的推导起促进作用；当实验句子与图片分别出现时，二语者
受到较高记忆负荷的影响，无法顺利推导ISI，因而选择了逻辑语义含义。但是，二
语者推导和消除DSI并不受工作记忆和认知能力的限制。若将二语者与母语者的数据
进行对比，此作用会显得更加突出。

❻ 结语

　　本研究关注二语学习者推导和消除两种等级含义的加工过程，通过两个对工作记忆和认知资源的要求程度不同的实验，进一步深化有关工作记忆和认知能力对等级含义的推导和消除的影响的认识。两个实验的结果共同表明，记忆负荷效应对二语者理解两种等级含义的影响不同，即二语者在理解DSI时不受记忆负荷效应的影响，这种影响出现在消除ISI时。然而，由于研究条件所限，本研究未能对两个实验的部分因素进行严格控制，[①]未来研究可改进实验设计来减少其他变量的影响，考虑使用双任务实验范式。此外，本研究只调查了两种等级含义，未来的实验可增加其他类型的等级含义，从而获得对等级含义的二语习得情况更加全面的认识。

❏ Bott, L. & Noveck, I. 2004. Some utterances are underinformative: The onset and time course of scalar inferences. *Journal of Memory and Language* 51(3): 437-457.

❏ Breheny, R., Katsos, N. & Williams, J. 2006. Are generalized scalar implicatures generated by default? An on-line investigation into the role of context in generating pragmatic inferences. *Cognition* 100: 434-463.

❏ Chierchia, G. 2004. Scalar implicatures, polarity phenomena, and the syntax/pragmatics interface. In A. Belletti (ed.), *Structures and Beyond*. Oxford: Oxford University Press.

❏ Cho, J. 2017. The acquisition of different types of definite noun phrases in L2-English. *International Journal of Bilingualism* 21: 367-382.

❏ Dale, R. & Duran, N. D. 2011. The cognitive dynamics of negated sentence verification. *Cognitive Science* 35: 983-996.

❏ De Neys, W. & Schaeken, W. 2007. When people are more logical under cognitive load: Dual task impact on scalar implicature. *Experimental Psychology* 54: 128-133.

❏ Dieussaert, K., Verkerk, S., Gillard, E. & Schaeken, W. 2011. Some effort for some: Further evidence that scalar implicatures are effortful. *Journal of Experimental Psychology* 64: 2352-2367.

❏ Feng, S. & Cho, J. 2019. Asymmetries between direct and indirect scalar implicatures in second language acquisition. *Frontiers in Psychology* 10: 887.

❏ Grice, P. 1975. Logic and conversation. In D. Davidson & G. Harman (eds.), *The Logic*

---

① 比如，未来的研究可以考虑进行组内设计。本研究两个实验的被试虽然是两组不同的二语者，但是他们均就读于美国的同一所大学，年龄相仿且学习英语的时间接近。

of Grammar. CA: Dickenson. 64-75.

❏ Hasson, U. & Glucksberg, S. 2006. Does understanding negation entail affirmation? An examination of negated metaphors. *Journal of Pragmatics* 38: 1015-1032.

❏ Horn, L. 1972. *On the Semantic Properties of Logical Operators in English*. Los Angeles: University of California.

❏ Horn, L. 1989. *A Natural History of Negation*. Chicago, IL: University of Chicago Press.

❏ Huang, Y. T. & Snedeker, J. 2011. Logic and conversation revisited: Evidence for a division between semantic and pragmatic content in real-time language comprehension. *Language and Cognitive Processes* 26: 1161-1172.

❏ Huang, Y. T., Spelke, E. & Snedeker, J. 2013. What exactly do numbers mean? *Language learning and development* 9: 105-129.

❏ Katsos, N. & Cummins, C. 2010. Pragmatics: From theory to experiment and back again. *Language and Linguistics Compass* 4(5): 282-295.

❏ Kaup, B., Yaxley, R. H., Madden, C. J., Zwaan, R. & Lüdtke, J. 2007. Experiential simulations of negated text information. *Quarterly Journal of Experimental Psychology* 60: 976-990.

❏ Levinson, S. C. 1983. *Pragmatics*. Cambridge: Cambridge University Press.

❏ Marty, P. & Chemla, E. 2013. Scalar implicatures: Working memory and a comparison with only. *Frontiers in Psychology* 4: 1-12.

❏ Marty, P., Chemla, E. & Spector, B. 2013. Interpreting numerals and scalar items under memory load. *Lingua* 133: 152-163.

❏ Miller, D., Giancaspro, D., Iverson, M., Rothman, J. & Slabakova, R. 2016. Not just *algunos*, but indeed unos L2ers can acquire scalar implicatures in L2 Spanish. *Language Acquisition Beyond Parameters* 51:125-145.

❏ Noveck, I. 2001.When children are more logical than adults: Experimental investigations of scalar implicature. *Cognition* 78(2): 165-188.

❏ Romoli, J. & Schwarz, F. 2015. An experimental comparison between presupposition and indirect scalar implicatures. In F. Schwarz (ed.), *Experimental Perspectives on Presuppositions*. Switzerland: Springer. 215-240.

❏ Schwarz, F. 2014. Presuppositions are fast, whether hard or soft- evidence from the visual world. *Proceedings of SALT* 24: 1-22.

❏ Slabakova, R. 2010. Scalar implicatures in second language acquisition. *Lingua* 120: 2444-2462.

❏ Snape, N. & Hosoi, H. 2018. Acquisition of scalar implicatures: Evidence from adult Japanese L2 learners of English. *Linguistic Approaches to Bilingualism* 8: 163-192.

❏ Tian, Y. 2014. *Negation Processing: A Dynamic Pragmatic Account*. London: University College London.

❑ van Tiel, B., Pankratz, E. & Sun, C. 2019. Scalar and scalarity: Processing scalar inferences. *Journal of Memory and Language* 105: 93-107.

❑ Zehr, J., Bill, C., Tieu, L., Romoli, J. & Schwarz, F. 2016. Presupposition projection from the scope of none: Universal, existential, or both? *Proceedings of SALT* 26: 754-774.

❑ 蔡维天，2004，谈"有人""有的人"和"有些人"。《汉语学报》（2）：16-25。

❑ 吴庄、谭娟，2009，汉语儿童语言中的等级含义。《外国语》（3）：69-75。

❑ 谢英，2003，关于"有的+VP"。《语言研究》（3）：37-42。

❑ 张军、伍彦，2020，语境对二语学习者等级词项在线加工的影响。《现代外语》（2）：213-225。

Memory Load Effect in L2 Processing of Scalar Implicatures

Abstract: By manipulating two experiments with different memory loads, this research examined how working memory influenced the computation and suspension of scalar implicatures. L1-Mandarin Chinese L2-English speakers and English native speakers participated in the two experiments. The results indicated an asymmetrical behavior of interpreting scalar implicatures between native and L2 speakers, and working memory had an effect on only one type of scalar implicatures. This study contributed to a more precise understanding of memory load effect in L2 processing of pragmatic inferences.

Key words: L2 processing; scalar implicatures; memory load effect; working memory

（责任编辑：苏祺）

基于VAR建模法的二语复杂度、准确度与流利度个案发展研究

东北林业大学　张　爽　　东北师范大学　张会平*

[提　要]　本研究基于动态系统理论，使用向量自回归（vector autoregressive，简称 VAR）建模法对1名大一英语专业学生一年间写作的复杂度、准确度与流利度的发展进行建模，探讨词汇复杂度、句子复杂度、准确度与流利度4个子系统的发展趋势及自组织机制。研究发现：1）4个子系统呈非线性发展，其中流利度变异性最大，发展程度最高；2）每个子系统当前的发展水平受到4个子系统前期发展水平的影响，影响的程度和方向与系统的变异性有关；3）访谈表明内在学习动机和外界反馈等因素影响该学生的写作发展。本研究结果对教师应如何指导学生进行二语写作具有启示意义。

[关键词]　动态系统理论；VAR建模法；复杂度；准确度；流利度

❶ 研究背景

自从Larsen-Freeman（1997）将动态系统理论引入二语习得研究，该理论得到了诸多学者的青睐。动态系统理论强调以整体观和过程观看待二语系统，指出传统实验研究过度简化语言习得过程，未能考虑二语系统的开放性、变异性、环境敏感性、全面联结性、自组性、自适应性、迭代性与非线性等基本特征。学者们不再探讨二语发展的单向线性关系和因果规律，转而关注个体如何通过自组织涌现新行为（Rosmawati, 2014）的问题。目前，基于动态系统理论的研究可分为以下两类：

1）对动态系统理论的内涵与研究方法的引介和评析。这类研究或是对动态系统的基本特点进行阐述（如Larsen-Freeman, 1997, 2017；韩大伟、邓齐, 2013；杨文星、孙滢, 2016等），或是对新的研究方法进行尝试（如Verspoor et al., 2011；

---

*　作者简介：张爽，东北林业大学外国语学院副教授、博士。研究方向：二语习得、语料库语言学。Email：shuangzhang230@163.com。通信地址：150040东北林业大学外国语学院。张会平，东北师范大学外国语学院英语系教授、博士、博士生导师。研究方向：二语习得、语料库语言学。Email：zhanghp387@nenu.edu.cn。通信地址：130024东师范大学外国语学院英语系。
本文得到国家社会科学基金项目"中国英语学习者句法——语用界面结构习得研究"（20BYY209）的资助。《语言学研究》匿名审稿专家和编辑部提出了细致的修改意见，谨此一并致谢！

Hiver & Al-Hoorie, 2020；段士平, 2019等）。例如，Verspoor等（2011）阐明了动态系统理论的内涵，并率先引介了一系列研究方法，如移动极值图、动态相关分析、逻辑斯蒂方程[①]建模法等，纠正了传统研究方法过度关注整体均值的倾向（郑咏滟, 2020）。段士平（2019）引介了灰色系统建模法，指出该方法可用于模拟学术语块发展过程中各因素之间的关系，能够在一定程度上增加研究的预测性，但未见其相关实证研究。

2）动态系统理论视域下二语发展的实证研究（如Caspi, 2010；Lowie et al., 2011；郑咏滟、冯予力, 2017；许春燕等, 2017）。这类研究大多关注二语本体，以个案研究为主。例如，Lowie等（2011）基于逻辑斯蒂方程建模法依次对4名英语学习者个体内部词汇的复杂度、词汇准确度、句子复杂度与句子准确度4个系统的关系进行模拟，发现复杂度与准确度呈前提关系。许春燕等（2017）追踪研究了5名大学生一年间的英语写作发展，发现其词汇的复杂度与流利度有所提高，但准确度的发展受到抑制。郑咏滟和冯予力（2017）研究了17名英语专业学生一年间的写作句法复杂度与词汇复杂度的发展，发现系统较稳定时，句法与词汇无显著相关，而系统波动时，句法与词汇存在竞争关系。

以上文献为研究系统行为如何在子系统的互动中浮现做出了贡献，但对系统内在自组织机制的探讨尚不深入。现有研究聚焦成对变量的交互关系，但未能探讨系统中多重变量的关系，这或许是受方法限制：目前，对于子系统交互关系的研究以发展趋势图及动态相关分析为主，前者以观察为主，后者仅可同时测量成对变量。针对这一问题，诸多学者呼吁采用建模法对现实进行复制，自下而上地研究个体复杂动态系统的内在自组织机制（Larsen-Freeman & Cameron, 2012；段士平, 2019）。目前，采用建模法开展的实证研究很少，仅有3项（Caspi, 2010；Lowie et al., 2011；江韦珊、王同顺, 2015），均基于逻辑斯蒂方程建模法。这些学者为个体动态建模研究奠定了基础，强调应增加跟踪时间与测量密度，利用系统的迭代性进行建模。然而，逻辑斯蒂方程建模法未能考察模型的稳定度，且需要调控和试验的未知参数过多，可能会导致拟合度较差（如江韦珊、王同顺, 2015），可操作性不强。此外，逻辑斯蒂方程建模法仅考虑系统前一轮的发展水平对当前发展水平产生的影响，而在二语发展过程中，有些系统可能滞后期较久，前几轮的发展水平可能也会对当前发展水平产生影响，此时需要更为精确的建模法。

本研究引入了计量经济学中的VAR建模法，以分析个体内多重变量间的复杂关系。该方法可以通过调试滞后期对现实进行精确模拟，适用于追踪研究复杂动态系统内部多个变量间的关系（张晓峒, 2007）。本研究以能反映英语学习者语言运用能力的复杂度、准确度与流利度（complexity、accuracy、fluency, CAF）为切入点，通过VAR建模法更细致地探讨大一英语专业学生L的CAF系统的内在自组织机制及其特点，从而明确CAF系统变化的原因，为教师进行有针对性的教学提供依据。结

[①] Caspi（2010）复杂度−准确度的逻辑斯蒂方程为：$A_{n+1}-A_n=r*A_n-\frac{r}{K}*A_n^2+S*B_n*A_n$。$A_n$ 即为 A_{n+1} 的滞后期。

合前人文献（如韩大伟、邓齐，2013），本研究将学习者CAF系统的内在自组织机制的工作定义为：CAF系统内部词汇复杂度、句子复杂度、准确度与流利度4个子系统在发展过程中各尽其责又协调联动地形成的具体结构关系，以VAR模型表示。

❷ 研究设计

2.1 研究问题
本研究具体回答以下两个研究问题：
1）大一英语专业学生L一年间CAF系统的发展趋势如何？
2）CAF系统的内在自组织机制是怎样的？有何特点？

2.2 研究步骤
1）数据收集

本研究选取东北某师范大学英语专业大一新生L进行个案追踪研究。为更细致地记录其写作水平的动态发展过程，捕捉变异中蕴含的丰富信息，便于个体动态建模，本研究加大了测量密度，通过某写作批改网（简称"批改网"）每周收集一次议论文写作，共30次，历时一学年。题目从历年雅思考试的作文中选取，均为学生熟悉的，与学习生活息息相关的非专业性话题，字数要求为200字。同时要求学生在40分钟内独立完成作文，不借助词典等工具。批改网会对学生作文进行自动评阅打分，学生随后可根据批改网的建议多次修改作文，但本研究仅选取每次提交作文的第一稿。

2）测量指标

本研究主要以T单位（T-unit）为参照体系，4个测量指标如表1所示（Wolfe-Quintero et al.，1998）。词汇复杂度的测量借助了Range软件（Heatley et al., 2002）及其内附词表（Laufer & Nation, 1995），统计学生作文中最常用的1 000个英语词族之外的低频词的比例。借助句子复杂度分析器测量其余指标（Lu, 2010, 2011；Ai & Lu, 2013；Lu & Ai, 2015）。准确度中的错误先由批改网认定，再进行人工复校，其中，因缺少空格、键盘误触造成的拼写错误不计数。

表1 中国英语专业学习者历时写作语料库复杂度、准确度与流利度的测量指标

	表达式	含义（中文翻译）
词汇复杂度	low-frequency words /total Words	低频词占单词总数的比例
句子复杂度	clauses/T-units	从句数占T单位总数的比例
准确度	error free T-units/T-units	无错误T单位占T单位总数的比例
流利度	word/T-units	单词总数与T单位总数的比例，即平均T单位长度

3）数据处理

由上述测量方法得到数据后，本研究对数据进行标准化处理，将使用不同单位的各变量的数值转化到0至1之间，以便在同一折线图中比较。标准化公式为：标

准值=（原始值-最小值）/（最大值-最小值）。同时，我们使用了变化点分析软件（Change-Point Analyzer）（Taylor, 2000）来考察数据发生变化的关键节点及变异程度。

4）VAR建模法

由于动态系统具有迭代性，有些变量往往受到自身或其他变量前一次或前几次水平的影响，这几次影响的时间间隔为滞后期，前几次的变量值为滞后项，例如，第一次测量值是第二次测量值的滞后项。在这种情况下，VAR建模法对研究二语习得中的各变量间的动态关系尤为适用（Barkaoui, 2014）。VAR建模法以系统内的每个子系统作为因变量，以所有子系统的滞后项作为自变量，来估计所有子系统之间的动态关系（杨晓光、程建华，2019）。与逻辑斯蒂方程建模法相似，它与其他关注当下、同期、静态的变量关系的方法相比，模型中滞后项的参与使其关注变量的发展过程，从而使模型呈动态，更适于模拟二语动态系统中的历时数据（Laing & Robinson, 2002; Laing et al., 2001）。

本研究利用EViews软件，基于L的词汇复杂度、句子复杂度、准确度与流利度的发展趋势与变异情况，尝试对4个变量进行VAR建模，并根据结果不断调试参数，例如，对数据进行差分处理、指定灵活的滞后期等，直至达到满意的拟合度与稳定度。相较于静态模型，动态模型的拟合度和稳定性较低，一般而言，R^2在0.50以上，即模型值与原始值的拟合度在50%以上，便可视为拟合较好。此外，还需要通过AR根图（AR root graph）与协整检验（cointegration test）来确定VAR模型的稳定性（张晓峒，2007）。

5）访谈

最后，本研究在一学年结束后，从外界环境、写作兴趣、写作策略这3个方面出发，对L在学年初、学年中、学年末的变化进行回溯访谈，了解每个阶段对L产生影响的关键事件，并结合L的30次写作发展情况进行分析。最后，根据动态系统理论与前期文献，深入分析数据结果，为二语教学提供启示。

❸ 研究结果

3.1 CAF系统的发展趋势

本研究按照上述步骤将标准化后的数据绘制成L的CAF发展折线图（图1）及相应的CAF发展趋势图（图2）。横轴均为测量次数，纵轴均为标准化水平。

图1的CAF发展折线图表明，4个子系统在波动中变化，在发展过程中会出现上升、减缓、停滞以及倒退，发展速率也时快时慢。为了确定发生显著变化的具体节点，我们使用了变化点分析软件，将自展引导输入（bootstrap）设置为5 000次，置信水平为95%（$p<0.05$）。结果显示：词汇复杂度、准确度无显著变化节点；句子复杂度在9至11次之间显著提高（$p=0.00$），在19至30次又显著下降（$p=0.02$），但仍高于1至9次初始阶段的水平；流利度则在10至16次之间显著提高（$p=0.01$），并持续保持上升趋势。从变异程度上看，4个子系统的平均标准差从大到小依次为：流利度（1.98）>句子复杂度（0.18）>准确度（0.11）>词汇复杂度（0.08）。

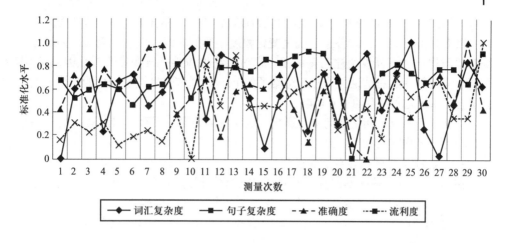

图1　CAF发展折线图

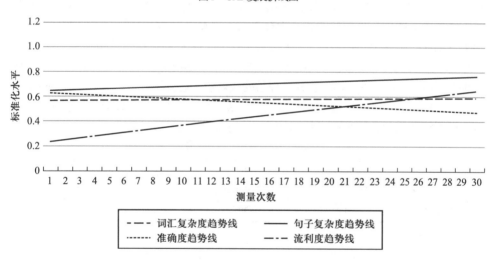

图2　CAF发展趋势图

图2的CAF发展趋势图表明，在L的4个子系统中，句子复杂度初始水平最高，呈上升趋势；准确度初始水平与句子复杂度相似，但呈下降趋势，在第11次、第26次时相继落后于词汇复杂度和流利度，直至最低；词汇复杂度初始水平低于前两者，呈微弱的上升趋势；流利度初始水平最低，但发展程度最高，并在中后期第21次、第26次依次超过了准确度与词汇复杂度。从变化速率上看，趋势线的斜率从大到小依次为：流利度（0.01）>准确度（0.01）>句子复杂度（0.00）>词汇复杂度（0.00）[①]。综合图1与图2可知，在L的CAF系统中，词汇复杂度变异性最小，发展最为平稳，而流利度变异性最大，发展程度最高，速率最快。虽然准确度有所下降，

---

① 此处为保留小数点后两位的结果。

但考虑到其他3个子系统的进步，我们认为L的CAF系统整体上仍呈上升趋势。

以上分析表明，CAF各子系统呈变化幅度不等的非线性发展。因此，如果像传统二语习得研究那样仅关注习得结果，探讨该结果与某一自变量的线性因果关系，可能会得出较片面的结论。这样既忽略了整个CAF系统在发展过程中的起伏，也简化了各子系统之间复杂的交互影响。

那么各子系统之间是如何交互影响，联动发展的呢？下面我们用VAR建模法模拟CAF系统的内在自组织机制。

3.2 CAF系统的内在自组织机制

在VAR建模之前，本研究对L的CAF原始数据进行了单位根检验以检查序列的平稳性。检验结果显示，词汇复杂度、句子复杂度、准确度与流利度（在本研究中分别设为A1、A2、A3、A4）原始数据的检验T值均小于临界值1.95，p值均 >0.05（$T=-0.02$，$p=0.67$；$T=-0.48$，$p=0.50$；$T=0.19$，$p=0.61$；$T=0.35$，$p=0.78$）。这说明，目前4个序列不够平稳，无法进行VAR建模，需进一步尝试对原始数据进行差分处理，即取相邻两项的差（用D表示）：$DA=A_{n+1}-A_n$。差分后的词汇复杂度、句子复杂度、准确度与流利度（DA1、DA2、DA3、DA4）的单位根检验结果显示，T值均大于临界值1.95，p值均 <0.05（$T=-5.35$，$p=0.00$；$T=-7.44$，$p=0.00$；$T=-7.39$，$p=0.00$；$T=-9.94$，$p=0.00$），差分处理后的数据较平稳，可以使用VAR方法对DA1、DA2、DA3、DA4 4个变量建模。经过对滞后期的调试，我们发现，当滞后期为3时，模型较理想。由于变量较多，本研究使用表2来呈现VAR模型。

表2 L的CAF的VAR模型

自变量	DA1 （词汇复杂度）	DA2 （句子复杂度）	DA3 （准确度）	DA4 （流利度）
DA1(−1)	−0.81	2.39	−0.17	3.66
DA1(−2)	−0.56	1.45	−0.97	21.81
DA1(−3)	−0.35	3.11	0.06	6.43
DA2(−1)	0.01	−0.32	0.18	−1.75
DA2(−2)	0.06	−0.10	−0.04	5.02
DA2(−3)	−0.02	−0.31	0.10	0.23
DA3(−1)	−0.07	0.11	−0.71	−1.19
DA3(−2)	0.04	−0.60	−0.80	−3.07
DA3(−3)	0.01	0.45	−0.07	−1.86
DA4(−1)	0.00	0.01	−0.03	−0.47
DA4(−2)	−0.01	−0.05	0.01	−0.59
DA4(−3)	−0.01	−0.03	0.02	−0.54
C(外部因素)	0.00	0.02	−0.01	0.42

本模型的拟合度与稳定性较好。4个变量的R^2分别为0.70，0.60，0.60和0.60，说明拟合度均在60%以上。AR根图显示，方程的所有根的倒数值均在单位圆之内（如图3），说明本VAR模型稳定性较高（参见张晓峒，2007）。此外，协整检验表明，迹检验统计量和最大特征值统计量均大于各自的临界值（T=95.72>33.98，p=0.00；T=54.08>28.59，p=0.01），说明该序列不具有随机趋势，是一种长期稳定的关系，预测性较强。

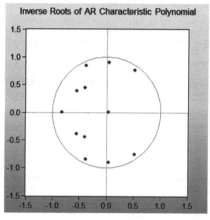

图3　VAR模型的AR根图

在表2中，第一行表示各因变量，第一列表示方程等号右边的各自变量，C代表除4个子系统外，对CAF系统产生影响的外部因素。括号中的值表示滞后期，如DA1（-1）表示之前一次DA1的测量值，DA1（-2）表示之前两次DA1的测量值。表格中的值即为各自变量前的系数，系数为正代表促进，系数为负代表抑制。同时，本研究认为，若某自变量系数的绝对值大于0.50，则该自变量对因变量的影响程度较大；若某自变量系数的绝对值小于0.10，则该自变量对因变量的影响程度较小。

为了更清晰地分析该模型中的因变量（DA1，DA2，DA3，DA4）受自变量影响的情况，我们对自变量系数按正负、大小进行分类，如表3所示。

表3　VAR模型中因变量受自变量的影响

自变量	DA1 （词汇复杂度）	DA2 （句子复杂度）	DA3 （准确度）	DA4 （流利度）
正（促进）	5项	6项	5项	5项
负（抑制）	7项	6项	7项	7项
>0.50	2项	4项	3项	10项
<0.10	9项	4项	7项	0项

观察表2中每个因变量下的自变量系数值的大小，结合表3，我们可以发现每个因变量受其自变量影响的程度。从DA1到DA4，DA4自变量中系数的绝对值大于0.50的数量最多（10项），说明DA4流利度受到其他3个子系统的影响最大；DA1自变量中系数的绝对值小于0.10的数量最多（9项），说明其他3个子系统对词汇复杂度的影响最小。结合图1与图2，流利度的变异性最大，而词汇复杂度的发展最为平稳。可见，流利度子系统开放程度最大，变异性最大，易受到其他自变量的影响；词汇复杂度子系统开放程度最小，变异性最小，不易受到其他因素的影响。

为更清晰地分析该模型中除外部因素以外的12个自变量对因变量的影响情况，我们对自变量系数按子系统类型和滞后期类型分类，并分析每类自变量系数的特点，详见表4。

表4 VAR模型中自变量对因变量的影响

自变量	子系统类型				滞后期类型		
	DA1类	DA2类	DA3类	DA4类	滞后1期	滞后2期	滞后3期
正（促进）	7项	6项	4项	4项	7项	6项	8项
负（抑制）	5项	6项	8项	8项	9项	10项	8项
>0.50	9项	2项	6项	2项	6项	9项	4项
<0.10	1项	6项	4项	9项	5项	7项	8项

观察表2中每个自变量右侧的自变量系数值的正负，结合表4，我们可以发现每类自变量对因变量的促进或抑制情况。从DA1类到DA4类，代表促进的自变量逐渐减少（7项>6项>4项=4项），代表抑制的自变量逐渐增多（5项<6项<8项=8项）。可见，DA1类自变量促进的因变量最多，抑制的因变量最少，即词汇复杂度往往对其他系统产生正向影响。

观察表2中每个自变量右侧的自变量系数的大小，结合表4，我们可以发现每类自变量对因变量的影响程度。DA1类自变量的系数的绝对值大于0.50的有9项，小于0.10的仅有1项。而DA4类大于0.50的仅有2项，小于0.10的有9项。这说明DA1类自变量对因变量的影响最大，DA4类自变量对因变量的影响最小，即词汇复杂度对其他系统的影响最大，流利度对其他系统的影响最小。同时可以发现，影响程度的大小和滞后期有关。从表4可知，在滞后期为3的自变量中，系数的绝对值大于0.50的最少，有4项，小于0.10的最多，有8项。可见，滞后时间越久，自变量对因变量产生的影响越小。

以上VAR模型将多个子系统纳入其中，全面考察CAF系统内部子系统间的关系。结果表明，学生L的CAF系统有以下几个特点：1）在同一时间点上，变量之间的关系在大小和方向上均不对等；2）一个子系统的变异性越大，就越容易受到其他子系统的影响，也越难对其他子系统产生影响；3）影响的程度与滞后期有关，距离当前写作的时间越长，各子系统间的交互影响越小，即学生需要一定时间来固化语言知识。

❹ 讨论

本研究发现，从整体上看，CAF系统呈非线性发展，流利度的变异性最大，发展水平也最高。具体来说，CAF的内在组织机制十分复杂。下面我们从动态系统理论视角出发，结合前期文献与学生访谈，对以上结果进行探讨。

4.1 CAF系统的发展趋势

本研究表明，从总体变化趋势上看，L的CAF系统与前期文献一致，均呈非线性上升趋势。虽然L的准确度系统有所下降，但根据动态系统理论，语言在发展和固化的过程中出现停滞甚至倒退，并不一定代表学生语言能力的退化。从一定程度上说，学生的偏误增加，反而是积累复杂语言、能力上升的表现（Verspoor et al.，2012；张会平，2020）。从变异程度上看，词汇复杂度变异性较小，与Larsen-Freeman（2006）的研究结果类似，流利度变异性较大，与王海华等（2015）、白丽芳和叶淑菲（2018）等的研究结果类似。这表明二语CAF系统的发展存在个体间与个体内变异，不同研究中的话题、反馈、学生写作习惯等均会对学生的写作产生影响，使不同个体的CAF系统通过自组织自适应外部环境而浮现出不同特征。

根据本研究中学生L的访谈和动态系统理论可知，外界学习环境的变化和学生内在学习动机的变化是学生L的CAF系统产生变化的关键因素。L从高中步入大学，成为英语专业大一新生，英语接触量大大增加，面对新的教学环境、学习同伴，心态发生了变化。她感到"新鲜"，"单词量增加了"，与毕业于外国语中学的同学相比，"自己差很大一截"，觉得"有点压力"，"对语言的学习没太大热情"，但是"就想把分数提上去"。很快，L适应了当前的学习节奏与环境，从第4周开始，L主动参加了"国际交流协会"，语言使用机会的增加使L的内在学习动机有所提升，感到"思维和眼界更加开阔"，对英语也逐渐"接受了"，句子复杂度与流利度显著提高。动态系统理论认为，动态系统具有环境敏感性与互适性，当外界作用力过大，超出原系统的接纳程度时，原本看似稳定的状态便被打破，发生相位变化。许春燕等（2017）指出，中国学生与本族语者之间的互动可以促使中国学生关注目标语的语言形式。参加"国际交流协会"活动也对L的CAF系统的发展起到了促进作用。

4.2 CAF系统的内在自组织机制

基于上述VAR模型，下文依次讨论CAF系统内在自组织机制的3个特征。

第一，在同一时间点上，CAF系统内子系统之间的关系在大小和方向上均不对等。本研究结果与现有研究（如Verspoor et al.，2011；江韦姗、王同顺，2015；郑咏滟、冯予力，2017）均不相同。这是由于本研究采用了VAR建模法，关注多重变量之间的关系，而其他研究仅关注成对变量之间的关系。该结果一方面表明，在学生L的CAF系统内部，4个子系统在同一时间内需要的资源并不相同（Larsen-Freeman，

2006），另一方面表明，CAF整体系统的发展不是每个子系统单独发展后的简单相加，每个变量产生的影响在程度和方向上均有所不同，但都为整体系统的发展贡献了力量。韩大伟和邓齐指出（2013），整体任务比单项练习更有助于提高学生的语言运用能力。因此，我们应以整体观看待学生的写作发展。

第二，子系统间交互影响的程度和方向与子系统的变异性有关。词汇复杂度子系统开放性最小，变异性最小，受到外界的影响最小，多为抑制作用；流利度子系统开放性最强，变异性最大，受到外界的影响最大，且多为促进作用。相应地，词汇复杂度对其他变量的影响最大，流利度对其他变量的影响最小。由访谈可知，学生L的注意力从复杂度逐渐分配到了流利度。L表示，最初，她通过批改网的反馈发现"全用简单句，批改网给的分数不会太高"，便有意识地使用复杂词汇和复杂句型。然而，随着英语写作能力的增强，她后来"只是把批改网给出的修改当作建议，更在意整篇文章看起来流不流畅"。Caspi（2010）指出，词汇复杂度的发展是句子复杂度与准确度发展的前提。根据动态系统理论，较稳定的系统不再需要更多认知与注意力资源来维持其现有表现，多余资源可分配至其他子系统（Johnson et al.，2012）。本结果进一步证明了动态系统理论中的变异发展观，即系统的变异性越大，越容易获得外界资源，因而发展程度越高。

第三，子系统间交互影响的程度与滞后期有关，距离当前写作的时间越长，子系统之间的交互影响越小。一方面，本研究结果体现了动态系统的迭代性，即CAF当前的发展水平取决于其前期的发展水平。Ellis（2008）认为习得是一个迭代循环的过程：使用—变化—感知—学习—使用。重复的使用与重复的显性教学对语言的固化具有促进作用。语言接触假说也认为（张会平，2020），学生的语言接触量必须达到一定程度，才能有效习得相应的语言知识，而接触量的临界值尚无定论。本研究VAR模型表明，L的CAF关键滞后期为3，即学生当前的CAF发展水平与之前3次的发展水平有关。因此，结合之前3次写作情况进行显性教学，及时对关键滞后期内的语言知识进行复习巩固，或许有助于提高学生的CAF发展水平。另一方面，本研究结果进一步表明了传统实验研究的局限性。学生的CAF发展存在滞后期，表明语言知识的固化需要一定时间，然而传统的实验研究范式却往往采用较短的时间间隔，观察干预的即时效果，忽略了固化过程。因此，在今后的CAF研究中，应采用动态系统理论视角，注重学生二语写作发展的过程。

❺ 结论与启示

本研究是在动态系统理论视域下，利用VAR建模法研究CAF动态发展的探索性尝试，旨在通过自下而上的方式，揭示个体CAF系统的发展趋势和内在自组织机制。研究表明，L的CAF呈非线性上升趋势，其中流利度变异性最大，发展程度最高。每一个子系统的发展都受到自身及其他子系统滞后的影响，且这种影响在程度、方向上均不对等。影响的程度和方向与子系统的开放性和滞后期有关。访谈结果表明，外界学习环境的变化、批改网的反馈和内在学习动机会影响学生CAF系统的发展。

基于研究结论，本研究对教师应如何指导学生进行二语写作提出几点建议。第一，以整体观看待二语写作发展，在整体任务中提高学生的语言能力，减少单项练习；第二，发现并利用关键滞后期，引导学生结合这期间的几次写作情况，不断复习巩固，对比借鉴，形成良性循环；第三，帮助学生合理调用已固化的知识系统和认知方式建构新知识，促进低水平子系统的发展，如利用语义上相关的词汇和衔接词增加文章的连贯性与流利度；第四，增大学生的语言接触量并提高语言使用频率，利用网络资源与社会资源，采用同伴教学法提高学生的内在学习动机；第五，采用过程性评价与终结性评价相结合的方式综合评定学生的写作成绩。

参考文献

❏ Ai, H. Y. & Lu, X. F. 2013. A corpus-based comparison of syntactic complexity in NNS and NS university students' writing. In A. Díaz-Negrillo, N. Ballier, & P. Thompson (eds.), *Automatic Treatment and Analysis of Learner Corpus Data*. Amsterdam/Philadelphia: John Benjamins. 249-264.

❏ Barkaoui, K. 2014. Quantitative approaches for analyzing longitudinal data in second language research. *Annual Review of Applied Linguistics* 34: 65-101.

❏ Caspi, T. 2010. *A Dynamic Perspective on Second Language Development*. PhD dissertation. University of Groningen.

❏ Ellis, N. C. 2008. The dynamics of second language emergence: Cycles of language use, language change, and language acquisition. *The Modern Language Journal* 92: 232–249.

❏ Heatley, A., Nation, P. & Coxhead, A. 2002. *Range and Frequency Programs*. https://www.victoria.ac.nz/lals/about/staff/paul-nation/.

❏ Hiver, P. & Al-Hoorie, A. 2020. *Research Methods for Complexity Theory in Applied Linguistics*. Bristol, UK: Multilingual Matters.

❏ Johnson, M. D., Mercado L. & Acevedo, A. 2012. The effect of planning sub-processes on L2 writing fluency, grammatical complexity, and lexical complexity. *Journal of Second Language Writing* 21: 264-282.

❏ Laing, C. & Robinson, A. 2002. *Non-Traditional Student Withdrawal: A Grounded Bayesian Vector Auto Regression Framework*. Paper presented at the 32nd ASEE/IEEE Frontiers in Education Conference. Boston, United States.

❏ Laing, C., Robinson, A. & King, G. 2001. *Student Non-Completion Factors and Targeted Resource Allocation: A Predictive Model*. Paper presented at the 31st ASEE/

IEEE Frontiers in Education Conference. Reno, United States.

❏ Larsen-Freeman, D. 1997. Chaos/complexity science and second language acquisition. *Applied Linguistics* 18: 141-165.

❏ Larsen-Freeman, D. 2006. The emergence of complexity, fluency, and accuracy in the oraland written production of five Chinese learners of English. *Applied Linguistics* 27:590-619.

❏ Larsen-Freeman, D. 2017. Complexity theory: The lessons continue. In L. Ortega, & H-H. Zhao (eds.), *Complexity Theory and Language Development in Celebration of Diane Larsen-Freeman.* Amsterdam/Philadelphia: John Benjamins Publishing Company. 11-50.

❏ Larsen-Freeman, D. & Cameron, L. 2012. *Complex Systems and Applied Linguistics.* Shanghai: Shanghai Foreign Language Education Press.

❏ Laufer, B.& Nation, P. 1995. Vocabulary size: Lexical richness in L2 written production. *Applied Linguistics* 16: 307-322.

❏ Lowie, W., Caspi, T., van Geert, P. &Steenbeek, H. 2011. Modeling development and change. In M. Verspoor, K. de Bot & W. Lowie (eds.), *A Dynamic Approach to Second Language Development: Methods and Techniques.* Amsterdam/Philadelphia: John Benjamins Publishing Company. 99-127.

❏ Lu, X. F. 2010. Automatic analysis of syntactic complexity in second language writing. *International Journal of Corpus Linguistics* 15: 474-496.

❏ Lu, X. F. 2011. A corpus-based evaluation of syntactic complexity measures as indices of college-level ESL writers' language development. *TESOL Quarterly* 45: 36-62.

❏ Lu, X. F. & Ai, H. Y. 2015. Syntactic complexity in college-level English writing: Differences among writers with diverse L1 backgrounds. *Journal of Second Language Writing* 29: 16-27.

❏ Rosmawati, C. 2014. Second language developmental dynamics: How dynamic systems theory accounts for issues in second language learning. *The Australian Educational and Developmental Psychologist* 31:66-80.

❏ Taylor, W. A. 2000. *Change-Point Analysis: A Powerful New Tool For Detecting Changes.*http://www.variation.com/cpa/tech/changepoint.html.

❏ Verspoor, M., de Bot, K. & Lowie, W. 2011. *A Dynamic Approach to Second Language Development: Methods and Techniques.* Amsterdam/Philadelphia: John Benjamins Publishing Company.

❏ Verspoor, M., Schmid, M. S. & Xu, X. 2012. A dynamic usage based perspective on L2 writing. *Journal of Second Language Writing* 21: 239-263.

❏ Wolfe-Quintero, K., Inagaski, K. S. & Kim, H.Y. 1998. *Second Language Development in Writing: Measures of Fluency, Accuracy, and Complexity.* Honolulu:

University of Hawai'i at Manoa.

❏ 白丽芳、叶淑菲，2018，英语二语写作能力动态发展研究。《现代外语》（3）：354-366。

❏ 段士平，2019，学术英语语块发展研究动态路径：复杂系统建模。《外语学刊》（1）：87-91。

❏ 韩大伟、邓齐，2013，动态抑或互动？——动态系统理论与社会文化理论在二语习得中的应用。《外语电化教学》（3）：11-15。

❏ 江韦珊、王同顺，2015，二语写作句法表现的动态发展。《现代外语》（4）：503-514。

❏ 王海华、李贝贝、许琳，2015，中国英语学习者书面语水平发展个案动态研究。《外语教学与研究》（1）：67-80。

❏ 许春燕、张军、战菊，2017，动态系统论视角下跨洋互动写作课程学生英语作文的复杂度、准确度和流利度研究。《中国外语》（6）：53-61。

❏ 杨文星、孙滢，2016，二十一世纪新兴的二语习得理论评析。《现代外语》（1）：106-118。

❏ 杨晓光、程建华，2019，经济预测的认知与定量方法。《系统科学与数学》（10）：1553-1582。

❏ 张会平，2020，中国英语初学者写作词汇丰富性的发展特征研究。《现代外语》（4）：529-540。

❏ 张晓峒，2007，《EViews使用指南与案例》。北京：机械工业出版社。

❏ 郑咏滟，2020，复杂动态系统理论研究十年回顾与国内外比较。《第二语言学习研究》（10）：84-98。

❏ 郑咏滟、冯予力，2017，学习者句法与词汇复杂性发展的动态系统研究。《现代外语》（1）：57-68。

A Case Study on the Development of Complexity, Accuracy and Fluency Based on VAR Modeling Method

Abstract: Based on the dynamic systems theory, this study investigated the developmental trends of lexical complexity, sentence complexity, accuracy and fluency and their self-organization mechanism in English writing by exploring an English major freshman' writing through one year. Based on the vector autoregressive (VAR) modeling method, we found that (i) the four subsystems developed in a nonlinear fashion, and fluency developed to the greatest extent with the highest variability; (ii) each subsystem was affected by its own and the other three subsystems' previous terms, and the degree and direction of effects were related to the variability of the subsystem; (iii) an interview indicated that the development of English writing was related to intrinsic motivation and external environment factors. The results of the study are insightful for second language teachers to guide students' writings.

Key words: dynamic systems theory; VAR modeling method; complexity; accuracy; fluency

（责任编辑：冯硕）

西班牙语三语习得者的语素意识研究

复旦大学　陈　豪
马德里康普顿斯大学　梁　倩*

[提　要]　　本文以西班牙语三语习得者为实验对象，通过分析西班牙语词汇真假词掩
蔽启动实验结果，讨论了三语为西班牙语的学习者在词汇习得中的语素意
识及同源词效应。研究发现，在跨语言影响下，西班牙语三语习得者的语
素意识存在从二语到三语的迁移，其中同源词效应在词汇真假词判断的不
同条件下存在差异。本文为有关国内西班牙语三语习得者的同源词及语素
意识的初步研究，研究体现了语素意识培养与同源词学习在母语为中文的
三语习得者中的重要性。

[关键词]　　掩蔽启动；三语习得；同源词；跨语言影响；语素意识

❶ 引言

语素意识概念由Carlisle（1995）首次定义，他认为语素意识与单词结构和词汇
认知有重要联系，主要体现在说话者对词汇语素结构的敏感程度上，语素意识越强，
敏感度越高。语素意识从属于元语言意识，后者是对语言结构有意识的觉察和运用
（Nagy & Anderson，1995），主要包括语音意识、语素意识和正字法意识。

国内外学者对语素意识的研究主要聚焦于母语和二语的教学实践和语言习得，
其中母语研究的对象主要为低年级儿童（张玉平等，2017；方铖豪等，2019），二
语研究的对象则主要为英语词汇的心理认知研究（曾立英，2011）。发展心理学和
教育学研究发现，语素意识与母语者的以下能力关系密切：词汇习得（Wysocki &
Jenkins，1987；Bertram et al.，2000）、阅读理解（Mahony et al. 2000；Schiff et al.，
2011）、正字法（Bourassa et al.，2006；Deacon & Bryant，2006a，2006b；Medina
& Rueda，2012）、读写能力（Meaux et al.，2020）等。李利平等（2020）通过对国
内127名一年级儿童进行的为期两年的追踪调查，发现语素意识能显著预测汉字识

---

*　作者简介：陈豪，复旦大学外国语言文学学院西班牙文系讲师、博士。研究方向：心理语言学、国际
中文教学、跨文化交际。Email：h_chen@fudan.edu.cn。通信地址：200433 上海市杨浦区邯郸路220号。
梁倩，马德里康普顿斯大学博士生。研究方向：认知隐喻、心理语言学、对外西语教学。Email：
qialiang@ucm.es。通信地址：200438 上海市杨浦区国权北路1450号。
衷心感谢《语言学研究》匿名审稿专家与编辑部的宝贵修改建议！拙文疏漏之处，概由笔者负责。

别的起始水平和发展速度；方铖豪等（2019）以149名小学一年级儿童为被试，发现儿童早期语素意识水平高能够提高其词汇知识获得的效率，进而促进其阅读能力的发展。

在二语习得中，语素意识主要体现在二语词汇习得和二语阅读理解上，具体体现为二语者在词汇习得过程中具有的处理词汇曲折与派生的能力，这些能力会影响二语者的词汇量（Morin，2003；Ramírez et al.，2010；Jeon，2011；Tabatabaei & Yakhabi，2011；Kieffer & Lesaux，2008；Zhang & Koda，2012；Zhang，2016；Ke & Koda，2017）；此外，语素意识还具有迁移现象，能将母语词汇派生规则迁移至二语词汇学习中（Whitley，2004；Deacon et al.，2007；Ramírez et al.，2010；Saiegh-Haddad & Geva，2008；Schiff & Calif，2007）。Yamada和Sanchez-Gutiérrez（2019）对121位母语为英语、二语为西班牙语的大学生进行了词汇选择实验，对比研究了西班牙语前缀dis-和des-①，发现在二语习得初期，英语同源前缀dis-表现出了明显的迁移现象，较des-更具能产性。随着二语熟练度增加，西班牙语前缀des-的能产性逐渐升高并超过了dis-。然而，在母语为中文、二语为英语的习得者中，语素意识的迁移现象并未像母语和二语均为字母语言中的那样明显（Ramírez et al.，2011；Zhang & Koda，2012），主要体现为汉英复合词的语素意识迁移（Pasquarella et al.，2011；Ramírez et al.，2011；Wang et al.，2006，2009）。Ramírez等（2011）对比研究了89名母语为西班牙语、二语为英语的四年级和七年级儿童和77名母语为中文、二语为英语的四年级及七年级儿童，发现母语为西班牙语的儿童的英语派生语素意识显著强于母语为中文的儿童，而母语为中文的儿童在复合语素意识上表现较好，但与母语为西班牙语的儿童无显著差异（梁利娟、陈宝国，2013）。综上所述，在语言学习过程中，语素意识的培养有助于学习者词汇或阅读能力的提升，这一点是毋庸置疑的（吴诗琼，2019）。

在三语习得研究领域，三语习得者受到的二语影响可被称作"外语效应"（foreign language effect）（De Angelis & Selinker，2001）或"二语地位"（L2 status）（Hammarberg，2001）。三语习得者较容易受到二语迁移影响，在词汇层面主要体现为语素意识和同源词的影响，不同字母语言中的词汇往往拥有相同语素，两者相互联系，主要体现为同源语素（如上文的同源词缀dis-）。国内外学者对三语语素意识的研究不多（Orcasitas-Vicandi，2020），将跨语言影响结合三语语素意识的研究则更少。学者们对同源词在二/三语习得中存有何种效应也未形成统一观点，有些学者认为同源词在外语习得过程中存在抑制效应（Temnikova & Nagel，2015），有些则认为存在促进效应（Poort & Rodd，2017）。由于中国学生的母语②和二语间的语言距离大，在三语③词汇习得过程中，当二语和三语语言距离相近时，学生对三语词汇的

---

① 西班牙皇家学会在线词典对前缀dis-给出的定义为"表示否定、分离、区别等"；对des-给出的定义为"表示相反、过分、剥夺等"，详情见：https://dle.rae.es/dis-#DrV7GVw；https://dle.rae.es/des-#CJuPwUn。
② 本文主要讨论母语为中文者，其二语通常为英语。
③ 本文讨论的三语为西班牙语。

加工更易受习得状态相似的二语词汇影响（陈艳艳、张萍，2019），例如：情形（母语）、*situation*（二语，英语，含义为"情况"）和*situación*（三语，西班牙语，含义为"情况"）。由于元语言意识在二语习得中发挥了重要作用（曾丽，2011；梁利娟、陈宝国，2013），相较于母语和二语，中国学生在三语习得过程中，语素意识是否在二语和三语间也存在迁移？为了探讨中国三语习得者的语素意识和同源词效应问题，本研究将同源词和语素真假词相结合，对以西班牙语为三语的习得者进行了真假词汇判断的掩蔽启动实验，分析语素意识在三语词汇习得中的跨语言影响，通过研究母语为中文的三语习得者的语素意识与同源词效应，明确语素意识培养与同源词学习对语言学习的重要性。

❷ 方法

2.1 研究对象

由于国内开设西班牙语专业的高校相对较少，且各高校西班牙语学习者的西班牙语水平参差不齐，而社会上西班牙语学习者的情况更是如此。为了便于抽样及较好地控制被试的语言水平、二语地位、年龄等因素，参与本研究的被试为来自同一所高校、同一个班级的15位西班牙语专业大二（下）学生，男女比例为1:4，平均年龄为19岁。被试经历了3.5个学期（约21个月）的西班牙语系统学习过程，在此之前均未接受过任何西班牙语语言技能训练。由于即将面临全国统一的西班牙语专业四级考试，所有被试被要求熟练掌握西班牙语专业四级词汇。所有被试视力正常或矫正后视力正常，均为右利手。进行词汇判断实验半个月后，所有被试均参加了西班牙语专业四级考试，我们使用SPSS对其专四成绩进行了描述性统计，发现其西班牙语水平差距不大（n=15，M=82.30，SD=4.57，SE=1.18）。

2.2 研究目的

本研究初步探讨以下两个问题：

1）在母语为中文的三语习得者中是否能观察到语素迁移现象？

2）同源词在母语为中文的三语词汇习得中存在同源促进效应还是抑制效应？

2.3 研究工具及步骤

本研究采用掩蔽启动实验范式，被试需要完成真假词汇判断任务。启动条件分别为同源词启动（假如判断词为西班牙语词汇*anunciar*，含义为"宣布"，则启动词为其英语同源词*announce*，含义为"宣布"），乱序字母启动（假如判断词为西班牙语词汇*destruir*，含义为"破坏"，启动词为其英语乱序字母*gtbaiddn*，无义）和无启动。本研究涉及80个判断词，按照"真假词"与"是否同源"两个标准大致将测试词汇分为4组（见表1），其中同源真词有28个，同源假词有20个，非同源真词和非同源假词各16个。

表1　测试词汇大类分组

序号	类别	数量
1	同源真词	28
2	同源假词	20
3	非同源真词	16
4	非同源假词	16

与所测词汇对应的真词[①]选自《西班牙语专业四级词汇》（李晓科、程亮亮，2006），即西班牙语专业四级考试要求考生掌握的词汇，所测词汇中的词汇变体通过《西班牙皇家学会西班牙语词典》[②]（以下简称《词典》）来判断真假。选取词汇的词长均为8至9个字母，音节数为3至4个音节，不存在代词式动词。假词为更换真词字母所得，分为语素假词和非语素假词。语素假词为给真词添加合理的语素得到的假词，如*besadora*，其中，*besar*为"亲吻"的动词形式，*-dora*为"－者"的词缀，*besadora*未被《词典》收录，因此被认定为假词。非语素假词为在词缀或词根中改变一个字母得到的假词，如*mojer*，其真词为mujer（女人）（Sánchez-Gutiérrez，2013：25）。因此，根据英语和西班牙语单词是否同源、同源词真假朋友[③]、语素真假、启动条件这几项标准，本研究的80个西班牙语测试词汇可进一步细分为18个小组，其中，16组每组4个词汇，2组每组8个词汇（参见文末的表5）。

本研究采用E-prime 2.0软件，要求被试对电脑屏幕上随机呈现的西班牙语词汇进行真假词判断。假如他们认为所看到的词是真词，就按j键，认为所看到的词是假词，就按f键。所有目标词和启动词均呈现于电脑屏幕中央。每个词呈现前，屏幕中央会出现长达800毫秒的"########"字符串作为注视点以提示被试（字符串的长度跟平均词长相同），随后出现40毫秒的启动词（若有）以及目标词，直到被试做出按键反应才消失，进入下一个目标词判断。正式开始实验之前，每人练习4个词，确定可以正式开始后进入正式实验阶段，实验过程如图1所示：

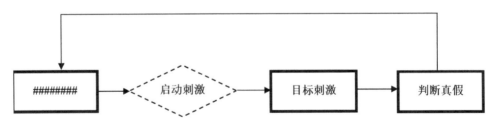

图1　真假词判断流程图

---

① 例：假词*abundente*对应的真词为*abundante*，含义为"丰富的，大量的"。

② REAL ACADEMIA ESPAÑOLA. 2014. *Diccionario de la Lengua Española*，23rd ed. https://dle.rae.es. 2022–12–30.

③ 简言之，同源词为具有相同词源的词汇，本文研究的同源词为英语和西班牙语中拥有相同词源（源自古拉丁语，古希腊语等）的词汇。若两词词义相同，一般认为两词互为真朋友，如：*situate*（英语）和*situar*（西班牙语）均源自古拉丁语*situare*，均有"使……位于""将……东西放置于（某处）"之义；反之，若两词拥有相同词源，而词义不同，一般认为两词互为假朋友，如：*policy*（英语）和*policia*（西班牙语），均源自古拉丁语*politia*，然而*policy*在英语中一般为"政策、方针"之义，而*policia*在西班牙语中则为"警察"之义。本文所有同源词选定参考了 *NTC's Dictionary of Spanish Cognates Thematically Organized*（Nash，1997）词典。

我们对表1的反应时（RT）均数和表5中的相关变量分别做了单向方差分析检验（One-way ANOVA），用于本文分析的数据为剔除从目标词出现到被试做出反应为止的反应时（RT）均值正负2.5个标准差之外的数据，数据单位为"毫秒"。

❸ 结果

本实验数据分析的事后检验结果如表2与表3所示。对表1中4组数据进行两两比较，Levene $W=0.594$，$p=0.621$，$F(3, 76)=29.391$，$p<0.05$，如表2所示，存在差异的组别为第1组和第2组，第1组和第4组，第2组和第3组，第3组和第4组。据此，我们可以得出初步结论：三语为西班牙语的习得者的真词RT值比假词RT值小，具有显著差异。

表2　ANOVA摘要：大类组间两两比较

组别	n	M	SD	F （3, 76）	事后检验[①]
1	15	1 523.48	411.06		
2	15	2 429.75	497.26	29.391*	1＜2；1＜4； 3＜2；3＜4
3	15	1 475.53	476.55		
4	15	2 481.41	421.77		

小组分类的单向方差分析检验结果显示，当判断词为同源词非语素假词时，被试在不同启动条件下的RT值有显著差异，$F(2, 9)=6.573$，$p<0.05$。同源词启动的RT值小于无启动，也小于乱序字母启动，但无启动和乱序字母启动之间无显著差异（见表3）。

表3　ANOVA摘要：小组组间启动方式比较

	同源词启动		无启动		乱序字母启动		F （2, 9）	事后检验
	M	SD	M	SD	M	SD		
同源词非语素假词	2 085.25	238.63	2 649.42	432.08	2 870.00	235.36	6.573*	同源词启动 ＜无启动； 同源词启动 ＜乱序字母 启动

① 关于均值之间的比较，此列的"1＜2"，说明1组比2组反应快，即均值上1的数值小于2，MD为负，余同。

表4 配对样本 *t* 检验摘要：乱序字母启动条件下比较

	同源词 （n=15）		非同源词 （n=15）		*MD*	*t* (3)
	M	*SD*	*M*	*SD*		
非语素假词	2 870.00	235.36	2 139.26	281.72	730.74	3.138

	语素假词 （n=15）		非语素假词 （n=15）		*MD*	*t* (3)
	M	*SD*	*M*	*SD*		
非同源词	2 649.82	280.39	2 139.26	281.72	510.55	5.330*

在相同启动条件下（即乱序字母启动），我们对两组反应时进行了配对样本 *t* 检验（见表4）。第一组对比的是非语素假词为同源词或非同源词时的反应时。结果显示被试对非语素假词是否为同源词的反应时间有边缘性显著差异（ *t* = 3.138, *df* = 3, *p* = 0.052）：对同源词的RT值大于对非同源词的RT值（ *MD* = 730.74）。第二组对比的是非同源词是语素假词或非语素假词时的反应时。结果发现被试对非同源词是否为语素假词的反应时间有显著差异（ *t* = 5.330, *df* = 3, *p* < 0.05）：对语素假词的RT值大于对非语素假词的RT值（ *MD* = 510.55）。在其他启动条件下进行相同检验，均未发现任何组间显著差异。

❹ 讨论

本研究根据是否同源、是否为语素假词等分类标准，对西班牙语词汇进行了真假词判断掩蔽启动实验。实验结果发现：三语为西班牙语的三语习得者在西班牙语词汇判断实验中，真词RT值显著小于假词RT值；在词汇类型均为同源词非语素假词的情况下，相较于无启动以及乱序字母启动，被试在同源词启动的条件下均具有更小的RT值，这一点充分体现了三语习得者在三语词汇识别过程中的同源词促进效应（见表3）（Poort & Rodd, 2017）。然而，在乱序字母启动条件下，被试对非语素假词进行判断时却出现了非同源词情况下反应时更小的情况。换句话说，被试对非同源"单纯假词"的反应速度快于同源词，体现了同源词抑制效应（Temnikova & Nagel, 2015）。另外，在乱序字母启动条件下，被试在判断非同源词是否为语素假词和非语素假词是否为同源词时有着相似的表现（语素假词和同源词的反应时均大于"单纯假词"）。根据语素意识和同源词之间的关联（同源语素），我们认为被试在复杂情况（乱序启动）下，在判断非同源词时，同源语素产生了抑制作用，与被试在判断非语素假词时表现出的同源词抑制效应类似，这表明三语习得者的语素意识存在着从二语到三语的负迁移现象。然而，这种同源词抑制效应在其余两种启动条件下均未出现。

总体来看，启动条件与语素意识的关系较为复杂。在不同启动条件下，被试判断同源词反应时均值较短的结果表明，我们能在三语习得者中观察到同源词促进效应。同源词促进效应的存在表示语素意识存在着从二语到三语的正迁移。至于语素意识负迁移，我们能从本实验复杂情况下的非同源词词类分析中进行推测，即：三语习得者从二语到三语迁移的语素意识同样存在抑制效应。本文分析指出，语素意识与同源词抑制效应一样，在二语与三语中存在负迁移，会给语言习得造成一定干扰，这一点在同源词与同源语素的习得及应用上不容忽视。

本文进行了详细的反应时分析，但并未详细分析被试的正确率，主要是考虑到假词词组的正确率偏低，倘若选取正确率90%以上的有效数据，则仅有2个假词数据有效。而本文的分析重点在于假词RT值间的比较，倘若结合正确率，基本上无法进行深入分析。即便如此，选取正确率80%以上的数据并结合RT值的分析结果仍然显示了同源词的促进效应。正确率为80%以上的有效数据组为1（4）、2（4）、4（1）、5（4）、6（3）、8（1）、10（1）、11（8）、12（4）、13（4）、14（1）、18（7），数据组别对应表5中的序号，括号内对应有效数据单词数。去除真假词差异后，具有统计意义的对比组为第4组的 *abundente*（含义为"大量的"）与第8组的 *carpinter*（错词，英语真词为 *carpenter*，含义为"木匠"；西班牙语真词为 *carpintero*，含义为"木匠"）。我们将这两组的反应时进行配对样本 *t* 检验，结果显示，被试对同源词非语素假词的RT值在同源启动条件下较同源词非语素假词在无启动条件下更小（ $t = -2.756$, $df = 11$, $p < 0.05$ ），体现了同源词促进效应。

综上所述，与二语习得者相仿，三语习得者的语素意识存在从二语到三语的迁移现象，这也说明，借由语素意识，三语习得者的词汇能力可以在二语基础上获得迁移，体现出三语习得研究中的"外语效应"，我们自然也可以推断，三语习得中来自二语的语素意识迁移也能在三语的词汇习得、阅读理解以及读写能力上发挥作用。同源语素的存在导致语素意识和同源词效应关系密切，尽管学界对三语习得中的同源词究竟存在哪种效应仍有争议，然而，根据本研究的分析，我们认为在不同条件下，同源词体现出了不同效应：在比较复杂的情况下（例如非同源情况下），同源词及语素意识对三语习得者体现出了抑制效应；而在比较简单的情况下（例如同源情况下），同源词及语素意识对于三语习得者体现出了促进效应。因此，对于同源词在三语习得过程中究竟存在哪种效应，不能一概而论。

由于在三语习得中存在二语语素意识迁移，因此培养三语习得者的语素意识有助于三语词汇习得。在此过程中，我们同样需要合理利用正迁移，有效减少负迁移。在同源词以及同源语素的学习与应用上，三语习得者应当借助语素意识与同源现象的积极联动，来巩固三语词汇习得，在复杂的情况下（例如在词汇正字法和同源语素判断上）需要排除同源词与同源语素的干扰，从而达成正确习得与使用三语词汇的目标。

❺ 结论

元语言意识具体体现在对语言规则的感知能力上，由于国内三语习得者三种语言间两两距离不同，因此二语和三语之间的语素意识和同源词效应更容易得到体现。在三语词汇学习与应用中，不仅需要注重同源词与同源语素的习得研究（陈豪，2021），也需要注重语素意识的培养研究。在三语习得中，有关语素意识与同源词效应的研究需要根据具体情况进行具体分析。

尽管本研究探讨了三语习得者的语素意识迁移情况及其与同源词效应之间的关系，但仍有不足之处：1）并未深入考虑测试词汇的词频与同源词使用频率、词类规模及能产性，也没有深入测量被试的二语和三语水平。2）实验人数偏少，每类词汇数量较少，且分组过于繁杂，实验数据无法体现为什么在无启动条件下RT值无法体现语素意识迁移而在乱序字母启动条件下则能体现。3）没有深入研究正确率和反应时之间的相互影响，在数据处理过程中并未剔除回答错误的数据。本研究中的某些组对差异明显，但这并不表示在差异不明显的组对中我们无法得出已知的初步结论。我们仍需要扩大实验体量，进行更为广泛与深入的研究，尤其需要对复杂情况和简单情况分别进行更为具体的研究。希望本文能对三语习得者的语素意识和同源词效应的跨语言影响研究提供启示。

表5　测试词汇及其分组

启动与分组		每组词汇类型	测试词汇列表
同源启动	1	参照4对**真朋友**，判断词为**真词**	anunciar, distancia, uniforme, turismo
	2	参照4对**假朋友**，判断词为**真词**。	soportar, divertido, policía, librería
	3	参照4对**真朋友**，判断词为**语素假词**。	cientista, adaptivo, financial, magical
	4	参照4对**真朋友**，判断词为**非语素假词**。	abundente, involver, noctorno, respector
无启动	5	参照4对**真朋友**，判断词为**真词**。	concierto, favorito, historia, paciencia
	6	参照4对**假朋友**，判断词为**真词**。	noticia, contester, pretender, balance
	7	参照4对**真朋友**，判断词为**语素假词**。	senator, circuitar, pictorial, remediato
	8	参照4对**真朋友**，判断词为**非语素假词**。	comarada, depocitar, carpenter, briliante
	9	判断词为4个非同源词语素假词。	besadora, cantista, empeción, escobante
	10	判断词为4个非同源词非语素假词。	vivianda, mientres, olfetear, alfambra
	11	判断词为8个非同源词真词。	aburrido, bastante, camiseta, desayuno entender, fracasar, hablante, hacienda

（续表）

启动与分组		每组词汇类型	测试词汇列表
乱序 字母 启动	12	参照4对**真朋友**，判断词为**真词**。	teléfono, destruir, potencia, rotación
	13	参照4对**假朋友**，判断词为**真词**。	lectura, aplicado, traducir, construir
	14	参照4对**真朋友**，判断词为**语素假词**。	centroso, benéfico, justicio, nutritive
	15	参照4对**真朋友**，判断词为**非语素假词**。	paradiso, delegato, susesivo, suicidia
	16	判断词为4个非同源词语素假词。	falleción, gentista, heladado, regalero
	17	判断词为4个非同源词非语素假词。	rallenar, suciadad, trepezar, desparar
	18	判断词为8个非同源词真词。	levantar, muchacho, nosotros, pantalla película, quehacer, reanudar, señorita

参考文献

❏ Bertram, R., Laine, M. & Virkkala, M. M. 2000. The role of derivational morphology in vocabulary acquisition: Get by with a little help from my morpheme friends. *Scandinavian Journal of Psychology* 41: 287-296.

❏ Bourassa, D., Treiman, R. & Kessler, B. 2006. Use of morphology in spelling by children with dyslexia and typically developing children. *Memory and Cognition* 34: 703-714.

❏ Carlisle, J. F. 1995. Morphological awareness and early reading achievement. In L. B. Feldman (ed.), *Morphological Aspects of Language Processing*. Hillsdale, NJ: Erlbaum. 189-209.

❏ De Angelis, G. & Selinker, L. 2001. Interlanguage transfer and competing linguistic systems in the multilingual mind. In J. Cenoz, B. Hufeisen & U. Jessner (eds.), *Cross-linguistic Influence in Third Language Acquisition: Psycholinguistic Perspectives*. Bristol, UK: Multilingual Matters. 42-58.

❏ Deacon, H. & Bryant, P. 2006a. Getting to the root: Young writer's sensitivity to the role of root morphemes in the spelling of inflected and derived words. *Journal of Child Language* 33: 401-417.

❏ Deacon, H. & Bryant, P. 2006b. This turnip's not for turning: Children's morphological awareness and their use of root morphemes in spelling. *British Journal of Developmental Psychology* 24: 567-575.

❏ Deacon, S. H., Wade-Woolley, L. & Kirby, J. 2007. Crossover: The role of morphological awareness in French immersion children's reading. *Developmental Psychology* 43: 732-746.

❏ Hammarberg, B. 2001. Roles of L1 and L2 in L3 production and acquisition. In J. Cenoz, B. Hufeisen & U. Jessner (eds.), *Cross-linguistic Influence in Third Language Acquisition: Psycholinguistic Perspectives*. Bristol, UK: Multilingual Matters. 21-41.

❏ Jeon, E. H. 2011. Contribution of morphological awareness to second-language reading comprehension. *Modern Language Journal* 95: 217-235.

❏ Ke, S. & Koda, K. 2017. Is vocabulary knowledge sufficient for word-meaning inference? An investigation of the role of morphological awareness in adult L2 learners of Chinese. *Applied Linguistics* 40: 456-477.

❏ Kieffer, M. & Lesaux, N. 2008. The role of derivational morphology in the reading comprehension of Spanish-speaking English language learners. *Reading and Writing* 21: 783-804.

❏ Mahony, D., Singson, M. & Mann, V. 2000. Reading ability and sensitivity to morphological relations. *Reading and Writing: An Interdisciplinary Journal* 12: 191-218.

❏ Meaux, A. B., Wolter, J. A. & Collins, G. G. 2020. Forum: Morphological awareness as a key factor in language-literacy success for academic achievement. *Language, Speech, and Hearing Services in Schools* 51: 509-513.

❏ Medina, S. & Rueda, M. 2012. El papel de la conciencia morfológica en las dificultades de aprendizaje de la lectoescritura. *Trabajo de Fin de Máster no publicado*. Salamanca: Universidad de Salamanca.

❏ Morin, R. 2003. Derivational morphological analysis as a strategy for vocabulary acquisition in Spanish. *Modern Language Journal* 87: 200-221.

❏ Nagy, W. E. & Anderson, R. C. 1995. Metalinguistic awareness and literacy acquisition in different languages. *Illinois Technical Reports* 618: 1-7.

❏ Nash, R. 1997. *NTC's Dictionary of Spanish Cognates Thematically Organized*. Lincolnwood, United States: McGraw-Hill.

❏ Orcasitas-Vicandi, M. 2020. Crosslinguistic influence and morphological awareness in English (third language) writing. *International Journal of Bilingualism* 24: 616-633.

❏ Pasquarella, A., Chen, X., Lam, K., Luo, Y. C. & Ramírez, G. 2011. Cross-language transfer of morphological awareness in Chinese-English bilinguals. *Journal of Research in Reading* 34: 23-42.

❑ Poort, E. D. & Rodd, J. M. 2017. The cognate facilitation effect in bilingual lexical decision is influenced by stimulus list composition. *Acta psychologica* 180: 52-63.

❑ Ramírez, G., Chen, X., Geva, E. & Kiefer, H. 2010. Morphological awareness in Spanish-speaking English language learners: Within and cross-language effects on word reading. *Reading and Writing* 23: 337-358.

❑ Ramírez, G., Chen, X., Geva, E. & Luo, C. 2011. Morphological awareness and word reading in English language learners: Evidence from Spanish and Chinese speaking children. *Applied Psycholinguistics* 32: 601-618.

❑ Saiegh-Haddad, E. & Geva, E. 2008. Morphological awareness, phonological awareness, and reading in English-Arabic bilingual children. *Reading and Writing: An Interdisciplinary Journal* 21: 481-504.

❑ Sánchez-Gutiérrez, C. H. S. 2013. *Priming Morfológico y Conciencia Morfológica: Una Investigación con Estudiantes Norteamericanos de E/LE*. PhD Dissertation. Universidad de Salamanca.

❑ Schiff, R. & Calif, S. 2007. Role of phonological and morphological awareness in L2 oral word reading. *Language Learning* 57: 271-298.

❑ Schiff, R., Schwartz-Nahston, S. & Nagar, R. 2011. Effect of phonological and morphological awareness on reading comprehension in Hebrew-speaking adolescents with reading disabilities. *Annals of Dyslexia* 61: 44-63.

❑ Tabatabaei, O. & Yakhabi, M. 2011. The relationship between morphological awareness and vocabulary size of EFL learners. *English Language Teaching* 4: 262-273.

❑ Temnikova, I. G. & Nagel, O. V. 2015. Effects of cognate and relatedness status on word recognition in Russian-English bilinguals of upper-intermediate and advanced levels. *Procedia-Social and Behavioral Sciences* 200: 381-386.

❑ Wang, M., Cheng, C. & Chen, S. 2006. Contribution of morphological awareness to Chinese-English biliteracy acquisition. *Journal of Educational Psychology* 98: 542-553.

❑ Wang, M., Yang, C. & Chen, C. 2009. The contribution of phonology, orthography, and morphology in Chinese-English biliteracy acquisition. *Applied Psycholinguistics* 30: 291-314.

❑ Whitley, S. 2004. Lexical errors and the acquisition of derivational morphology in Spanish. *Hispania* 87: 163-172.

❑ Wysocki, K. & Jenkins, J. 1987. Deriving word meanings through morphological generalization. *Reading Research Quarterly* 22: 66-81.

❑ Yamada, A. & Sanchez-Gutiérrez, C. 2019. Affix cognateness and productivity in the development of morphological awareness in L2 Spanish: The case of *dis-* and *des-*. *RAEL: Revista Electrónica de Lingüística Aplicada* 18: 107-120.

❑ Zhang，D. 2016. Does morphology play an important role in L2 Chinese vocabulary acquisition? *Foreign Language Annals* 49: 384-402.

❑ Zhang，D. & Koda，K. 2012. Contribution of morphological awareness and lexical inferencing ability to L2 vocabulary knowledge and reading comprehension among advanced EFL learners: Testing direct and indirect effects. *Reading and Writing* 25: 1195-1216.

❑ 陈豪，2021，西班牙语词汇研究综述和展望——兼议多语习得中的同源词研究。《外语教育研究》（4）：52-58。

❑ 陈艳艳、张萍，2019，汉-英-日三语词汇加工中的语言距离和二语效应。《北京第二外国语学院学报》（3）：74-87。

❑ 方铖豪、程亚华、伍新春，2019，小学低年级儿童汉语语素意识、口语词汇知识对阅读能力的影响：一项追踪研究。《心理发展与教育》（1）：57-67。

❑ 李利平、伍新春、程亚华，2020，小学低段汉字识别和听写的发展轨迹：语素意识的预测作用。《心理学报》（5）：623-632。

❑ 李晓科、程亮亮，2006，《西班牙语专业四级词汇》。北京：人民教育出版社。

❑ 梁利娟、陈宝国，2013，元语言意识对第二语言习得的影响及其与其他因素的交互作用。《外语教学理论与实践》（2）：21-27，35。

❑ 吴诗琼，2019，《英语及汉语语素训练对汉语儿童英语阅读影响的实验研究》。杭州师范大学博士论文。

❑ 曾丽，2011，儿童三语习得中元语言意识的发展对我国少数民族外语教育政策制定的启示。《外语教学与研究》（5）：748-755，801。

❑ 曾立英，2011，二语习得者的语素构词意识及其教学策略。《汉语国际传播与国际汉语教学研究（上）——第九届国际汉语教学学术研讨会论文集》。北京：中央民族大学国际教育学院：7。

❑ 张玉平、董琼、舒华、吴燕，2017，语音意识、命名速度和语素意识在汉语阅读发展中的作用。《心理发展与教育》（4）：401-409。

A Study on Morphological Awareness of Spanish Trilingual Learners

Abstract: This article investigates the cognate facilitation/inhibition effect and the morphological awareness during the trilingual vocabulary acquisition via a word masked priming task by analyzing learners of Spanish as the third language. The results show that under the cross-linguistic influence, the morphological awareness of Spanish trilinguals is affected by the transfer of the second language to the third language. The facilitation/inhibition effect of cognate words is different under different conditions for the judgment of true and false words. This article shows the preliminary results of the acquisition of cognate words and morphological awareness of learners of Spanish as the third language. The results also reflect the importance of the cultivation of morphological awareness and the acquisition of cognate words in trilingual learners whose first language is Chinese.

Key words: masked priming, trilingual acquisition, cognate words, cross-linguistic influence, morphological awareness

（责任编辑：冯硕）

一语在藏-汉-英三语者二语语义通达中的中介作用

西南交通大学 黎 明 蒲茂华*

[提 要] 本研究设计了一个SOA为200ms的快速启动范式的ERP实验，采用真假词判断任务考察一语在藏-汉-英三语者二语语义通达中的中介作用。结果发现二语熟练或较熟练的三语者的汉、藏词汇表征直接相连，藏语在汉语语义通达中发挥重要中介作用。结合本实验及以往研究，我们认为，受二语水平、学习方法、教学媒介语、语言使用频率和双语互译特殊语言经历等因素的共同影响，在二语语义通达中，一语的中介作用呈动态变化，具有多样性和复杂性。即使双语形态差异巨大，且二语熟练，二语仍可能借助一语词汇表征间接通达语义。修正层级模型（revised hierarchic model, RHM）并不完全适合所有类型的双语者和三语者。

[关键词] 藏-汉-英三语者；二语；语义通达；一语；中介作用

❶ 引言

近几十年来，国内外学者对双语者的语义通达问题进行了大量研究，构建了多种理论模型（黎明，2020）。Kroll等（2010）构建的RHM是其中最具影响、最著名的理论之一。根据该理论，初学者的二语词需借助一语词汇表征间接通达语义。随着二语水平的提高，二语词及其语义表征开始建立直接联系，连接强度逐步增大，从二语词到一语词汇表征的连接强度则逐步减弱。二语高度熟练时，不管是双语者还是三语者，二语词均直接通达语义，二语词到一语词汇表征的连接消失，不再借助一语词汇表征间接通达语义。众多研究结果支持RHM（Palmer et al., 2010；Schoonbaert et al., 2011；马恒芬等，2014；吴文春等，2015）。但麦穗妍、陈俊（2014）、Pu等（2016）、Ma

* 作者简介：黎明，西南交通大学外国语学院教授、博士。研究方向：心理语言学。Email：2432015718@qq.com。通信地址：611756西南交通大学外国语学院。蒲茂华（通讯作者），西南交通大学外国语学院讲师、硕士。研究方向：英语教育。Email：14246246@qq.com。通信地址：611756西南交通大学外国语学院。
本文系国家社科基金项目"藏语学生汉、英心理词汇的动态网络结构模式研究"（20XYY012）的阶段性成果。

等（2017）的研究却发现不熟练双语者和二语初学者均直接通达语义，不需一语词作中介；李黎（2016）发现熟练汉－英双语者二语和一语词汇表征的连接强度并未显著减弱，更无消失的迹象。这些发现与RHM的预测相矛盾，表明在双语者二语语义通达中，一语中介作用的性质尚需进一步研究。

继双语之后，研究者开始将视角转向三语者，主要聚焦其三语语义的通达模式（Bardel & Falk，2012；Aparicior & Lavaur，2016；陈建林等，2018；黎明、李洪儒，2018；陈亚平、汪苗，2020）。聚焦三语者二语语义通达模式的研究较少，且结论并不一致。De Groot 和 Hoeks（1995）采用翻译产出和翻译识别实验研究荷兰语－英语－法语三语者，李利等（2008）采用长时重复启动实验研究汉－英－日和汉－英－法三语者，崔占玲、张积家（2009）采用长时重复启动实验研究藏－汉－英三语者，热比古丽•白克力等（2012）采用短时快速启动实验研究维－汉－英三语者，他们均发现三语者熟悉或较熟悉的二语词直接通达语义。但王震（2016）采用长时重复启动实验考察汉－英－日三语者时，发现熟悉的汉语词汇表征对英语词汇表征仍然产生了启动效应。此外，上述研究均采用传统的启动实验范式，没有结合对语言认知加工的时间进程更为敏感的ERP等认知神经科学技术。因此，对于二语熟练或较熟练的三语者，其二语词能否借助一语词汇表征间接通达语义仍需进一步探讨。

李利等（2008）认为，"晚期双语者"初学二语时，其一语已固化为优势语。他们倾向于采用翻译学习法，在将二语词翻译为一语词的过程中掌握二语词。二语初学者以一语为学习媒介语，可以通过一语词的词汇表征间接通达二语语义。对于二语在三语语义通达中的中介作用，研究者同样认为这种作用的产生是因为三语教学通常采用二语翻译法（陈建林等，2018）。那么，对于翻译专业的三语者，是否会因为其特殊的双语互译经历而导致其二语和一语词汇表征之间的联系强度增大，对于二语熟练或较熟练的三语者，其二语语义是否仍可借助一语词汇表征间接通达？本文将对该问题展开研究。此前，崔占玲、张积家（2009）考察了三语形态差异巨大的藏－汉－英三语者，发现二语熟练的受试直接通达二语语义。但受试在内地已生活5年，其语言环境与生活在藏区的三语者差异显著。本文将以长期生活在藏区的藏、汉、英三语翻译专业的学生和教师为研究对象，采用ERP技术进一步考察一语在熟练和较熟练二语者二语语义通达中的中介作用。

❷ 研究设计

2.1 研究问题与理论假设

本研究采用快速启动实验范式的真假词判断任务并结合ERP技术考察一语在藏－汉－英三语者二语语义通达中一语的中介作用。本研究将启动刺激开始呈现到目标刺激开始呈现的时间间隔（Simulus onset asynchrony，SOA）设置为200ms。在启动实验中，当SOA为200ms时，受试对启动词的加工属于自动化加工（Storbeck & Robinson，2004；Liu et al.，2010）。Kiefer和Martens（2010），以及宋娟、吕勇

（2015）等发现，无意识觉知的刺激信息本可自动输入，但先前任务设定后，其自动加工过程受自上而下的任务指示的影响：为了最有效地利用注意资源快速完成任务，受试对随后信息的加工有与任务相关的期待，符合期待的信息被加工，与任务无关的信息被抑制和屏蔽。本研究的真假词判断任务只需要受试加工目标词的词汇表征，不需要受试加工语义表征（王瑞明等，2011）。受任务指示的影响，为了最有效地利用注意资源，对目标词快速完成词汇判断任务，受试会激活启动词中与词汇判断任务有关的词汇表征，抑制和屏蔽与词汇判断任务无关的语义表征。因此，如果本研究产生了汉-藏启动效应，就表明汉语启动词词汇表征的自动激活，扩散激活了藏语目标词的词汇表征，促进了受试对目标词词汇表征的提取。据此可推断，汉、藏词汇表征直接相连，汉语可借助藏语词汇表征间接通达语义。反之，汉、藏词汇表征没有直接联系，藏语不是汉语语义通达的中介。

2.2 受试

受试为青海民族大学藏、汉、英翻译专业的38名藏族学生和3名藏、汉、英三语教师，包括男性9人，女性32人，平均年龄为22.37岁。不同于崔占玲、张积家（2009）研究中的受试，本研究中的所有受试在进入大学前均一直在藏区生活和学习，其一语为藏语，二语为汉语。藏语自评均为熟练，高考平均成绩为114分，汉语自评均为较熟练和熟练，高考平均成绩为124分，均已通过大学英语四级考试。参照王瑞明等（2010）的研究，本研究按汉语高考成绩和汉语自评等级把受试分为熟练汉语组（A组19人）和较熟练汉语组（B组22人）。独立样本t检验结果显示，两组受试的汉语水平差异显著（M_A-M_B=22.07分；t（39）=8.741，p<.001）。受试在幼儿园或小学开始学习汉语，学习汉语的平均时间为15.24年。在课堂教学中，藏语使用多于汉语，绝大多数日常交流也以藏语为主。所有受试视力（或矫正视力）正常，无躯体和精神疾病，均为右利手者。

2.3 实验材料

本研究采用快速启动范式，每一试次包括一个启动刺激和一个目标刺激。启动刺激均为汉语名词，选自国家语委《现代汉语语料库词语分词类频率表》。目标刺激包括藏语真词和假词。藏语真词均为名词，主要选自《现代藏文频率词典》（卢亚军，2007）。构造的藏语假词均能发音，无意义，且与真词不同音，不近音。启动刺激和目标刺激包括三种类型：一是相关词对，启动刺激和目标刺激为翻译对等词，比如"嘴唇（启动刺激）——ᠠᠠᠰᡝᠨ（目标刺激，意为嘴唇）"；二是无关词对，启动刺激和目标刺激均为真词，但语义不相关，比如"激光（启动刺激）——ᠠᠠᠰᡝᠨ（目标刺激，意为大象）"；三是非词对，启动刺激为真词，目标刺激为假词，比如"肥料（启动刺激）——ᠠᠠᠰᡝᠨ（目标刺激，假词）"。

实验包括练习和正式实验两部分。练习部分包括5个无关词对和5个非词对。正式实验包括78个非词对（填充组）、46个相关词对（实验组）和46个无关词对（控制组）。相关词比例和假词比例分别是25.6%和46%。

实验组中的启动词的笔画数和控制组中对应的启动词的笔画数相等（仅4对词有

1至3画的差异）。控制组和实验组启动词的平均笔画数分别是14.80和14.78；平均词汇熟悉度得分（与受试同质的藏族学生用七点量表对汉语或藏语真词熟悉度的评估分数）分别是6.77和6.61。比较实验组的目标词和控制组对应的目标词，两者的音节数和字母数完全相等，平均词汇熟悉度得分分别是6.73和6.71，二者差异不显著（p=.38）。实验组和控制组目标词的熟悉度得分最小值是6.29，表明受试对这些目标词相当熟悉。

2.4 实验过程

本实验为2（启动类型：无关启动、相关启动）×2（二语水平：熟练、较熟练）的混合设计。启动类型为受试内变量，二语水平为受试间变量。因变量为受试完成词汇判断任务的反应时、正确率和N400等脑电成分。

实验在隔音效果良好的实验室进行。受试做好准备后按按键盒上的"1"键进入练习。先在电脑显示器正中央向受试呈现一个星号（＊）注视点，呈现时长为500ms。星号消失后，在同位置呈现一个汉语词。填充组汉语词的呈现时长为150ms，实验组和控制组汉语词的呈现时长为180ms。此时受试不做判断。汉语词消失后，呈现掩蔽刺激"#####"，时长为20ms，之后呈现一个藏语刺激，要求受试快速判断：真词按"1"键，假词按"5"键（实验流程见图1）。判断后，电脑显示器空屏1 000ms，然后再次呈现星号注视点，进入下一试次。在实验中，受试的左右手按键反应得到平衡。

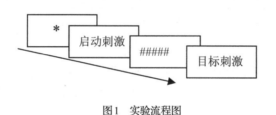

图1 实验流程图

呈现的实验材料均为小写，字号为36号，汉语为宋体，藏语为微软喜马拉雅字体；白底黑字。仅在练习部分对受试的回答给予正误反馈，正式实验包含170次词汇判断，中间有一次短暂休息。实验持续约15分钟。

2.5 脑电记录及ERP数据处理

采用E-Prime2.0软件呈现刺激并记录行为数据。AC采样，采样率为1 000Hz/导。滤波带通为0.05Hz至100Hz，连续记录脑电图（electroencephalography，EEG），头皮电阻<5KΩ。使用Scan4.5软件对EEG数据进行离线分析，以左右乳突的平均幅值作为数据的参考转换。EEG分析时程为目标词出现前400ms到出现后1000ms，用-400ms至-200ms的平均波幅进行基线校正。包含眼电、肌电、心电等伪迹的试次不参加平均计算。超过±75μV的试次被剔除。滤波带通为0.01Hz至50Hz（24dB/oct）。每种条件剔除试次超过15%的受试被排除。对每个受试的实验组和控制组目标词进行叠加平均，获得每个受试的ERP波形，然后对各组所有受试进行总平均，得到每种条件下的总平均波形图。

参照吕勇等（2008）的研究，本实验选择15个代表性电极的数据进行分析。包括脑区（前部F3、F4，前中部FC3、FC4，中部C3、C4，中后部CP3、CP4，后部P3、P4），半球（左F3、FC3、C3、CP3、P3，右F4、FC4、C4、CP4、P4）和中线（Fz、FCz、Cz、CPz、Pz）。脑区和半球的电极构成5（区域）×2（半球）×2（启动类型）×2（二语水平）的混合设计；中线的电极构成5（电极点）×2（启动类型）×2（二语水平）的混合设计。

2.6 数据分析与结果

1）反应时

删除3个标准差之外的试次78个，占总试次的2.28%。经双因素方差分析，启动类型的主效应显著，F=38.87，p<.001。语义无关组的反应时显著长于语义相关组（见表1）。二语水平的主效应、启动类型和二语水平的交互作用均不显著。

表1 熟练汉语组（A）与较熟练汉语组（B）的反应时（ms）及正确率（%）（N=41）

受试分类	语义无关组的反应时	语义相关组的反应时	语义无关组的反应时−语义相关组的反应时		语义无关组的正确率	语义相关组的正确率	语义无关组的正确率−语义相关组的正确率	
	MEAN	MEAN	MEAN	p	MEAN	MEAN	MEAN	p
A	1 065(438)	868(382)	197(56)	.000	87.1 (6.1)	94.4(3.4)	−7.3(2.7)	.000
B	1 005(488)	811(284)	194(204)	.000	87.4(6.7)	94.6(3.7)	−7.2(3.0)	.000

2）正确率

经双因素方差分析，启动类型的主效应显著，F=58.63，p<.001。语义无关组的正确率显著低于语义相关组（见表1）。二语水平的主效应、启动类型和二语水平的交互作用均不显著。

3）ERP数据

在语义相关和语义无关条件下，藏语目标词产生的ERP波形图见图2。根据波形图，选择时长为220ms至350ms和350ms至600ms的时间窗分别分析N250和N400。

1）220ms至350ms时间窗的分析

对5个脑区、2个半球的10个电极进行5×2×2×2的重复测量方差分析，发现语义关系的主效应显著，语义无关条件比语义相关条件诱发了显著更大的N250波幅[F(1, 39)=16.75，p<.05，η^2=.30，2.45μV vs. 3.32μV]。语义关系条件、脑区、二语水平的三重交互作用显著[F(4, 156)=4.07，p<.05，η^2=.094]。进一步的简单效应分析显示，熟练汉语组在前部的语义关系效应不显著（p>.10），其他脑区的语义关系效应显著（ps<.05），语义无关组的波幅更大。较熟练汉语组在所有脑区的语义关系效应都显著（ps<.05），语义无关组的波幅更大。

对5个中线电极进行5×2×2的重复测量方差分析，发现语义关系的主效应显著[F(1, 39)=8.21，p<.05，η^2=.174，2.81μV vs. 3.52μV]，语义无关条件比相

关条件诱发了显著更大的N250波幅。语义关系条件、电极和二语水平的三重交互作用显著 $[F(4, 156)=6.74, p<.05, \eta^2=.147]$。进一步的简单效应分析显示，熟练汉语组在Fz的语义关系效应显著（p<.05），在FCz和Cz的语义关系效应边缘显著（p=.059），语义无关组的波幅更大。较熟练汉语组在Cz、CPz和Pz的语义关系效应显著（ps<.05），语义无关组的波幅更大。此外，其他中线电极的语义关系效应都不显著（ps>.10）。

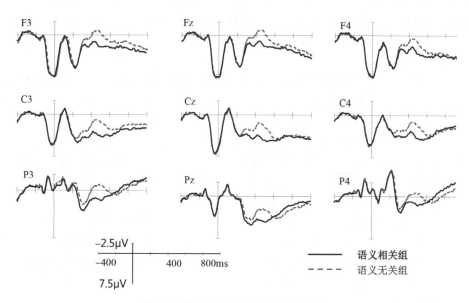

图2 语义相关组和语义无关组的波形图

2）350ms至600ms时间窗的分析

对5个脑区、2个半球的10个电极进行5×2×2×2的重复测量方差分析，发现语义关系的主效应显著，语义无关条件诱发了显著更大的N400波幅 $[F(1, 39)=57.35, p<.05, \eta^2=.595, 1.15\mu V\ vs.\ 2.87\mu V]$。语义关系和半球的交互作用边缘显著 $[F(4, 156)=6.03, p=.07, \eta^2=.082]$。进一步的简单效应分析显示，左右半球的语义关系效应都显著（ps<.05），语义无关组的波幅更大。

对5个中线电极进行5×2×2的重复测量方差分析，发现语义关系的主效应显著，语义无关条件诱发了显著更大的N400波幅 $[F(1, 39)=40.57, p<.05, \eta^2=.511, 1.94\mu V\ vs.\ 3.68\mu V]$。语义关系、电极和二语水平的三重交互作用边缘显著 $[F(4, 156)=2.78, p=.072, \eta^2=.067]$。进一步的简单效应分析显示，熟练汉语组在所有电极上的语义关系效应都显著（ps<.05），语义无关组的波幅更大。较熟练汉语组在所有电极上的语义关系效应也都显著（ps<.01），语义无关组的波幅更大。

❸ 讨论与分析

3.1 藏语在汉语语义通达中的重要中介作用

如前所述，本实验的SOA短至200ms，受试对启动词的自动加工会受到对目标词进行词汇判断这一任务指示的影响。启动词的词汇表征会被激活，语义表征会被抑制。从本实验的反应时和正确率看，语义相关组比语义无关组的反应时更短，正确率更高。这表明，当汉语启动词和藏语目标词互为翻译关系时，启动词词汇表征的激活提高了受试提取目标词词汇表征的速度和正确率，产生了跨语言的词汇启动效应，即因启动词与目标词的词汇表征直接相连而在词汇判断任务中产生的启动效应。

从脑电数据看，在220ms至350ms时间窗的脑区和中线电极上，语义相关条件比语义无关条件诱发的N250波幅更小。学界研究大多认为，N250反映了从亚词汇形式表征（sublexical form representation）到整词正字法表征（whole word orthographic representation）的映射，反映了从亚词汇层到词汇层的通达（Holcomb et al., 2005；Bosch & Leminen, 2018）。词汇加工越容易，N250波幅越小（Midgley et al., 2009）。在本实验中，语义相关组汉语启动词词汇表征的激活，降低了受试提取藏语目标词词汇表征的难度，因而减小了N250波幅。

在350ms至600ms时间窗的脑区和中线电极上，语义相关条件比语义无关条件诱发的N400波幅更小。N400既可以反映有意识的语义整合过程和心理词汇语义表征的提取过程（即语义信息的自动加工、自动分析过程），也可以反映词汇表征的提取过程（黎明、李洪儒，2018）。在不涉及语义加工的阶段，N400体现词汇的正字法和语音分析过程（Laszlo & Federmeier, 2011；Leminen & Clahsen, 2014）。本实验只需要受试加工目标词的词汇表征，N400效应很可能反映了语义相关组启动词词汇表征的激活，促进了受试对目标词词汇表征的认知加工，降低了词汇表征的提取难度。反应时、正确率、N250和N400指标一致表明，在实验中产生了跨语言的词汇启动效应。藏-汉-英三语者的汉语和藏语词汇表征直接相连，汉语可以借助藏语词汇表征间接通达语义。

此外，尽管受试的二语（汉语）熟练度不影响反应时和正确率，但在一定程度上影响了N250和N400的波幅及脑区分布。在220ms至350ms的时间窗，较熟练汉语组在所有脑区的语义关系效应都显著，而熟练汉语组在前部脑区的语义关系效应不显著。在中线电极上，较熟练汉语组在Cz、CPz和Pz的语义关系效应显著，熟练汉语组在Fz的语义关系效应显著，在FCz和Cz的语义关系效应仅边缘显著。这表明较熟练汉语组比熟练汉语组的N250效应在一定程度上更大，分布范围更广。在350ms至600ms的时间窗，尽管中线所有电极上熟练和较熟练汉语组的语义关系效应都显著，但p值有差异，在熟练汉语组，ps<.05；在较熟练汉语组，ps<.01。这表明较熟练汉语组比熟练汉语组的N400效应在一定程度上更大。因此，从N250和N400的效应大小和脑区分布看，藏-汉-英三语者汉、藏词汇表征的连接强度受二语熟练度调

节：随着二语熟练度的提高，词汇表征的连接强度有减弱的趋势。但即使是二语熟练的藏－汉－英三语者，其汉、藏词汇表征的连接强度也没有显著减弱。随着二语水平的提高，词汇表征的连接强度只有量变没有质变。这表明，藏语在汉语语义通达中仍然发挥重要的中介作用。这与李黎（2016）的研究结论相同，但与崔占玲、张积家（2009）的发现相反，与RHM的预测不完全一致。

3.2 熟练和较熟练二语的藏－汉－英三语者间接通达二语语义的原因

Jiang（2004）认为，二语词汇习得的发展需要经历形式阶段、母语中介阶段和二语融合阶段。在形式阶段，二语词只通过母语词与语义间接相连；在母语中介阶段，二语词通过母语词与语义间接相连的强度增大，并开始与语义建立较弱的直接联系；在二语融合阶段，二语词直接与语义建立较强联系，母语的中介作用消失。李利等（2008）认为，"晚期双语者"的一语在二语学习初期已固化为优势语言，因此，学习者会借助翻译学习法，在将二语词翻译为一语词的过程中获得二语。由于非熟练双语者掌握的二语词附着在一语词之上，二语词只能通过一语词间接通达语义。随着二语水平的提高，一语的固化作用减弱，二语词与语义表征逐渐建立联系，形成二语词直接通达语义的方式。Jiang（2004）和李利等（2008）的论述与RHM的预期一致：二语熟练或较熟练的双语者直接通达二语语义，一语词汇表征的中介作用大大减弱，甚至完全消失。但本实验发现，在较熟练汉语组，汉、藏词汇表征的连接强度依然较大；在熟练汉语组，连接强度虽有减弱的趋势，但只有量变没有质变。本实验受试的藏语（一语）总体上非常熟练。由于学习时间早，使用场合多，受试的汉语（二语）也相当熟练。尤其是熟练汉语组的受试，其汉语的高考平均成绩高达136分。因此，熟练汉语组受试的一语和二语水平都相当高，且实验组和控制组的启动词及目标词都是受试相当熟悉的高频词。尽管汉、藏两种语言的形态差异巨大，受试的汉、藏词汇表征仍然存在较强连接，这可能是以下几个因素的共同作用的结果。

第一，受试在二语初学阶段过度依赖翻译学习法。双语者或三语者在二语学习的初期阶段对翻译学习法的依赖程度不同可能导致二语和一语词汇表征的连接强度不同。对于较少依赖翻译学习法的学习者，二语和一语词汇表征的连接强度可能更小。在他们二语熟练或较熟练后，词汇表征的连接强度可能已经完全消失。如前文所述，李利等（2008）、崔占玲、张积家（2009）和热比古丽•白克力等（2012）发现二语熟练或较熟练的三语者均直接通达二语语义，二语和一语词汇表征的连接已经消失。相反，对于较多依赖翻译学习法的学习者，二语和一语词汇表征的连接强度可能更大。在他们二语熟练或较熟练后，词汇表征的连接强度可能依然较大。因此，李黎（2016）、王震（2016）和本实验发现，对于二语熟练或较熟练的双语者或三语者，所在幼儿园的二语和一语词汇表征仍然存在较强连接。

第二，藏语是受试主要的汉语教学媒介语。经统计，本实验所有受试（共41名）开始学习汉语的平均年龄为7.12岁，学习汉语的平均时长为15.24年。4人上过三年制幼儿园，其中，1人所在幼儿园的教学语言为藏语；10人上过一年制学前班，其中，8人所在学前班的教学语言为藏语；36人所在小学的教学语言主要为藏语；31人所在初中的教学语言主要为藏语。在受试学习汉语关键的阶段（幼儿园、学前班、小学和初中），绝大部分课堂的教学语言为藏语。藏语作为汉语教学的主要媒介语可能增加了汉、藏词汇表征的连接强度。

第三，藏语和汉语是受试在日常交流中频繁使用的语言。经统计，在与同学、朋友交流时，41名受试中有38人更多使用藏语，3人更多使用汉语。在与老师交流时，41名受试者有31人更多使用藏语，其次是汉语；8人更多使用汉语，其次是藏语；1人最多使用汉语，其次是英语，最少使用藏语；1人最多使用藏语，其次是英语，最少使用汉语。在与家人交流时，所有受试均更多使用藏语。因此，在日常交流中，藏、汉都是受试频繁使用的语言，但藏语使用远多于汉语，英语使用的频率相对很低。藏语和汉语是受试在日常交流中频繁使用的语言，这可能也增加了汉、藏词汇表征的连接强度。

第四，受试有汉、藏双语互译的特殊语言经历。在41名受试中，有38名是藏、汉、英三语翻译专业的大二或大三学生，其余3名是藏、汉、英三语翻译专业的教师。受试学习或教授的主要内容都是三语互译。高频度汉、藏双语互译的特殊语言经历可能大大强化了双语词汇表征之间的连接。

受试可能在二语学习初期过度依赖藏语翻译学习法，藏语是受试学习汉语的主要媒介语，也是受试在日常交流中使用最频繁的语言，再加上汉、藏双语互译的特殊语言经历，导致二语高度熟练的藏-汉-英三语者的汉、藏词汇表征仍然直接相连，藏语在汉语语义通达中仍然发挥重要的中介作用。这表明，在双语者或三语者的二语语义通达中，一语中介作用的性质具有复杂性和多样性：研究对象同样是藏-汉-英三语者，但本实验和崔占玲、张积家（2009）的研究结果截然相反。在通常情况下，二语越熟练，一语在二语语义通达中的中介作用越小，但在李黎（2016）、王震（2016）的实验和本实验中，即使双语者或三语者二语高度熟练，且双语形态差异巨大，由于受试特殊的语言学习或工作经历，二语和一语词汇表征的连接强度仍然较大，一语在二语语义通达中仍然发挥重要的中介作用。因此，基于双语均为拼音文字的双语者所构建的RHM并不完全适合所有类型的双语者和三语者。

❹ 结语

本研究设计了一个SOA为200ms的快速启动范式的ERP实验，采用真假词判断任务考察一语在藏-汉-英三语者二语语义通达中的中介作用。结果发现，汉、藏词汇表征直接相连，即使二语高度熟练，词汇表征的连接强度也没有显著减弱，一语在二语语义通达中仍然发挥重要的中介作用。结合本实验及以往研究，我们认为，受二语水平、学习方法、教学媒介语、语言使用频率和双语互译的特殊语言经历等因素的共同影响，二语和一语词汇表征的连接呈动态变化，具有多样性和复杂性。即使双语形态差异巨大且二语熟练，二语和一语词汇表征仍可能直接相连，二语仍可能借助一语词汇表征间接通达语义。RHM并不完全适合所有类型的双语者和三语者。

在本研究中，ERP实验的受试数量较少，且没有采用学界更为常用的长时重复启动实验范式。若将来条件成熟，可采用长时重复启动实验方法，增加受试数量，对三语者二语语义的通达模式展开进一步研究。

❏ Aparicior, X. & Lavaur, J. 2016. Masked translation priming effects in visual word recognition by trilinguals. *Journal of Psycholinguistic Research* 45, 1369-1388.

❏ Bardel, C. & Falk, Y. 2012. Behind the L2 status factor: A neurolinguistic framework for L3 research. In J. Cabrelli Amaro, S. Flynn & J. Rothman (eds.), *Third Language Acquisition in Adulthood*. Amsterdam: John Benjamins. 61-78.

❏ Bosch, S. & Leminen, A. 2018. ERP priming studies of bilingual language processing. *Bilingualism: Language and Cognition* 21: 462-470.

❏ De Groot, A. M. B. & Hoeks, J. C. J. 1995. The development of bilingual memory: Evidence from word translation by trilinguals. *Journal of Language Learning* 45: 683-724.

❏ Holcomb, P. J., Reder, L., Misra, M. & Grainger, J. 2005. The effects of prime visibility on ERP measures of masked priming. *Cognitive Brain Research* 24: 155-172.

❏ Jiang, N. 2004. Semantic transfer and its implications for vocabulary teaching in a second language. *The Modern Language Journal* 88: 416-432.

❏ Kiefer, M. & Martens, U. 2010. Attentional sensitization of unconscious cognition: Task sets modulate subsequent masked semantic priming. *Journal of Experimental Psychology: General* 139: 464-489.

❏ Kroll, J. F., van Hell, J. G., Tokowicz, N. & Green, D. W. 2010. The revised hierarchical model: A critical review and assessment. *Bilingualism: Language and Cognition* 13: 373-381.

❏ Laszlo, S. & Federmeier, K. D. 2011. The N400 as a snapshot of interactive processing: Evidence from regression analyses of orthographic neighbor and lexical associate effects. *Psychophysiology* 48: 176-186.

❏ Leminen, A. & Clahsen, H. 2014. Brain potentials to inflected adjectives: Beyond storage and decomposition. *Brain Research* 1543: 223-234.

❏ Liu, H., Hu, Z., Peng, D., Yang. Y. & Li, K. 2010. Common and segregated neural substrates for automatic conceptual and affective priming as revealed by event-related functional magnetic resonance imaging. *Brain and Language* 112: 121-128.

❏ Ma, F. Y., Chen, P. Y., Guo, T. M. & Kroll, J. F. 2017. When late second language learners access the meaning of L2 words: Using ERPs to investigate the role of the L1 translation equivalent. *Journal of Neurolinguistics* 41: 50-69.

❏ Midgley, K. J., Holcomb, P. J. & Grainger, J. 2009. Masked repetition and translation priming in second language learners: A window on the time-course of form and meaning activation using ERPs. *Psychophysiology* 46: 551-565.

❏ Palmer, S. D., van Hooff, J. C. & Havelka, J. 2010. Language representation and processing in fluent bilinguals: Electrophysiological evidence for asymmetric mapping in bilingual memory. *Neuropsychologia* 48: 1426-1437.

❏ Pu, H., Holcomb, P. J. & Midgley, K. J. 2016. Neural changes underlying early stages of L2 vocabulary acquisition. *Journal of Neurolinguistics* 40: 55-65.

❏ Schoonbaert, S., Holcomb, P. J., Grainger, J. & Hartsuiker, R. J. 2011. Testing asymmetries in noncognate translation priming: Evidence from RTs and ERPs. *Psychophysiology* 48: 74-81.

❏ Storbeck, J. & Robinson, M. D. 2004. Preferences and inferences in encoding visual objects: A systematic comparison of semantic and affective priming. *Personality and Social Psychology Bulletin* 30：81-93.

❏ 陈建林、张聪霞、刘晓燕、程蓉，2018，二语水平对藏－汉－英三语者英语词汇语义通达的影响。《外语教学与研究》（5）：727-737。

❏ 陈亚平、汪苗，2020，汉－英－德三语者不同通道的三语语义通达。《外语教学与研究》（4）：559-568。

❏ 崔占玲、张积家，2009，藏－汉－英三语者语言联系模式探讨。《心理学报》（3）：208-219。

❏ 黎明，2020，双语者心理词汇的语义表征和词汇连接模式研究。上海：生活·读书·新知三联书店。

❏ 黎明、李洪儒，2018，藏族大学生英－藏词汇连接模式的ERP研究。《外语电化教学》（6）：93-99。

❏ 李黎，2016，《中国英语学习者心理词汇的连接模式研究》。南京：东南大学出版社。

❏ 李利、莫雷、王瑞明，2008，熟练中－英双语者三语词汇的语义通达。《心理学报》（5）：523-530。

❏ 卢亚军，2007，《现代藏文频率词典》。北京：民族出版社。

❏ 吕勇、许贵芳、沈德立，2008，汉英语言内及语言间重复启动效应的ERP研究。《心理与行为研究》（2）：81-88。

❏ 马恒芬、贾丽萍、耿峰、白学军，2014，不同熟练程度汉－英双语跨语言重复启动的不对称性实证研究。《西安交通大学学报（社会科学版）》（4）：91-95，122。

❏ 麦穗妍、陈俊，2014，非熟练潮－粤双言者的语义通达：来自听觉词加工的证据。《心理学报》（2）：227-237。

❏ 热比古丽·白克力、闻素霞、雷志明，2012，维－汉－英三语者三种语言语义通达模型的实验研究。《心理科学》（2）：287-293。

❏ 宋娟、吕勇，2015，自上而下的因素对掩蔽启动中自动加工过程的影响。《心理科学进展》（5）：766-773。

❏ 王瑞明、邓汉深、李俊杰、李利、范梦，2011，中－英双语者语言理解中非加工语言的自动激活。《心理学报》（7）：771-783。

❏ 王瑞明、张洁婷、李利、莫雷，2010，二语词汇在双语者三语词汇语义通达中的作用。《心理科学》（4）：853-856。

❏ 王震，2016，汉－英－日三语者的跨语言长时重复启动效应研究。《现代外语》（1）：64-73。

❏ 吴文春、陈俊、麦穗妍，2015，熟练潮－普双言者的语义通达机制：来自通道比较的证据。《心理科学》（3）：521-528。

The Mediating Role of L1 in L2 Semantic Access Among Tibetan-Chinese-English Trilinguals

Abstract: With a fast-priming ERP experiment taking a 200ms SOA, the present study adopts a lexical decision task to investigate the mediating role of L1 in L2 semantic access among Tibetan-Chinese-English trilinguals. The results show that for trilinguals who are proficient or nearly proficient in Chinese, their L2 lexical representations are directly linked to those of their L1. The Tibetan language plays an important mediating role in their Chinese semantic access. Based on this result and those reported by previous studies, we maintain that due to the combined effects of L2 proficiency, learning methods, medium of instruction, language use frequency, and special experiences in bilingual translation, the mediating role of L1 in L2 semantic access changes dynamically, presenting a picture of diversity and complexity. Though morphological differences between L1 and L2 are all too obvious and the subjects are proficient in L2, the meanings of L2 words can be indirectly accessed through the lexical representations of their L1 equivalents. RHM cannot explain the mediating role of L1 in L2 semantic access in all bilinguals or trilinguals.

Key words: Tibetan-Chinese-English trilingual; L2; semantic access; L1; mediating role

（责任编辑：郑萱）

书评

《扩展的概念隐喻理论》评介

历时构式语法研究现状
　　——《语法化与构式语法交汇研究》评介

《扩展的概念隐喻理论》评介

北京外国语大学　谭慧颖*

Zoltán Kövecses. 2020. *Extended Conceptual Metaphor Theory*. Cambridge/New York: Cambridge University Press. xiii + 196 pp.

　　《扩展的概念隐喻理论》于2020年4月出版，作者是匈牙利罗兰大学著名认知学家Zoltán Kövecses。这部书是Kövecses结合自己三十多年来的研究经验，对二十世纪八十年代以来一直兴盛不衰的概念隐喻理论（conceptual metaphor theory，CMT）研究成果进行的系统性梳理和总结，同时也对该标准CMT做了尝试性拓展。这部书以目前隐喻理论存在的"五大问题"为主线，从不同层面对隐喻理论加以挖掘和阐释，且对每个问题都竭力提出了自己的解决思路。该书是当前隐喻理论趋于瓶颈阶段的一个重要推进性尝试。

❶ 内容介绍

　　全书共八个章节，开篇第一章简要介绍标准CMT的定义与基本观点，并列举了十三个争议性问题；第二章至第六章针对其中最关键的五个问题依次进行细致的分析和讨论；在最后两章中，作者提出了自己的扩展理论框架并对五大问题分别做出回应。以下分述。

　　第一章介绍标准CMT及其存在的争议性问题。在本章中，Kövecses以典型例证对标准CMT的理论特征做了如下总括性说明：① 概念隐喻具有普遍性；② 概念隐喻的源域结构（source domain）通过映射对目标域结构（target domain）产生影响；③ 映射从具体域指向抽象域；④ 隐喻不仅存在于语言中，还扎根于思维中；⑤ 隐喻具有塑形概念的作用，人们依靠隐喻来思维；⑥ 隐喻具有多模态（multimodality），除了存在于语言中，还存在于手势（gestures）、视觉再现（visual representations）、视觉艺术（visual arts）等形式当中。在该章结尾，作者罗列了概念隐喻理论中尚未

---

*　作者简介：谭慧颖，北京外国语大学外国语言研究所讲师、博士。研究方向：语言哲学、认知语言学。Email：tankate@163.com。通信地址：100089北京外国语大学外国语言研究所。
　　本文得到中央高校基本科研业务费专项资金资助，为"指称转喻的原型认知机制研究"项目（2017JJ006）的阶段性成果。

解决的问题。本章主要是阐述和确立标准CMT的理论要点和基础性地位，并提出尚待解决的问题，为后续章节的展开做铺垫。

第二章讨论抽象域和具体域的映射关系问题，即隐喻是从具体（concrete）域向抽象（abstract）域映射还是相反？或者兼而有之？标准CMT的一个重要的映射观点是具体域指向抽象域。但词源学研究发现，很多具体域的字面词义常常是由抽象概念或其他域词汇隐喻而来的。比如，法语中的visage（脸）一词属于具体概念，但从词源上看，它是从拉丁语词汇visus（视觉）派生而来的，也即，具体域概念也是经由隐喻或转喻形成的。又如汉语中表示嗅觉的感官动词"闻"就是从表示"听"的"闻"经隐喻引申来的。这样看，也就没有绝对的具体域向抽象域映射的"硬"道理了。这对于标准CMT似乎是个巨大的打击。但Kövecses认为即便如此，也不必抛弃标准CMT，关键是要区分概念的本体部分（ontological part）和识解部分（construal part）。Kövecses把概念的本体部分归于字面义，把概念的识解部分归于隐喻义，认为概念都具有这两个部分，只是各自占的比例不同。当关注本体意义时，具体域向抽象域映射；当关注理解意义时，则反之。在本章中，作者强调对具体概念要采取共时和历时兼顾的视角，以消解具体域和抽象域双向映射的矛盾问题，进而也把隐喻性（figurative）特征普遍化到一切语言词汇层面。

第三章讨论概念隐喻和转喻同存的矛盾问题。举例来说，我们通常认为表示情绪的词是概念隐喻，如"悲伤是低迷"（sad is down），但这个隐喻也可以理解成转喻，即用悲伤时身体表现出的"下垂"（down）特征来指代悲伤。怎样解释这种隐喻和转喻同存的现象？[①]Kövecses认为概念隐喻是经由转喻得来的，其中经过了"抽象化"（generalization）和"细化"（elaboration）过程。具体来说，Kövecses认为，用down表示sad是一种转喻的抽象化过程，在此基础上，down又发展（细化）出更多的空间认知域，如be down in the pits（掉到坑里）、be down in the dumps（落入废物堆），这样，sad的抽象认知域和down的具体认知域就会形成概念隐喻。Barcelona（2000）和Kövecses的观点较为相近，也同意概念隐喻经由转喻阶段得来，但Barcelona假定了四种从转喻过渡至隐喻的过程机制，比较而言，Kövecses的抽象化和细化说法更具概括性。总之，Kövecses认为转喻是概念隐喻浮现的过渡条件，但概念隐喻还是隐喻。

第四章处理和隐喻概念化认知结构相关的术语分歧问题，提出概念隐喻的多层级认知模型（multi-level view）。作者对学界常用的四种认知结构术语进行排序，从抽象到具体分别是：意象图式（image schemas）、域（domain）、框架（frame）、心智空间（mental space）。意象图式范围最广，囊括整个概念系统，其形式主要是

---

① 隐喻和转喻同存到底是不是"矛盾"呢？"同存"这种说法是不是本身就有问题？对此有些学者是存疑的。笔者认可这种存疑。如果把例句中的sad和down理解成两个不相干的抽象域，这个句子就是隐喻；如果把sad理解成一个具体的实存情景，那down就成了实景中sad的一个通感特征，这样，句子就是转喻。但说隐喻和转喻同存却未必，因为在实际应用中，人们更可能只关注其中一个方面。倒是语言学家容易多想。也就是说，语言学家在做理论反思时，容易把不同的时空事件、不同的具体情形混合起来，试图做一个"全面"的理论建构，但这样的建构往往并不符合每一个具体的真实情景。

典型图像或图式，如：路径（source-path-goal）、容器（container）、纵向线性结构（verticality）等；域属于意象图式的下一级，比意向图式有更多分支，信息量更大；框架则比域更具体，可以把域看作多个框架的组合；心智空间在最底层，和具体的单个事物对应，是现场感知经验。Kövecses认为每一个隐喻的识解都会同时用到这四个层级，并由此提出多层次概念隐喻认知模型，为不同层次的概念隐喻研究提供统一的理论框架。

第五章处理概念隐喻是否涉及语境的问题。在本章中，Kövecses探讨了四种语境对隐喻选择的影响，依次是：1）情景语境（situation context），包括物理环境、社会环境以及文化环境；2）话语语境（discourse context），包括话语本身的前后内容，谈话者关于所谈内容的知识，关于同一话题的已有知识，不同人群谈话的主流形式，如基督教信仰者群体；3）概念认知语境（conceptual cognitive context），包含隐喻概念化系统、意识形态、已有知识、兴趣关注等；4）身体语境（bodily context）。作者认为，以上这些语境因素共同起作用，影响使用者对隐喻的识解和输出。通过增设语境因素，扩展理论弥补了标准CMT只能处理"普遍隐喻"的局限，能够更好地解释概念隐喻的文化差异和个体差异问题。

第六章通过讨论混合隐喻（mixed metaphors）给出扩展理论关于在线问题的立场。标准CMT只处理脱离语境的源域–目标域一对一的离线隐喻。在真实语境中使用的隐喻多是混合隐喻：目标域常涉及两个或两个以上的源域投射，具有一定的新隐喻特征，需要适当激活源域来识解（即在线识解）。比如，句子He looked as if smoke was coming out of his ears.（他看上去耳朵里冒出烟来。），就涉及两个域，一是"愤怒是火"，二是"身体是容器"。这句话需要先激活"愤怒是火"的隐喻，才能理解烟冒出来表示愤怒的程度。[①]

通常，这类涉及语境和动态在线特征的混合隐喻都是由概念整合理论（conceptual blending theory）来处理的。扩展理论尝试把在线特征和语境特征也囊括进来，以增强概念隐喻理论的适用范围。扩展理论认为，在"心智空间"的视角下，概念隐喻也存在于"短期记忆"中，在一定程度上激活源域，具有在线性质；同时，混合隐喻在很大程度上也预设和依赖"高层次"的认知结构，如意向图式、域和框架。借助多层次认知模型，作者力图消解概念隐喻和混合隐喻之间的语境及在线问题的分歧，实现两者的借鉴与融合。

在最后两章中，作者以五个关键问题为线索，提出了自己的扩展CMT并对开篇提出的五个问题一一进行回应总结。作者认为概念隐喻涉及彼此交错的多层次概念化认知结构，既具有内在认知特征，也依赖语境；既是离线的，也是在线的。同时，概念隐喻既有字面义向隐喻义的映射，也存在大量反向映射。至于概念隐喻是直接形成的还是经过转喻阶段间接形成的，作者明确支持后一观点。最后，作者还指出

---

① 中国人理解这个句子并不难，因为汉语中有"七窍生烟"这个成语（隐喻"愤怒"），但对于以"愤怒是火"为概念隐喻原型的群体来说，这个混合隐喻就有点新，需要在一定程度上激活源域来理解（pp. 118-119）。

了扩展理论在具体运用方面可能遇到的挑战和问题。

❷ 总结评述

2.1 以五大问题为线,以多层次认知框架为枢纽

该书的一个亮点是点面结合、概括却不失重点地对二十世纪八十年代以来标准 CMT 研究的综合状况进行梳理,全面网罗了该论题研究的诸多争议性问题,并选取了其中极为关键的五个问题依次展开论证和分析,形成了一部思路清晰、例证丰满的系统论著。从众多问题中选出的五个问题,都很有代表性,包括概念隐喻映射方向问题、隐转喻关系问题、认知框架使用混乱问题、语境问题,以及离线问题。这五个问题看上去彼此关联不大,但全书行文却能丝丝入扣,节节提升,形成有机联结。这主要归功于作者抓住了一个关键点,即以多层次隐喻认知框架为枢纽来解决语境问题以及离线与在线问题,使得整部专著(尤其是第四、五、六章)显示出层层递进的格局。这对于以零散问题为导向的一部专著来说是较为难得的。

2.2 给去语境、离线的标准CMT巧妙植入语境和在线动态特征

传统的标准 CMT 是静态离线的,Kövecses 通过系统整合多个隐喻认知模型,为标准 CMT 扩充了在线语境特征,扩大了隐喻理论的适用范围并实现了动态性。学界常用的处理隐喻的结构模型有四种:意象图式、域、框架、心智空间。其中,前三种属于长期记忆格式塔,几乎不考虑语境影响;第四种,即心智空间,属于短期记忆的在线动态操作模式,和语境关系密切。对于这四种模式的地位和效用,学界一直没有"权威"说法,至于选用哪个,全凭学者们"自作主张"。扩展理论认为,真实语境中的隐喻会全部用到这四个层次,因此提出独具特色的多层次隐喻认知框架。通过这样的整合,Kövecses 得以为静态的标准 CMT 增加了动态的在线特征,同时把语境对隐喻使用的影响也囊括起来。可以说,给离线、静态的标准 CMT 嵌入语境和动态在线特征正是该书的着眼点。在该书出版的同时,Kövecses 的另一篇以该书主要观点为支撑的论文也同时发表,这篇论文专门就概念隐喻和语境以及动态在线的关系做了细致剖析(Kövecses,2020)。

2.3 从本体和识解两个维度来解决字面义和隐喻义映射的方向问题

概念隐喻理论一般都预设字面义和隐喻义的对比存在,并且认为概念隐喻均为前者指向后者的单向映射。但诸多语言事实表明,从隐喻义指向字面义的反向投射也大量存在。如此,标准 CMT 的单向映射理论不免受到质疑。甚至有学者称,语言实际上就是死隐喻的堆积,这几乎直接否定了字面义的存在,即否定了字面义和比喻义的区分,这对标准 CMT 形成致命威胁。 Kövecses 借鉴 Langacker(1987)的经典著作《认知语法基础》对概念进行的"内容"(content)和"识解部分"(construe)二分法,设定概念都有本体和识解两个层面。作者认为在以本体为主的认知中,字面义占主导;涉及对本体的具体理解时,隐喻就派上用场。利用此二分法,Kövecses 既保住了标准 CMT 对字面义和隐喻义进行二分的合理性,也解释了存在反向映射的

原因。

作为标准CMT研究遭遇瓶颈多年后的首部重要著作，该书难免有可质疑之处。笔者提出以下两点。

2.4 该书在理论上以调和为基调，并未从更深的哲学层面或其他认知科学理论上寻找突破口

这部著作以调和不同视角和观点为基调，极少确立单一的明确立场。作者极力把不同的观点调和起来，比如认可概念隐喻既是个体内在的概念化模式，又高度依赖各种语境，既是离线操作，又是在线操作。由Lakoff和Johnson首倡的概念隐喻理论本来极具特色，是对隐喻认知所做的去语境理论建构，具有整齐划一的纯净形式。但经过Kövecses的整合，概念隐喻变得极其复杂琐碎，这样做对于概念隐喻的具体化和差异化研究极有价值，但对于概念隐喻的基础理论建设则显得不够积极。笔者认为，对于认知理论研究的真正推进还要从哲学或其他认知科学理论上寻找突破口和灵感，单纯堆砌一个大而全的组合框架未必能从根本上解决问题。笔者建议，最好还是把隐喻分出级别来，建立原型机制，对隐喻的映射原理加以探究，并和转喻机制做对比研究。从现存问题看，隐喻和转喻在定义和实际区分上还有很多不清楚的地方，因此把隐喻和转喻的基础关系搞清楚，应该是一个关键。这也涉及下一个问题点。

2.5 扩展理论并没有真正解决隐喻和转喻的基础关系问题

解决隐喻和转喻的关系问题的关键在于澄清两者哪个更基础，而不是主观裁定某种"喻"是转喻还是隐喻。Kövecses认为概念隐喻是经由转喻阶段达到的，但本质上承认其为隐喻而不是转喻。问题是，如果概念隐喻由共现（correlation）得来，而共现又可以理解成转喻，那为什么不能把这个共现转喻过程直接看作概念隐喻的主要特征，反而要把后来形成的源域和目标域之间的相似性当成概念隐喻的主要特征呢？承认概念隐喻原本要先经历转喻阶段，仅仅由于源域后来又发展出新的认知域，就要把在先的转喻阶段抹杀而认可其衍生出的隐喻性，这不能不说有些牵强。笔者认为，转喻和隐喻的基础关系是全书五个问题中最关键的。对于其他问题，如在线离线问题、语境非语境问题，只要把两个对立情况都囊括了就可以自圆其说，但对于转喻和隐喻谁更基础这一问题，一定要"二选一"表明立场，不能含糊带过。

Kövecses认为实际话语中发生的隐喻都涉及四个层次的认知结构，其中，心智空间是不可或缺的，但假设人们在谈话中说到"愤怒是火""时间长"这类意向图示句子，还能否说人们经过了在线识解呢？

Kövecses在序言里坦承，这是一部很个人化的作品，不管别人怎么看，他都要坚持把这本书写出来，可想而知，他在写作过程中或许已经收到质疑性的反馈了。但总的来说，这部专著全面透彻地梳理了当代概念隐喻研究的各个层面以及相关待解决的问题，并倾己之力给出自身融洽的拓展理论，这无论对于该领域的资深研究者还是后期学者来说，都具有不菲的借鉴价值。

❏ Barcelona，A. 2000. On the plausibility of claiming a metonymic motivation for conceptual Metaphor. In A. Barcelona (ed.), *Metaphor and Metonymy at the Crossroads*. Berlin: Mouton de Gruyter. 32-58.

❏ Langacker，R. 1987. *Foundations of Cognitive Grammar*. Stanford: Stanford University Press.

❏ Kövecses，Z. 2020. An extended view of conceptual metaphor theory. *Review of Cognitive Linguistics* 18(1): 112-130.

（责任编辑：苏祺）

历时构式语法研究现状
——《语法化与构式语法交汇研究》评介

北京航空航天大学　刘　娜　李福印*

Evie Coussé, Peter Andersson & Joel Olofsson (eds.), 2018. *Grammaticalization Meets Construction Grammar*. Amsterdam/Philadelphia: John Benjamins. Vi + 315 pp.

❶ 引言

构式语法理论诞生于20世纪80年代，主张构式是形式–意义对，并将语言概念化为构式网络（Fillmore et al., 1988；Goldberg, 1995, 2006, 2019）。近年来，基于构式语法的历时研究逐渐兴起（Traugott & Trousdale, 2013；Barðdal et al., 2015）。历时构式语法（diachronic construction grammar，DC×G）是语法化和构式语法相碰撞的产物（Noël, 2007），但两者的结合不论在理论上还是实践上都非易事（彭睿，2016）。2018年，约翰·本杰明出版公司推出由Evie Coussé、Peter Andersson和Joel Olofsson编著的论文集《语法化与构式语法的交汇研究》。该书基于理论思辨和实证分析全面概述历时构式语法的理论和应用现状。本文先介绍全书内容，之后简要评论。

❷ 内容简介

该书分四部分，共十章。第一部分阐述DC×G的理论现状，后三部分依据构式的不同层级（动词、名词和句子）胪列DC×G在不同语言中的应用实例。

第一部分包括一、二章，分别介绍DC×G的理论背景、现存问题及解决方案。

---

* 作者简介：刘娜，北京航空航天大学外国语学院博士研究生。研究方向：认知语义学、构式语法。Email: liuna0317@foxmail.com。通信地址：100191 北京市海淀区学院路37号，北京航空航天大学外国语学院。李福印，北京航空航天大学教授，博士，博士生导师。研究方向：认知语言学。Email: thomasli@buaa.edu.cn。通信地址：100191 北京市海淀区学院路37号，北京航空航天大学外国语学院如心楼702。
本文是国家社科基金项目"汉语动补结构的宏事件历时语言类型学研究"（21BYY045）的部分成果，并得到国家留学基金委建设高水平大学公派研究生项目（202006020199）的资助。

第一章题为"语法化与构式语法——机遇、挑战和潜在冲突",作者正是该书的三位编者。本章从宏观视角介绍语法化和构式语法相结合的过程中面临的机遇和挑战。构式作为形义对,包含从词素到(半)固定习语到句法结构的所有语法单位。语法化关注形/义变化。构式不仅能为语法化提供发生环境,还可以打破局限,扩展语法化研究的范围,比如,由实体性构式扩展至图式性构式。但是,DC×G研究惯常忽略构式语法的一项理论假设,即构式语法是一种心理学研究范式,旨在描述说话人的语言知识(参见Hilpert,2014:Chapter 1)。这使DC×G研究偏向语法化分析,而非二者的结合。此外,构式语法分支众多,不同分支与语法化结合的适切性尚待验证。二者的实质性冲突在于构式语法不区分词汇项和语法项,而这正是语法化定义中的核心概念。

第二章题为"三问DC×G"。作者Martin Hilpert细化了DC×G面临的三个理论性问题。问题一涉及研究目标。构式语法旨在基于语言使用描述说话人的语言知识,但历史语料能在多大程度上反映早期说话者的语言知识,目前尚不确定。Hilpert建议对DC×G的目标展开元理论反思和探讨。问题二涉及对构式化和构式变化的界定。构式化指构式网络中新的形义对的创生,构式变化是指已存构式形式或意义的单方面变化,两者在定义上存在明显界限(Traugott & Trousdale,2013:20-29),但在实际研究中却难以区分。Hilpert主张使用表格,直观呈现构式网络中各个节点(构式)形式、意义以及联结(构式间的关联)方式的变化情况。问题三涉及节点和联结。构式网络由节点和联结构成。现有研究多采用"以节点为中心"的构式观,忽略"以联结为中心"的构式观。Hilpert认为DC×G应整合这两种观点。

第二部分包括第三章至第五章,聚焦动词构式的语法化。

第三章题为"中断的语法化"。Mégane Lesuisse和Maarten Lemmens基于语料库数据考察了英语主要姿势动词sit(坐)、stand(站)和lie(躺)的演变。三个动词在其他罗曼语(如荷语、德语等)中的同源词均已语法化为处所标记或系动词,但在现代英语中未形成此类用法(*My car stands in the garage)。Newman(2009)提出英语姿势动词语法化的中断是由其后发展出的表征动态事件的用法(比如getting into a standing/sitting/lying position,进入站/坐/躺的姿势)导致的,但他仅考察了sit。Lesuisse和Lemmens全面搜集了早期和晚期现代英语语料,发现sit和stand在晚期现代英语中表征动态事件的频数明显增加,作系动词的数量明显下降;lie由于隐喻性处所用法的高度固化(比如the difficult/problem lies...,困难/问题在于……),发展轨迹与sit和stand不同。本研究证实,尽管受限于上层宏观构式,每一个微观构式都有自己的发展史。

第四章题为"语法化程度和构式变体"。Torodd Kinn以当代挪威语中的假并列构式家族为研究对象,聚焦其表无界运动义的构式变体,分析不同构体之间、构体与构式之间的变化关系。假并列构式(VP1 og VP2,og表示"和")形似普通动词短语并列式,但VP1和VP2具有非对称性,表现为VP1动词语法化程度更高,如sitte og lese的字面义是sit and read(坐和读),实际义是be reading(在读)。借用配式分析法，Kinn发现至少有167个动词可以进入VP1，推翻了既往研究"仅有少量动词可进入VP1"的论断。此外，区别性配式分析结果显示，相对于其他V1，gå（go），去偏好与认知类V2搭配，如gå og tro（在思考）。本研究证实，同一构式家族中不同动词的语法化程度不同，且发生语法化的不仅是语法化项，还包括其所在语境。

第五章涉及语法化观和构式观的对比。poner和meter是现代西语中常用的近义助动词，在poner/meter+PREP+INF构式中表起动义。既往研究偏重描述起动构式的整体变化，未对该构式的两个子类进行细颗粒度区分。Renata Enghels 和Marie Comer基于断代语料（13世纪、15世纪、17世纪、19世纪和21世纪）比较两个子构式在能产性、形式变异性、句法融合及一致性和构式整体语义上的变化，发现poner型构式的能产性增强，形式变异性减弱，句法融合及一致性程度增加，构式语义类型增加；而meter型构式的能产性自19世纪起明显下降，形式变异性略有增加，句法融合及一致性减弱，拘泥于原型语义。作者认为poner类起动构式的发展促成了上层抽象图式的形成。作者呼吁语法化研究应与构式语法相结合。

第三部分包括第六章、第七章，考察名词构式的语法化。

第六章聚焦语法化的扩展观和窄化观。Jakob Neels 和Stefan Hartmann参照英语量词/程度构式的发展轨迹，考察德语量词/程度构式ein bisschen/wenig X（a bit/little X，一点儿）在新高地德语时期（17至19世纪）的语法化。总体说来，德英量词/程度构式的语法化轨迹相似。通过观察两个微观构式在频数、X的词类和限定词ein在形式上的变化，作者发现它们的语法化既存在扩展效应，也存在窄化效应。扩展体现于构式的图式性和能产性增强，窄化体现于各个构体的形式变异性减弱。此外，两个微观构式在形式和功能上的融合促成了上层图式ein Nsamll unit X的形成。最后，通过对比这两个构式和德语最新的量词/程度构式，作者勾画了该构式家族的宏观—中观—微观关系图，凸显了构式网络在语法化中的解释力。

第七章题为"类符、能产性和图式性"。secundum NP（according to，依照）是拉丁语中常用的介词构式，表遵从、限制、空间、时间等义。Caterina Guardamagna采用语料库方法考察该构式自古典拉丁语时期到中世纪早期的演变，着重分析社会、文化和历史对其意义变化的影响。作者首先统计不同时期该构式中的罕用词（hapax legomena）频数，计算贝叶斯P值（Baayen's P=罕用词频数/构式形符），发现中世纪早期的数值最大，证实该构式能产性增加。随后进一步考察自古典拉丁语时期就高频使用的"遵从义"子构式的语法化。卡方检验结果显示：该子构式管辖的成分类型显著增加，表明其句法环境扩展；构式中NP论元的语义类型增加，由最初"遵从自然/法律"扩展至"遵从理论/上帝和人类/具体实体/抽象实体等"，表明同构项类型扩展，作者认为文化和社会环境变化共同驱动语义扩展；子构式的发展影响了该介词构式的发展。

第四部分由第八章至第十章构成，考察小句构式的语法化。

第八章考察西语条件构式的发展。caso是西语中常用的抽象名词，有事件、巧合、机会、情形、场合、示例等义，用于介词构式（en）（el）caso（de）que（in the case [of] that，在……条件下），整体表条件义。该构式的特点是形式多变，意义恒定。通过搜集自最简变体到完整变体（caso que→en el caso de que）的历时语料，Anton Granvik 发现传统语法化理论仅能解释 caso 从实词到虚词的变化，不能解释条件构式自身的多重形式变化，而构式语法的网络模型能对其做出解释。语料结果显示，caso que 和 en caso que 出现最早且用例最多，是宏观条件构式下的中观构式，也可以与其他四个构式变体（caso de que、en el caso que、en caso de que 和 en el caso de que）作为微观构式使用。由此，Granvik 主张语法化理论和构式化理论并行，可解释语言变化的不同方面，二者不可偏废。

第九章题为"构式化区域"。Heine 和 Kuteva（2005：182）曾提出"语法化区域"概念：一组地理上相邻的语言，可由于语言接触而经历相同的语法化过程。对于语言接触是否影响构式化/构式变化，学界鲜有研究。Andreas Hölzl 以东北亚地区的满语、蒙古语及周边语言的否定构式为例进行探究。作为多民族聚居地，东北亚地区存在以满语、蒙古语为主，以周边其他语言为辅的多语混用现象。对于跨语言存在的否定构式，既往研究认为该构式的发展经历"否定存在循环"过程，即"标准否定（同时否定动词句和存在句）→非标准否定1（使用特殊策略否定存在谓项）→非标准否定2（仅否定动词句）→标准否定"。通过对比满语、蒙古语及周边语的否定构式，Hölzl 发现，它们的变化经历相似，且这些语言的否定存在标记均发展为标准否定词，不符合"否定存在循环"。作者还证实，在语言接触的影响下，地理上相邻的语言可共享构式网络和构式化实例。

第十章涉及语法化与激进构式语法的融合。Emanuel Karlsson 将激进构式语法与语法化相结合，探索源自印欧语的空间小品词（比如 epi，on，在……上；kata，down，在……下）在古希腊和古典希腊语时期的不同表现。作者在分析语料后发现，包括 epi 和 kata 在内的多个空间小品词都存在语义变化，但变化方向各不相同，比如 epi 演变为动词前缀，表体意义；而 kata 演变为介词，表方位。作者认为这种"构式分化"由语用驱动，具体涉及重新解释、语篇用例的累积和新构式的逐渐激活。作者主张，所有构式都是语言特有的构式，语法化是语篇策略的创新，以及语言变化从本质上讲是一个程度高低问题，最终取决于语用。

❸ 简评

作为语法化和构式语法结合后的产物，DC×G 主张将语言变化放入构式框架内考察，探索构式形式、意义形成及变化的一般规律，从而克服传统语法化研究只注重形式或意义的单方面变化的弊端。该书不仅阐述了 DC×G 的理论建设要点（第一章、第二章），而且展示了跨语言和跨构式层级的实证研究范例（第三章至第十章），由此呈现了 DC×G 的研究现状。综上，我们认为该书具有以下特色：

第一，理论阐释客观、全面。作为新兴的语言学理论，DC×G 的形成和发展经受了来自语法化和构式语法领域的双重审视，部分探索性研究存在或倚重语法化传统分析或偏向构式分析的失衡现象。该书注重语法化理论和构式网络观并举,将两者结合,对语言现象进行客观描写和深度解读。同时,对于DC×G存在的理论性问题,该书并不避重就轻,而是逐一提出解决方法,使读者在研习新理论的同时,注重思考该理论当前的局限性和未来的延展性。

第二,实证研究覆盖面广、参考性强。传统语法化研究局限于实体性构式,典型的构式语法研究偏好*way-*构式、*The X-er, the Y-er*等可分析性强的构式(Hilpert,2014: 57)。作为首部全面论述DC×G理论和应用的著作,该书案例包括名词、动词及句子层面的构式,证实DC×G既可应用于实体性构式,也可用于图式性构式,从而可涵盖对所有语言单位的历时研究。此外,该书研究对象包括印欧语、罗曼语、日耳曼语和阿尔泰语,时间跨度最远至古希腊、古拉丁语时期,最近至当代,极大扩展了相关领域研究的时间和空间范围。再次,针对不同案例,该书使用构式语法的不同分支作为理论架构,既有Goldberg的认知构式语法,也有Croft的激进构式语法,还有研究取构式语法的共同理念,不拘于具体流派。该书的丰富性和多样性为读者开展实证研究提供了参照。

第三,语料库方法突出。传统语法化和构式语法分析多采用内省法对语言现象进行描述。该书在遵循质性分析传统的同时,注重使用真实语料,尤其是来自大型历时语料库的文本,并佐以多种统计方法(卡方检验、配式分析等)对结果进行深度剖析和解读。语料库方法为语法化和构式语法分析提供了实证证据,使所得结论客观性强、可验证性强、信度高。

作为首部全面论述语法化和构式语法交叉研究的著作,该书融合了理论分析、实证考察和思辨探讨,结构完整,逻辑清晰,具有广泛的理论性和应用性。当然,该书也有不足之处:一是未能从理论层面构建统一的DC×G分析框架;二是对不同实证研究方法论的叙述(尤其是语料抽取标准)详略不一,易使读者存疑。总的说来,该书瑕不掩瑜,是DC×G研究领域的前沿之作,对认知语言学、语法化、历史语言学等领域的研究具有重要参考价值。

参考文献

❏ Barðdal, J., Smirnova, E., Sommerer, L. & Gildea, S. 2015. *Diachronic Construction Grammar. Amsterdam*: John Benjamins.

❏ Fillmore, C. J., Kay, P. & O'Connor, M. C. 1988. Regularity and idiomaticity in grammatical constructions: The case of let alone. *Language* 64(3): 501-538.

❏ Goldberg, A. E. 1995. *Constructions: A Construction Grammar Approach to Argument Structure*. Chicago: Chicago University Press.

❏ Goldberg, A. E. 2006. *Constructions at Work: The Nature of Generalization in*

Language. Oxford: Oxford University Press.

❏ Goldberg, A. E. 2019. *Explain Me This: Creativity, Competition and the Partial Productivity of Constructions*. Princeton: Princeton University Press.

❏ Heine, B. & Kuteva, T. 2005. *Language Contact and Grammatical Change*. Cambridge: Cambridge University Press.

❏ Hilpert, M. 2014. *Construction Grammar and Its Application to English*. Edinburgh: Edinburgh University Press.

❏ Newman, J. 2009. English posture verbs: An experientially grounded approach. *Annual Review of Cognitive Linguistics* 7: 30-57.

❏ Noël, D. 2007. Diachronic construction grammar and grammaticalization theory. *Functions of Language* 14(2): 177-202.

❏ Traugott, E. C. & Trousdale, G. 2013. *Constructionalization and Constructional Changes*. Oxford: Oxford University Press.

❏ 彭睿，2016，语法化·历时构式语法·构式化——历时形态句法理论方法的演进。《语言教学与研究》（2）：14-29。

（责任编辑：高一虹）

语言学沙龙

从"语言"到"语言学":北京大学外国语言学及应用语言学学科史考察(下)

从"语言"到"语言学":
北京大学外国语言学及应用语言学
学科史考察(下)

北京大学　郑　萱　胡旭辉等*

[提　要]　本文基于大量史料,梳理了北京大学外国语学院外国语言学及应用语言学的学科发展史。所涉及的专业范围主要是以英语为背景的语言学教学与研究,时间范围为20世纪70年代末到2021年年底。40多年的史料梳理显示,外国语言学的研究和教学生长于外语教学这片土壤,萌芽于改革开放初期对国外语言学和语言教学理论的学习。经过在"英语语言文学"学科框架内较长时间的生存和缓慢发展,学科独立性逐渐增强,完成了从"语言"到"语言学"的转变。当下学科发展势头很好,但也面临着一些有待思考和解决的问题。梳理学科的发展是对历史沿革进行的一次较为全面的记录,希望为我国相关学科建设提供北京大学视角下的历史注脚和反思。

[关键词]　外国语言学及应用语言学;学科史;北京大学

---

*　本学科史的梳理是北京大学外国语学院外国语言学及应用语言学研究所全体教师的成果。具体分工如下:高一虹,访谈、收集史料、撰写上篇第1、2、3小节主体部分;高彦梅,访谈、收集史料、撰写上篇第4小节和第3.4小节应用语言学、英语教学会议部分;郑萱,访谈、整理和汇总资料、撰写下篇第5小节"学科的稳步发展";胡旭辉,访谈、撰写下篇第6小节"现存困境与未来展望";苏祺,汇总语言所师生的科研成果;冯硕,查阅历史档案,收集与课程、毕业论文相关的史料;罗正鹏,访谈。课题组向所有接受访谈和提供材料的师生表示诚挚的谢意,也欢迎读者对本文可能出现的错误予以更正和补充。本学科史(上)发表于《语言学研究》(第三十二辑)。本学科史(下)的部分材料来自于:高彦梅,2021,十年砥砺 稳健前行——北京大学外国语学院外国语言学及应用语言学研究所成立十周年。《语言学研究》(第三十辑)。北京:高等教育出版社。241-244。
主要作者简介:郑萱,北京大学外国语学院外国语言学及应用语言学研究所助理教授。研究方向:现代外语教育、跨文化交际。Email: xuanzh@pku.edu.cn。通信地址: 100871北京大学外国语学院。胡旭辉,北京大学外国语学院长聘副教授、外国语言学及应用语言学研究所副所长。研究方向:句法学、语用学、形态学等。Email: xhu819@pku.edu.cn。通信地址: 100871北京大学外国语学院。

❺ 外国语言学及应用语言学学科的稳步发展

5.1　语言所学科精神：人文素养、科学精神、社会关怀

北京大学外国语学院外国语言学及应用语言学研究所（简称"语言所"）的办学宗旨就是培养语言学方向的硕士和博士研究生（简称"硕博生"）。在建所之初起草培养方案的时候，硕士生培养目标被确定为（高彦梅访谈，2021）："以国家制定的教育方针为准则，培养品格高尚，遵纪守法，即有人文素养，又有严谨治学精神的语言学专门人才。接受过本计划教育的学生将在语言学各领域掌握坚实的基础理论和系统的专门知识，了解与本学科相关的国内外最新学术动态，具有从事本学科的科学研究和高等学校教学工作的能力。"博士生培养目标为（同上）："应具有坚实、宽广的语言学及相关学科的基础理论和系统深入的专业知识，掌握本学科的当前状况和发展趋势。具有严谨、求实的学风和独立从事科学研究工作的能力，学位论文应具有创新精神和独立见解；熟练地掌握所学语言，第二外国语应具有阅读与本专业有关书刊的能力；能熟练运用计算机和互联网络进行科研工作。"

从培养方案、历届新生入学教育和后来的培养实践来看，"人文素养、科学精神、社会关怀"是语言所培养学生的指导思想，也可以视为语言所的学科精神。在2011年的语言所第一届硕士生新生入学教育会上（图1），建所所长高一虹通过题为"语言学专业学生需要培养的素质"的讲话，提出该学科精神。高一虹认为，"人文素养"是北京大学作为综合性大学的优势。

图1　2011年8月29日，语言所第一届硕士生新生入学教育

它不仅包括对文史哲知识的积累和文学美学鉴赏力，而且包括批判性思维的能力和习惯，以及接纳人类多元性的宽阔胸怀和"兼容并包"的精神。"兼容并包"是北京大学的老传统，但又是外语学科实践忽略和缺乏的。"科学精神"主要是指严谨治学的态度和能力，包括严密的思维逻辑，打破砂锅问到底的追索和对多种可能性

的考察，也包括积极学习和掌握各种解决问题的科学技术工具。"社会关怀"是针对以往人文学者往往把自己封闭在象牙塔里的问题提出的，指对社区、国家乃至全球共同体之实际状况和事务的关注和力所能及的参与，感受人民的喜怒哀乐，尽可能地以所学为社会服务。

在之后历年的新生入学教育中，以上语言学者的学术使命和学科精神都被反复宣讲。胡壮麟和姜望琪也对新生进行科研指导，帮助学生树立勤奋治学的信念和扎实严谨的学风。学科精神以多种方式在不同程度上蕴涵于语言所的三个学科方向中，影响着师资队伍建设、青年教师发展、硕博士生培养、教研和社会服务工作。

5.2 师资队伍建设

建所之初，师资队伍严重青黄不接。当时语言所有教授2名、副教授1名、讲师1名、资深教授1名。在外国语言学及应用语言学学科点下招生的还有英语系教授2名、副教授3名。在建所后的最初几年，因为学校人事制度的要求和种种个人因素，来语言所求职的候选人均引进失败，为解决此问题，语言所的人才评审小组为此投入了大量精力。

从2014年开始，面对创建世界一流大学的紧迫任务，为引进和培育有潜力的青年学者，增加人才竞争力，北京大学进行了人事制度改革，对所有新聘教师实行预聘制（tenure track），提高新聘教师的待遇，并从2016年到2018年完成了新老体制并轨。[①] 在人事制度改革前后，语言所成功引进了理论语言学（2015）、现代外语教育（质性研究方向，2014；量化研究方向，2019）、社会语言学方向（2020）的青年教师4名。此外，还曾有社会语言学、计算语言学方向的2名博士后入站工作。目前，已有1位教师从助理教授晋升为新体制长聘副教授，1位教师从老体制副教授晋升为新体制长聘副教授。语言所在岗教师为教授1人、长聘副教授2人、副教授1人、助理教授3人，已经从根本上扭转了师资力量青黄不接的危机，三个学科方向的人才布局合理，加上英语系部分语言学方向教师的支持，语言所能够在当下招生范围内较好满足"外国语言学及应用语言学"二级学科的教学科研需要（图2）。已退休的姜望琪、胡壮麟（北京大学资深教授），仍活跃在学术界。

5.3 青年教师发展

在教师访谈中，入职语言所的青年教师普遍提到，他们从面试开始就被语言所的"学术包容性和浓厚的学术氛围"吸引，认为这里能够实现其培养中国未来人才，在国际学界发出中国学者声音的使命。语言所有"宽松和开放的科研环境"，且"关注老师的个人发展"，比国外高校更能为刚博士毕业的青年教师"提供难得的锻炼机会和成长平台"。经过几年的合作，语言所教师团结友爱，无私互助；不同语言学分支、不同学科求同存异，相互促进。

---

① 林建华，从北京大学师资聘任制发展看大学里的人才阶梯。《文汇报》，2021-8-29（6）。

图2 2021年1月，语言所教师工作照片

　　建所后新引进的教师、博士后均在英国、美国或国内知名大学获得博士学位。青年教师带来了国内外不同院校、不同学科的学术传统：有的毕业于语言学系，受过系统的国外语言学理论训练；有的毕业于英语国家和地区的英语系，偏重应用语言学、社会语言学、二语习得等应用型方向；有的毕业于计算机系，研究计算语言学，擅长数字人文。语言所专注于语言学的教研工作，让青年教师既有归属感，又能发挥独特性。青年教师将各自的学术训练与北京大学外国语学院（简称"外国语学院"或"学院"）已有的语言学学术传统整合，进而继承与发展。部分已有课程的原授课教师退休后，青年教师接手（如"英语教学法""语言与文化""语用学""句法学"等）。同时，针对语言所需求，青年教师也开设了与自己专长相关的课程（如"语料库语言学""外语教育理论与实践"等）。针对语言所人员较少，缺乏团队规模效应的问题，青年教师与所内外师生形成各方向的读书小组，邀请学者讲学，逐渐建立学术团队。

　　在新的人事体制政策下，在各级领导对青年人才的关心和支持下，青年教师通过独立开设课程、指导研究生、参与系所工作、与同事开展合作研究等方式稳步而迅速地成长，在学术界发挥重要影响。目前，苏祺担任剑桥大学出版社 *Studies in Natural Language Processing Series*（自然语言处理研究丛书）副主编，北京大学数字人文中心副主任；胡旭辉担任中国英汉比较研究会形式语言学专业委员会副会长；郑萱担任中国翻译协会跨文化交流研究委员会常务理事。

5.4　教学工作

　　在教学方面，语言所教师主要面向语言所的硕博士生开设课程，也有外国语学院其他系所、学校其他学院（如中国语言文学系、对外汉语教育学院）的学生、访问学者和进修教师选修相关课程。尽管语言所的培养对象是研究生，但语言所教师也面向北京大学各院系学生、外国语学院本科生专门开设语言学方向的通选课程，如"语言与认知""理论与应用语言学""中西话语中的死亡"，在大学英语教研室讲授"C级"和"C+"级英语课程等，向全校普及语言学知识。

　　建所以来，语言所教师共获得教学奖励22次，包括教育部颁发的中国英语教育特殊贡献荣誉证书（胡壮麟）、北京大学十佳教师（高一虹）（图3）、北京大学教学优秀奖/奖教金、北京大学王选青年学者奖、北京大学博雅青年学者、北京大学新东方青年学者奖、北京大学优秀班主任、北京大学青年教师教学基本功比赛二等奖、北京大学外国语学院教学优秀奖等。胡壮麟、何卫、姜望琪等开设的"普通语言学"课程获2009年北京市优秀教学成果一等奖。语言所教师积极探索培养语言学人才的教学新模式，将教学与科研有机结合，建所11年间主持教学项目6项，包括北京大学研究生课程建设项目、北京大学研究生创新项目、北京大学本科教学改革项目等。

图3 2018年3月，高一虹（北京大学十佳教师）的"社会语言学"开放课堂①

在教材建设方面，2017年4月，胡壮麟联合了一批中青年语言学家，包括来自北京大学、清华大学、北京师范大学、北京林业大学等10余所大学，从事语言学教学的多位教授，出版了《语言学教程》（第五版）。语言所的姜望琪（任副主编之一）、胡旭辉也参与了部分章节的编写。该版教程于2021年被评为全国优秀教材（高等教育类）一等奖（图4），充分体现了《语言学教程》出版30多年来为我国语言学教育事业做出的重大贡献。

5.5 科学研究

建所之初，语言学学术建设已经具备了较为扎实的基础。包括胡壮麟、申丹、姜望琪、高一虹、钱军、高彦梅等在内的多名语言所招生教师出版了大量学术专著和骨干教材。建所之后，语言所的科研特点包括：一、科研领域全面，"兼容并包"；二、科研成果质量高，国际化与本土化并重。教师的科研领域涵盖了我国外国语言学及应用语言学学科的主要学术方向：理论取向上涵盖了当今国内外语言学的功能与形式两大主流学派，应用与实证研究上涵盖了社会语言学、外语教育、跨文化交际、二语习得、计算语言学等领域。具体来说，理论语言学的研究方向涵盖系统功能语言学、布拉格学派、生成语言学和语用学。社会语言学最近几年的研究课题包括死亡话语研

---

① 图片来自北京大学外国语学院网站：https://sfl.pku.edu.cn/xsyd/xwdt/66960.htm（2021-5-4）

究、医患交流研究和语言与性别研究等国内外前沿课题。现代外语教育方向包括比较
修辞研究、语篇分析、世界英语、跨文化交际、教师发展、二语习得研究等。

图4　2021年10月，胡壮麟主编的《语言学教程》（第五版）荣获全国优秀教材（高等教育类）一等奖①

　　语言所教师在各自领域做出了在国内外具有影响力的研究。10年来，语言所教师共发表中英文论文186篇，其中，SSCI、A&HCI、EI论文20余篇；CSSCI期刊论文50余篇；主持各类项目22项，包括国家社科基金重点项目1项，国家社科基金一般项目、青年项目和后期资助项目共5项，国家自然科学基金青年项目1项；在国内外出版专著16部，译著和编著6部。专著及论文集由国内外重要学术出版社出版，如北京大学出版社、牛津大学出版社、Routledge出版社等。代表性专著包括胡壮麟的《语言学理论与流派》（2010）、《新编语篇的衔接与连贯》（2018）、《认知隐喻学》（第二版）（2020）、姜望琪的《语篇语言学研究》（2011）、高一虹的《大学生英语学习动机与自我认同发展——四年五校跟踪研究》（2013）、《中国英语使用者语言态度与认同》（2021）、高彦梅的《语篇语义框架研究》（2015）、胡旭辉的《事件编码：功能结构与变异》（*Encoding Events: Functional Structure and Variation*）（2018）。这些成果在国内学界产生了重要影响，并逐步在国际学界发出中国学者的声音。

5.6　学术交流

　　虽然语言所人员不多，但自建所以来，为扩大其国际国内学术影响力，加大与语言学界各领域的学术交流，语言所共举办了研修班2次、国际会议3次、国内会议2次。

　　两次研修班都与北京大学出版社合作举办。2011年5月5至7日，由语言所主办、北京大学出版社承办的全国高校语言学高级研修班在北京大学开办（图5）。研修班主题为"系统功能语言学新发展"，邀请到系统功能语言学创始人韩礼德（M. A. K. Halliday）参加开幕式，来自全国各高校的100余名教师参加了研修。

---

① 图片来自北京大学外国语学院网站：http://sfl.pku.edu.cn/xyxw/132145.htm（2021-5-4）

2015年4月25至26日，语言所和北京大学出版社联合举办了博雅大学堂——第五届全国高校语言学高级研修班暨第一届全国高校语言学课程教学多媒体课件大赛颁奖仪式、《韩礼德文集》中文版首发仪式。韩礼德、胡壮麟等出席并致辞，参会代表约120人（图6、图7）。

图5　2011年5月5至7日，全国高校语言学高级研修班合影

图6　2015年4月25至26日，博雅大学堂——第五届全国高校语言学高级研修班主席台嘉宾
（从左至右：高一虹、彭宣维、胡壮麟、韩礼德、杨立范、宁琦、高彦梅）

　　三次国际会议包括2011年举办的"性别与语言"工作坊（图8，30余人参加，《语言学研究》（第十二辑）出版会议专辑，2015年的第十五届国际语言与跨文化交际研究会（International Association of Language and Intercultural Communication，简称IALIC）年会（图9，140余人参加，SSCI期刊*Language and Intercultural Communica-*

tion《语言与跨文化交际》2017年第1期出版会议专辑），2018年的北京大学系统功能语言学国际论坛（图10，150余人参加）。两次国内会议包括2012年的胡壮麟教授八十华诞研讨会（图11，260余人参会）和2020年的生命文化沙龙"谈生论死"系列第5期暨"当代中国'死亡话语'及发展考察"课题汇报会（图12，线上线下共2 000余人参会）。研修班与会议的学术水平、组织和服务质量均受到业界和参会师生的广泛好评。通过举办学术活动，语言所在国内社会语言学、功能语言学领域继续领跑，与国际学界有了进一步的交流。

图7　2015年4月25至26日，博雅大学堂——第五届全国高校语言学高级研修班部分参会师生（第二排从左至右：田剪秋、宁琦、胡壮麟、韩礼德、高彦梅、赵芃、高一虹、张美兰、吕国燕）

图8　2011年10月15至16日，"性别与语言"工作坊合影
（第一排左起：April Liu、Angel Lin、Michelle M. Lazar、祝畹瑾、Sally McConnell-Ginet、王洪君、Cheris Kramarae、Winnie Cheng、毛思慧、吴东英、Alice Deakins）

图9　2015年11月27至29日，第十五届国际语言与跨文化交际研究会年会合影
（第一排从左至右：文秋芳、Bonny Norton、Adrian Holliday、Joseph Lo Bianco、关世杰、Prue Holmes、
Veronica Crosbie、安然、吴宗杰、Malcolm MacDonald）

图10　2018年10月20至21日，北京大学系统功能语言学国际论坛合影
（第一排从左至右：高彦梅、Shoshana Dreyfus、David Butt、Kay L. O'Halloran、彭宣维、Jonathan
Webster、宁琦、方琰、James Martin、黄国文、Karl Maton、方志辉、李颖、高一虹）

图11　2012年3月31日，胡壮麟教授八十华诞学术研讨会

图12 2020年10月25日，生命文化沙龙"谈生论死"系列第5期暨"当代中国'死亡话语'及发展考察"
课题汇报会合影
（第一排左3起：高彦梅、魏继红、宁琦、何仁富、胡宜安、胡军、秦苑、路桂军、雷爱民、岳鹏、李志
刚。第二排右1：高一虹）

　　语言所的特色活动"语言学沙龙"在建所以后持续开展，每学期邀请国内外知名学者和中青年前沿学者来所里交流。自2010年建所（第464期）至2021年11月（第589期）已举办126次，国内外学者100余人参与。包括系统功能语言学领域的领军学者James R. Martin、Jonathan J.J. Webster（图13）等；句法学领域前沿学者David Adger、Hagit Borer、Ian Roberts、蔡维天等；认知语言学领域领军学者Stefan T. Gries、Ronald W. Langacker、Leonard Talmy等；社会语言学前沿学者Diana Slade、李嵬、祝华等；外语教育前沿学者Heidi Byrne、Sandra Silberstein（图14）等。沙龙为师生打开了与世界前沿学者对话的窗口，拓宽了学术视野，也为研究生的学术发展提供了更为宽广的空间。

图13 2019年11月19日，香港城市大学Jonathan J. J. Webster主讲语言学沙龙第579期

图14　2019年11月8日，美国华盛顿大学Sandra Silberstein主讲语言学沙龙第577期

　　语言所鼓励学生参与国际交流，广泛接触所在学科领域的前沿研究团队或机构。博士生中有30%的学生曾前往国外知名大学相关专业交流学习，包括美国纽约州立大学、美国乔治城大学、捷克查理大学、英国约克大学、荷兰莱顿大学等。硕士生中有16.3%的学生参加了各类交流项目，前往澳大利亚国立大学、加拿大多伦多大学等学校学习。

图15　2012年6月，北京大学与澳大利亚格里菲斯大学签署了双学位项目协议①

---

① 照片来自北京大学外国语学院网站：https://sfl.pku.edu.cn/xyxw/51263.htm（2021-5-4）

除了学校的交流项目，建所之初，语言所便开始探索与国外大学相关前沿领域合作培养学生的可能性。2012年6月，北京大学与澳大利亚格里菲斯大学签署了联合培养双学位项目协议（图15）。同年10月，北京大学第一位联合培养硕士生赴格里菲斯学习。2014年，该生完成了两校的课程学习任务并通过了论文答辩，获得了两个学校的硕士学位。

5.7 社会服务

秉承"社会关怀"的学科精神，语言所的社会服务集中在三个领域，一是在外国语学院支持下编辑集刊《语言学研究》，二是在校内外承担各项学术服务工作，三是鼓励和引领学生从事各类社会服务工作。建所之初，《语言学研究》编委会对编辑班子做了调整，由语言所承担该集刊的主要工作，外国语学院其他系所的副主编、编委支持参与（图16）。集刊由原来的一年一辑调整为一年两辑，在全国范围内征稿。该集刊涉及语言（文字）40余种，研究涉及当代语言学各主要领域。从语言所接手至2021年12月，共编辑出版了22辑（第10辑至第31辑），刊登论文300多篇，纳入"中国知网"检索系统。每辑的实际字数约为17万字，刊载论文17至20篇；每辑有一个特约专栏，由相关专家带领，集中探讨前沿话题。2014年起，《语言学研究》被评为CSSCI来源集刊。目前，该集刊编辑的电子化工作正在进行中。

图16　2010年10月16日，《语言学研究》编委会会议

在学术服务工作中，语言所积极参与了外国语学院于2019年承办的"北京论坛"分论坛"跨文化交流中的语言、文化与认同"，为论坛筹划主题，邀请并接待海外学者参与论坛，语言所四位教师在分论坛做了主题演讲（图17）。在校外，多位老师参与学术共同体的建设与服务，在相关学术领域的学会和国家级考试指导中心等机构担任会长、副会长、常务理事、专家组成员等。在语言所教师的带领下，学生们也积极参与学校、学院和社区的各项服务工作，包括建设学校英文网站、在学院各部门做教学辅助工作、在医院做安宁疗护志愿者等。

图17　2019年11月，语言所教师参加"北京论坛"

5.8　学生培养

语言所的成立使致力于语言学研究的硕博士生获得了强烈的认同感和归属感。经过语言所系统的学术训练，学生得以确立自己的研究兴趣和方向，树立做语言学研究的信心。对往届毕业生的访谈表明，语言所对学生来说是一个"大家庭"。老师在学生生活困难、学业焦虑时给予支持、鼓励，让学生感到了"陪伴""安全""感恩"；同学、室友"一家人不说两家话"，给学生带来了很多温暖。

从对毕业生的访谈来看，三条学科精神已经深入人心。

1）人文素养：学生认为语言所的研究"兼容并包""鼓励百家争鸣"。虽然在学术讨论时会有激烈的争论，但大家就事论事，会后还是关系融洽；即使研究方向不同，教师也会鼓励学生去学习不同派别的理论。人文素养的含义还包括"秉持传统""大师风范""学术自由""以人为本""师生平等""敏锐的批判精神"等。2）科学精神：学生牢记"严谨治学"的学风，这包括"大量阅读、谨慎求证""写一篇综述至少读50篇文献""诚实守信、严惩学术不端""追根究底""真理至上""年过古稀仍笔耕不辍，勇攀学术高峰""勇于探索未知"等。3）社会关怀：学生记得做研究要"下田野"，要把研究与社会现实结合起来。有学生通过求学期间参与的学术、实践活动，感受到"语言学学科在课本之外的美好"，能将所学知识"应用于与他人的交流中，甚至能帮助别人"。

除了在课堂学习与论文写作中有收获之外，不少学生参加了多个语言所教师组织的读书小组（图18、图19），增加了认同感，"虽然很辛苦，但是很快乐"。在语言所承办的国际会议中，学生听到了"震撼人心""大开眼界"的讲座，感到"受益匪浅"。对于准备继续深造的毕业生来说，在语言所的学习为其打下了扎实的语言学基础，提升了学术素养。对于毕业后从事跨学科、跨专业工作的毕业生来说，语言所对其在"思维逻辑、语言表达、钻研精神、对事实求证、跨文化视角、同理心、对语言多维度的理解"方面的培养也产生了深远的影响。

图18 2018年12月，句法小组活动照片

图19 2020年10月，语言习得读书小组活动照片

自建所初期（图20）至2021年夏（图21），语言所已经培养了58名硕士毕业生和17名博士毕业生。语言所的学生在科研方面取得了丰硕的成果：在国内外期刊、论文集上发表论文99篇，包括CSSCI论文14篇，EI论文17篇，SSCI论文3篇，国家专利1项。博士毕业生在全国各地的高校从事教学与科研工作，有不少已经成为所在学校的教学和科研骨干。硕士毕业生有17名奔赴全球各地知名大学继续攻读博士学位，包括英国剑桥大学、澳大利亚悉尼大学、美国罗格斯大学、美国宾州州立大学、荷兰蒂尔堡大学等，2名在北京大学攻读博士学位。直接就业的硕士毕业生在全国各地从事教学、科研、社会管理、企事业单位服务等相关工作。

图20　2014年6月，语言所首届硕士毕业生与教师合影

图21　2021年6月，语言所硕士和博士毕业生与教师合影

5.9　总结

正如当时的外国语学院副院长李政所评价的："'外国语言学及应用语言学'这个二级学科的启动和增设进展顺利，是学院学科建设工作中的一件大事。它的建设使得学院一级学科的完整性得到加强，学科布局更加全面，提高了学院在国家一级学科评估工作中的竞争力。学院在国家第三次学科评估中取得了更加突出的成绩，拉大了与第二名的差距，提升了北京大学外国语学院在国内高校中的竞争力。事实证明，这项工作是学院建院以来学科建设工作中最辉煌的成就之一。"（李政访谈，

2021）在有了"外国语言学及应用语言学"学科身份定位后的 10 年间，在新一届外国语学院领导、语言所领导的支持和带领下，语言所师生克服重重困难，逐渐构建出一个具有北京大学外国语学院"外国语言学及应用语言学研究所"认同特点的共同体。在这个"家"一般的共同体中，外国语学院的语言学学科得以集中力量，不同语言学分支之间更易于对话，国际与国内前沿思想相互交融，师生交流更加频繁、深入，外国语言学比以往有了更快速、更全面的发展。

❻ 现存困境与未来展望

6.1　现存问题

展望未来，还有诸多问题有待解决，有的问题与"外国语言学及应用语言学"这个二级学科以及国内高校现有学科分布的体制有关，有的问题则与语言所自身的局限有关。

第一，外国语言学与各外语语言学之间的关系应该是怎样的？本质上来说，外国语言学这个学科定位较为尴尬，因为学理层面并没有外国语言学这个说法。在我国，外国语言学隶属于外语学科，在以文学为主要研究领域的外语学科中，研究外国语言学的初衷是促进外语的"教"与"学"。外国语言学研究发展至今，显然已经不只是外语教学的辅助工具，而是有自己明确的研究范围和研究范式。但各外语专业往往有自身的语言学研究传统，例如，阿拉伯语、俄语所在的对象国都有非常深厚的语言学研究传统，这些语种专业的语言学研究也往往是在这些传统下进行的。从北京大学的情况来看，语言所的外国语言学学科下的语言学研究和各语种语言学研究最大的差异并不是研究的语种，而是采用的研究范式。外国语言学学科点下的语言学研究基本采纳欧美的"主流"语言学研究范式，而其他各语种往往采纳的是语种对象国的语言学研究范式。这些范式差别巨大，导致它们交流有限。应该说，这种情况并非北京大学所独有，而是大致符合其他高校英语专业的语言学和其他语种语言学的教学、科研情况。

秉承北京大学"兼容并包"的精神，理想状态下各学科之间应该相互交流，探索不同范式的对话能否碰撞出火花。但科学研究（不限于语言学）中范式传统的差异往往"隔行如隔山"，要打破壁垒、形成对话并非易事。语言所成立的初衷之一是整合外国语学院不同语种的语言学资源，但目前语言所教师使用的研究语言仍以英文为主，授课语言也是英文。近年来，语言所学生的语言背景日益多元，在 2021 年新入学的 6 名硕士生中就有 3 名是非英语背景（法语、德语、日语）的。在学生培养环节，有多语背景的学生的确比英语专业的学生更有可能查阅到相关语言的一手文献，就业时也拥有多语语言能力和语言学研究的双重优势。但与英语专业的学生相比，语言所非英语专业学生的英文可能会处于劣势，入学后需要付出更多的努力；在毕业时，如果要从事其他语种教师类工作，也可能因为三年的学习语言都是英语而受到质疑。在未来的教学中，语言所一方面需要加强对学生学术英语能力的培养，另一方面也需要更加关注对学生原有多语种背景优势的提升，这对学生未来的就业和学术研究的国际化来说都至关重要。

语言所和外国语学院语言学方向的教师们也愿意为各语种学生提供语言学研究支持并在这方面有了一些初步的探索，例如，阿拉伯语专业硕士生曹雨婷同学以欧美最为主流的语法理论"生成语言学"作为理论框架研究阿拉伯语，论文获得"第七届全国阿拉伯语专业研究生论坛"特等奖；还有阿拉伯语专业同学以语言所开设的语料库语言学课程内容作为框架，取得了创新性成果。这些都还是有限的尝试，有待进一步探索、合作。

第二，未来是全面发展还是专注于特色研究领域发展？以欧美高校声誉卓著的语言学系作为参照对象，我们可以发现：这些语言学系或是专注于某一特色，在此基础上做适当蔓延（如美国麻省理工学院）；或是均衡发展，在语言学各个领域都有涉猎（如英国剑桥大学）。语言所未来要走哪一条路？这需要我们不断探索。前文已经指出，语言所目前的科研布局涵盖了当今语言学研究的主要领域，在理论与应用研究、形式与功能学派、质性与量化研究以及涉及科学技术的研究（自然语言处理、语料库等）领域，我们都有专业的学者在进行前沿性研究，培养这些领域的硕士和博士。应该说，有着这样的师资布局，从教学培养来看，语言所的教学范围、深度和前沿性都达到了国内领先水平。但是我们也需要看到，每个研究方向基本都只有一位专任教师，而且在可预见的未来，由于招生规模的限制，我们很难改变这一现状。单个教师在自己的领域可以有较大的学术影响力，但引领学科发展需要一定的规模效应，这是语言所目前所欠缺的。一来可以探索的道路是，在某个阶段，集中优势资源，形成教师、博士生、博士后一体化的科研团队，这需要争取学校和学院的支持。另一条可以探索的道路是，在语言所教师之间开展团队合作，这需要教师不断调整自己的定位，也需要外国语学院、语言所统筹协调（宁琦访谈，2021）。

第三，外国语言学与汉语语言学、民族语言学是何种关系？从学理上看，对外国语言学进行学科定位必然需要我们厘清外国语言学（简称"本学科"）与汉语语言学、民族语言学的关系。如果这个问题得不到解决，本学科教师的科研工作可能会在不同场合受到质疑，甚至会陷入自我怀疑；学生培养也有同样问题，学科定位不清会直接导致学生论文选题的困境。从研究对象来看，本学科的研究对象是否可以包括汉语或者民族语言？从研究范式来看，本学科能否以传统语言学理论外的框架（如社会学、心理学、教育学等领域的框架）来进行研究？这些都是本学科学者和学生经常面临的问题，以下问题并不罕见："在外语系做研究，怎么研究汉语？""你这个研究还算是语言学研究吗？"

我们认为，这些问题的解决需要在学理层面进行。当代语言学学科本身并不分外语和母语语言学，一国的语言学研究完全排斥母语的研究既不符合现实，也拒绝了做出前沿成果的种种可能。但是，因为我国高校的特殊情况和社会发展的需要，这样的学科分类既是客观事实，也有其合理性。我们需要做的是，面对现实，在学理层面解决这个问题，也为全国外语专业的这个学科点提供一定的借鉴。

在语言所成立以前，语言学方向的学位论文如果以汉语为研究对象，常会被质疑，认为其不符合"英语语言文学"二级学科的学理。一个典型的案例是一位博士生（当时语言所尚未建立，该生属于英语系）的论文选题。开题时，由于题目明确提到了汉语，论文在当时引发了争议，其中最大的争议在于，外语系的博士论文能否以汉语为研究对象。最后，为了顺利开题，她删除了博士论文标题中的"汉语"二字。在导师和其他语言学方向教师的鼓励和支持下，她用国际前沿的会话分析理论对汉语的诸多现象做出了极具创新性的研究。如今，这名学生已经成为国际会话分析领域的青年专家。这个案例说明，限制学生以汉语为研究对象可能会限制学生的研究空间，同时也说明，外语专业系统下的汉语研究具有潜力甚至优势。

建所之后，虽然有了"外国语言学及应用语言学"二级学科，语言所领导、导师和学生依然为研究各类语言现象、拓展话语空间不断努力。近10年来，各方协商的结果可以概括为："外国语言学"中的"外国"并不特指外国语言，而是国际前沿的语言学理论（我们的目标也包括由中国学者参与、推动主流理论的建设和发展）；至于研究对象，我们遵循国际语言学的主流思路，语言学可以研究包括母语在内的任何语言及相关现象。我们尤其鼓励从跨语言的视角来研究外语、汉语和民族语。研究对象既包括语言本体，也包括语言习得、语言教育、语言的社会维度、自然语言处理与语料库等。语言所学生也在10年中研究了各种语言问题，包括英语"与格换位"结构的历时研究、跨语言格变异研究、当代英语进行体的意义和用法研究、费尔巴斯功能句子观思想研究、性别研究、汉语方位词研究、英语和意大利语自反动词对比研究、死亡话语研究等。

第四，上述第三个问题必然带来另一个问题：本学科的语言学研究与其他学科（尤其是中文专业）的语言学研究差异何在？可喜的是，当前外语和汉语语言学的"两张皮"问题正在逐步得到解决，同时我们也希望本学科的研究能够更直接地与国际主流对接，做出能够与国际同行对话的前沿理论贡献。即使是研究母语，我们也应该利用好外语语种优势，用更多的跨语言视角来审视汉语。在理论范式层面，我们持开放的学术态度，融合传统语言学领域和其他学科理论，同时，强调不丢失语言学的学科属性，在我们的研究中体现出理论语言学与应用语言学的学科优势。正如语言所教授姜望琪在访谈中所言，外语系的学生有外语优势，更容易做与理论挂钩方面的工作；而中文系的学生对汉语语料的挖掘往往更深入、更具体（姜望琪访谈，2022）。在未来的学生培养中，我们也需要注意引导学生博采众长，有效吸收北京大学中文系在语言学研究传统重视语料分析的特点，将其与外国语言学注重理论前沿的优势相结合。我们相信，这是未来外国语言学学科培养卓越学生的一大路径。

外国语学院外国语言学萌芽的力量之一是汉语语言学。姜望琪在20世纪70年代上过朱德熙先生的课，参加过石安石等老师组织的语法修辞讨论。1977至1980年在英国学习期间，姜望琪完成了硕士论文"Time reference in Chinese"（汉语时体概念表达法）。这项研究参考了赵元任、王力、吕叔湘、高名凯等人所著语法书，以1978年国内出版的《伤痕》等8部短篇小说为语料，分析了"了、着、过""要、会、将"以及时间副词等汉语中表示时间的手段（姜望琪访谈，2022）。这一研究范式体现了海外华人语言学研究的特质。不少华人语言学家是外语系出身，如美国哈佛大学（Harvard University）黄正德教授、威斯康星大学（University of Wisconsin）李亚非教授，他们的研究结合了前沿理论和汉语现象，并以此推动理论发展，扩展学界对人类语言普遍性的了解。

在未来的发展中，我们仍会面临学理层面的种种问题，需要继续探索，也需要关注学科发展的趋势。在此基础上，我们也需要考虑是否有必要建立语言学一级学科。这是外国语言学和汉语语言学在学科发展中共同面临的问题。目前来看，由于种种现实因素，这个目标暂时很难实现。与之相关，是否要在未来考虑建立语言学系？北京语言大学于2018年成立语言学系，招收语言学专业本科生，国内也有其他高校开设语言学系或者语言学项目。我们将此问题提出，作为学科发展的一个考量，供读者参考。

6.2 展望

语言所建所已10年有余，在学科队伍建设、科研成果、学生培养等方面都取得了一定成绩，自身特色也逐步形成。有了良好的基础，我们才有展望未来的可能性。

第一，在国内外国语言学及应用语言学大环境下明确语言所的定位。除了少数外语院校，国内外国语言学学科主要设立在英语系下。有学科影响力的院校往往有两个特点：一是科研人员多，涉及领域广；二是梯队完整，一个领域往往不止一位学者，可以依靠博士后机制扩建团队，从而形成规模效应和学术影响力。语言所由于没有本科生，硕博生人数有限，因此大规模引进人才并不现实。未来我们需要争取更多学术资源，每年稳定引进一定数量的博士后，这将对语言所学科团队的建设和学术影响力的扩大有积极作用。

第二，在国际语言学研究背景下明确语言所的定位。语言所目前的科研力量都涉及国际前沿和主流的研究，已经初步具备了与国际主流对话的基础。未来，我们的目标是继续做出具有国际影响力的科研成果，同时，努力形成自己的特色。这个特色可以体现在研究对象上，更可以体现在以特有的研究对象作为切入点，为国际语言学主流理论的发展做出开创性的贡献上。我们的期望是，我们的长足进步主要不是成果的数量增加，而是基于中国特色和国际化做出促进国际语言学发展的研究，形成本土化与国际化的有机结合，在国际学术舞台上发出中国学者的声音。

第三，秉承北京大学"守正创新"的传统，在语言学各分支的基础理论构建、创新方面做出引领性的研究，推动语言学研究的发展，也为语言学学科服务国家战略、创造社会价值提供学术基础。语言所将基于学理和传统，继续在核心的语言学领域做有重大意义的课题，解决重要的研究问题，为学术和社会发展做出实质性的贡献。在此基础上，我们需要深刻了解和把握前沿研究，包括解最新的理论动向和跨学科研究的新发展、新趋势，在"守正"的基础上跟上学术发展的步伐，甚至引领学科的发展。

第四，响应时代号召和现实需求，探索"多语种、跨学科、懂理论、重实践"的国际化人才培养体系。这是培养人才的实际需求，也是语言所科研工作的目标之一。我们也希望，语言所能够为进一步提高语言学学科的社会能见度，为语言学学科的社会普及做出贡献，从而让语言学在我国获得更多的重视和支持。

From "Language" to "Linguistics": A Historical Review of Foreign-Language-Based Linguistics and Applied Linguistics at Peking University
(II)

Abstract: Based on a large amount of historical evidence, this article reviews the emergence and development of Foreign-Language-Based Linguistics and Applied Linguistics at Peking University, China. This article mainly covers English-based linguistic research and teaching from the end of the 1970s to the end of 2021. The review of over forty years of history reveals that the teaching and research of foreign-language-based linguistics and applied linguistics was seeded in foreign language teaching. It germinated with the import of international linguistic and language teaching theories amidst China's opening to the world. While slowly developing within the framework of "English language and literature", it completed its disciplinary identity turn from "language" to "linguistics". Current dilemmas are discussed in view of future development. In sketching and reflecting on a panorama of the historical development of the discipline, this review hopes to provide a "Peking University"-based historical footnote and reflection for the construction of linguistics related disciplines in China.

Key words: foreign-language-based linguistics and applied linguistics; history of discipline; Peking University

（责任编辑：高彦梅）

《语言学研究》征稿启事

《语言学研究》由北京大学外国语学院外国语言学及应用语言学研究所编辑、高等教育出版社出版发行。《语言学研究》创办于2002年，每年一辑，2011年起改为每年两辑，已被连续收录为中文社会科学索引（CSSCI）来源集刊（2014—2015，2017—2018，2021—2022）。

《语言学研究》旨在为广大语言学研究者提供发表见解、探讨各种学术问题的场所。来稿可对现有语言学研究进行梳理、评述，对学科发展提出设想，或者以理论为指导对某个文本/话语片断进行描述，展开实证研究等。我们特别希望投稿者能就各种学术问题展开争鸣，提出新的观点、新的理论模式，以进一步推动语言学科的健康发展。

《语言学研究》现有栏目包括语言学理论研究、具体语言研究、语言对比研究、语言应用研究、书评等，欢迎广大语言研究者踊跃投稿。

《语言学研究》的审稿期为三个月。请登录以下网址投稿：

http://yuya.cbpt.cnki.net/WKE/WebPublication/index.aspx?mid=yuya

也可将稿件发送至编辑部邮箱：

ling_research@126.com

来稿文责自负，但编辑部有权对拟用稿件做必要的文字修改与删节。《语言学研究》拒绝一稿多投。如发现一稿多投，将不再接受投稿人的任何稿件，并通告有关期刊。

附：《语言学研究》体例

1. 首页：中、英文题目，作者姓名、单位、学历、职称、研究方向、通信地址、电话、电邮。

2. 次页仍以中、英文题目开始，下接"提要"（中文200字左右，英文100词左右）；"关键词"（3—5个），以分号隔开。

3. "关键词"后开始"正文"（论文一般不超过10 000字；书评5 000字）

    a. 正文章节标题或小标题独占一行，且一律用阿拉伯数字（从1开始）表示，形式为：1 1.1 1.2 …… 2 2.1 2.2 ……

    b. 正文一律采用脚注；

    c. 正文行文中非汉语姓氏一律使用外文原文；

    d. 例句编号用[1]的形式；

    e. 重要术语如果首次在国内语言学期刊上出现，请随后附上外文原文。

    f. 文内夹注的文献放在括号内，如（Chomsky, 1965: 12）。

4. 参考文献：只列引用文献，先外文后中文，按作者姓氏（中文姓氏按其拼音）字母序排。文献依次为作者姓名、出版年、文献题名、书/刊名、版次、出版地、出版者、（或期数）及起止页码。外文书/刊名以斜体书写，实词首字母大写；

外文论文篇名以正体书写，仅篇名首字母大写。例：

Halliday，M. A. K. & Hasan，R. 1985. *Language, Context, and Text: Aspects of Language in a Social-Semiotic Perspective.* Victoria: Deakin University Press.

Harris，Zellig. S. 1952. Discourse analysis: A sample text. *Language* 28: 474-494.

Coupland，N. 2014. Social context，style，and identity in sociolinguistics. In J. Holmes and K. Hazen (eds.)，*Research Methods in Sociolinguistics: A Practical Guide.* West Sussex: Wiley Blackwell. 290-303.

克里斯特尔（David Crystal）（编），沈家煊（译），2004，《现代语言学词典》。北京：商务印书馆。

朱瑞熙，1990，宋元的时文——八股文的雏形。《历史研究》（3）。2001年收录于《嫏嬛集》：1–22。上海：华东师范大学出版社。

5. 文中图表或插图请附清晰的原图文件（tif.或eps.格式）。